活動する地理の授業
③
シナリオ・プリント・方法

田中　龍彦

地歴社

授業案の読み方について

　本書は、サブタイトルを『討論する歴史の授業』と同じ「シナリオ・プリント・方法」としている。シナリオとは「映画やテレビの脚本」のことで「場面の構成や人物の動き、セリフなどを書き込んだ本」である。だから厳密に言えば、本書はシナリオとは少し異なる（ほとんどがセリフで、場面の構成などは書いていないからである）。そのため、私自身は「授業案」と呼んでいる。しかし、「授業案」とは私個人が勝手に呼んでいるだけで、一般化された言葉ではない。それでは内容が伝わりにくいため、一般的に通用している言葉で内容が似ている「シナリオ」という表現をサブタイトルに使うことにした。

　授業案は、実際に授業をおこなうことを想定して書いている。ただし、私自身がわかるように書いているため、他の人が使う場合には多少の説明が必要になる。その説明は『討論する歴史の授業①』に詳しく書いているため、ここでは最初の授業案を例に簡単に紹介しておく。

---

［１］世界地図はウソつき

◎世界地図と地球儀を使い、平面の世界地図には面積・形・方位・距離にウソがあることをつかませる。また、時差が生じる理由を理解させ、例題を基に時差をもとめることができるようにする。

1　世界には、どんな国があるのか？

　①・現在、世界には、どれくらいの数の国があるのか？
　　→196・・・
　②・【地図帳（帝国書院）Ｐ１～３】を開くと、（数えてみると）どれくらいありそう？
　　→50・100・200・・・〈地図帳Ｐ１～３を開かせて答えさせていく！〉
　③・世界には、約190もの国がある［2015年現在、日本は196ヵ国を承認している］。
　　・ではその中で、いちばん大きい国はどこ（だと思う）？
　　→ ロシア （連邦）＝1,710万㎢

　一番上の「［１］世界地図はウソつき」が、授業のタイトルである。

　その下の四角囲みの文章「◎世界地図と地球儀を使い・・・」は、この授業のめあて。

　次の小見出し 1　世界には、どんな国があるのか？ は、提言（授業の骨格となる柱）となっている。そして、①から始まる文章が助言（骨格を肉付けするものとして生徒に提示されるもの）である。助言の中で（　　）内に書かれている文章、たとえば②の「数えてみると」は、説明や発問を丁寧におこなう場合に発する言葉や提示内容である。

　助言の中で［　　］内に書かれている文章、たとえば③の「2015年現在、日本は196ヵ国を承認している」は、補足説明的な内容であるため省いてもかまわない。

　授業案中に〈　　　〉の中に書かれている文章、たとえば②の「地図帳Ｐ１～３を開かせて答えさせていく！」は、教師や生徒の活動内容（＝具体的な行動）を示している。

　「→」は、生徒の発言を示す。「→50・100・150・・・」などは、具体的に出てきそうな発言内容。「→・・・」「→・・・？」は、生徒の発言内容が予想できない、発言がないなどを示している。そのため、この発言がない場合には、すぐに先に進めてかまわない。

　授業案中の　　　　で囲んだ言葉や文章は、事前に準備した貼りもの資料として提示することを示している。詳しくは『討論する歴史の授業』を参照いただきたい。

　なお、授業案に載せている「貼りもの資料」の画像データは、巻末奥付に記載された著者の住所に連絡をいただければ、いつでもお送りできる。

［目次］

第2部　日本地理

3．日本の諸地域／（ 続き ）

3. 日本の諸地域／全21時間

（2）中国・四国地方／全4時間

[36] 中国・四国地方の気候

[37] 中国・四国地方の農漁業

[38] つながる中国・四国地方

[39] 移動する人口

[36] 中国・四国地方の気候

◎中国地方の各県の県庁所在地・県章・写真を調べ、考えさせる。また、中国・四国地方の気候の
　特色について、春の甲子園やため池などを例に理解させる。なお、ため池については、権利問題
　などを考えるときの1つの視点として紹介する。

1　中国・四国地方には、何と言う県があるのか?

①・今日から中国・四国地方について学ぶ。このうちの「中国」とは、中間の国々という意味だ。
　　・では、それは、どことどこの中間なのか?
　→九州(地方)と近畿(地方)
※・(畿内から)近い(距離の)国、遠い国、中間の国との説もある。
※・次の「古代の国名」は読み上げずに、何と読むのかを発問してもよい。

②・九州と近畿の間には、かつて 長門・周防・安芸・石見・出雲・伯耆・因幡・備前・備中・備
　　後・美作 という国があった。
　　・これが現在の中国地方となっている!
　▷【 中国地方の白地図 】

※・古代の国名と現在の県名を記入した地図を貼り、位置がわかるようにする。

③・一方、四国は、どうして「四国」というのか?
　→四つの国があった・・・
④・これは、「4つの国があった」からつけられた名称だ。
※・古代の国名は読み上げずに、何と読むのかを発問してもよい。
　　・かつての 讃岐 ・ 土佐 ・ 伊予 ・ 阿波 の4つの国だ!
　▷【 四国地方の白地図(古代) 】

⑤・四国には、現在も4つの県があるが、それぞれ、現在の何県かわかる?
　→讃岐= 香川県 ・土佐= 高知県 ・伊予= 愛媛県 ・阿波= 徳島県
　▷【 四国地方の白地図(現代) 】

※・現在の県名を記入した地図を貼り、位置がわかるようにする。
⑥・では、現在の中国・四国地方にある県の県庁所在地の都市名と県章と県の特徴を表している写
　　真を選んで、【資料:1】を完成させなさい!(九州地方で一度やっているから、今度は考えや
　　すいはずだ)〔 3分間! 〕

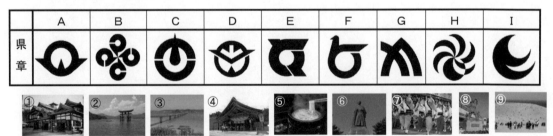

　▷【 資料:1 】への作業
※・班に挙手発言をさせる(班の挙手→班指名→ア～ケの中で答えられるものを答える)。挙手がなけ
　　れば、指名発言で順番に班を当て答えさせる。正解であればそのまま、間違った場合には班全員を
　　立たせていく。答えは、県庁所在地名、県章、写真の順番に発言させる。
※・ア=鳥取市(鳥取県)・F:鳥取の「と」と鳥の姿を組み合わせ図案化・⑨(鳥取砂丘)

イ＝松江市（ 島根県 ）・Ｂ：４つの「マ」で「しまね」・④（ 出雲大社 ）
ウ＝山口市（ 山口県 ）・Ａ：「山口」の漢字の図案化・③（ 角島 ）
エ＝岡山市（ 岡山県 ）・Ｄ：「岡山」の漢字の図案化・⑧（ 岡山駅前の桃太郎の像 ）
オ＝広島市（ 広島県 ）・Ｉ：ヒロシマの「ヒ」の文字の図案化・②（ 厳島神社 ）
カ＝高松市（ 香川県 ）・Ｇ：香川の「カ」の文字の図案化・⑤（ 讃岐うどん ）
キ＝松山市（ 愛媛県 ）・Ｈ：県民の健康で明るい未来をイメージ・①（ 道後温泉 ）
ク＝徳島市（ 徳島県 ）・Ｅ：「とくしま」の「とく」の文字の図案化・⑦（ 阿波踊り ）
ケ＝高知市（ 高知県 ）・Ｃ：高知の「高」の漢字の図案化・⑥（ 坂本龍馬の像 ）
愛媛県だけは県章の読み取りが難しいため、最後に答えさせるようにする。
県名と県庁所在地名が違う都道府県については、覚えておくように説明をしておく。

※・ここは、班毎にア〜ケの空欄を指定して、答えさせるようにしてもよい。
※・地図帳を開いている生徒がいたら、まず閉じさせてから、次の助言をうつ。
⑦・ところで、中国・四国地方と言っても、これは中国地方（ ５県 ）と四国地方（ ４県 ）の２つに
　わけられる。では、その中国地方と四国地方の境は、どうなっているのか。
　・【資料：２】の地図で言えば、（ 境目は ）Ａ・Ｂ・Ｃのどれが一番近いのか？
　・Ａ：北寄り（ 中国地方寄り＝四国地方が広い ）、Ｂ：中央（ ほぼ真ん中 ）、
　　Ｃ：南寄り（ 四国地方寄り＝中国地方が広い ）のどれなのか、グループではなしあい！
　▷グループでのはなしあい
※・ここから各グループでのはなしあい　→　意見発表へとつなげていく。
※・「瀬戸内海にはたくさんの島があるが、これらの島々は中国地方か四国地方のどちらかに所属してい
　るのか」、あるいは、「そんな島も境だから、２つに分けてあるのか」、また、「瀬戸内海の島々は、
　全てが中国地方か四国地方にどっちかになっているのか」などをヒントに考えさせる。あるいは、
　２つの地方の「堺目」なのだから、「その境は、どうあるべきか」をヒントに考えさせる。
⑧・正解は、【地図帳Ｐ83・84】で確認してみなさい！
　▷【 地図帳Ｐ83・84 】
⑨・２つの地方の境目なのだから、基本的には真ん中になる。
　・しかし、香川県には多くの島々が属しているため、県境は岡山県側に偏っている（ つまり香川
　　県側が広くなっている ）！
　▷【 香川県と岡山県の県境の地図 】

⑩・つまり、答えはＡになる。
　・しかし、中には、２つの県に分けられている島もある！
　▷【 石島（ 井島 ）の地図・写真 】※・石島（ 井島 ）は、岡山県と香川県に分けられている。
⑪・２つの県に分けられている島は、３つある。その中で、この石島（ 井島 ）だけが100人程の人が
　生活している島だ。

2　春の選抜高等学校野球大会の優勝校には、どんな共通点があるのか？

①・では次は、野球部の人に対しての限定質問だ。
※・野球部の生徒を指名して立たせてもよい。

　・（ 中学生ではなく ）高校球児がめざす大会には、何があるのか？
　→甲子園・全国高等学校野球選手権大会・選抜高等学校野球大会・・・
②・高校野球の全国大会には、春と夏の大会があるが、そのうちの春の大会について。2021年まで

に、春の選抜高等学校野球大会は（ 1924年から ）93回おこなわれている。

・その93回の大会の中で、優勝回数が11回と、一番多いのは何県なのか？

→ 愛知県 （ 11回 ）　※・発言がなければ、すぐに答えを教えて先に進む。

③・野球部だけでは答えられないようなので、全員で考えてみよう。

※・野球部の生徒を立たせていたら、ここで座らせる

　・11回優勝した府県は実はもうひとつある。それは、どこなのか？

→ 大阪府 （ 11回 ）　※・発言がなければ、すぐに答えを教えて先に進む。

④・3位は7回（ の優勝 ）だが、これは（ 何県 ）？

→ 神奈川県 （ 7回 ）　※・発言がなければ、すぐに答えを教えて先に進む。

⑤・4位は6回で、どこ？

→ 兵庫県 （ 6回 ）　※・発言がなければ、すぐに答えを教えて先に進む。

⑥・5位は5回（ の優勝 ）で、4県あるが、その4県とは？

→ 広島県 ・ 徳島県 ・ 和歌山県 ・ 東京都 （ 5回 ）

⑦・6位は4回で、2県あるが、どこ？

→ 愛媛県 ・ 静岡県 （ 4回 ）

⑧・7位は3回で、4つの県だが、どこ？

→ 沖縄県 ・ 香川県 ・ 高知県 ・ 岐阜県 （ 3回 ）

⑨・さて、ここまでの12の都府県は、日本列島の中のどこにあるのか。

　・【資料：3】の白地図に、全て赤色で塗りなさい！

▷ 【 資料：3 】の白地図への色塗り作業

※・県の位置がわからない場合には、【地図帳P164（ 最後のページ ）】を参照させる。

⑩・こうして優勝回数の多い都府県の位置を確認してみると、その都府県と気候とには、ある関係
　　が見られる。

　・さてそれは、「どんな気候の県に、春の選抜優勝校が多い」と言うことなのだろうか？

→雪が降らない（ 少ない ）・・・

⑪・（ 確かに、「春」の選抜大会だから、雪の多い東北地方や北海道には優勝校はないけど ）ヒント
　　は、「瀬戸内海に面している県が多い」と言うことだ。

　・瀬戸内海に面していると、どうして優勝回数が多くなる傾向があったのか？

→・・・？

3　山陰・瀬戸内・南四国の気候には、どんな特徴があるのか？

①・9つの県で構成されている中国・四国地方は、大きくは3つの地域にわけられる。

　・それを、北から順番に言うと（ どうなるのか ）？

⇨ 山陰 ・ 瀬戸内 ・ 南四国

②・断面図を描くと、こうなる〈 板書 〉！

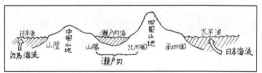

※・はじめは地形の断面図のみを板書する。

③・中国・四国地方には、2つの大きな山地がある。

　・〈 中国山地を指しながら 〉そのうち、なだらかな山地は（ 何山地 ）？

⇨ 中国山地

④・[四国山地を指しながら]けわしい山地が・・・？

⇨ 四国山地

⑤・この２つの山地が、中国・四国地方の気候に大きな影響を与えている。

・たとえば、ここに３つの雨温図がある！

▷【 雨温図 】

⑥・それぞれの雨温図は、３つの地域の中の、どの地域のものなのか？

→Ａ：南四国（ 高知 ）・Ｂ：瀬戸内（ 高松 ）・Ｃ：山陰（ 鳥取 ）

※・南四国（ 高知 ）・瀬戸内（ 高松 ）・山陰（ 鳥取 ）の雨温図を掲示し、それを差し示しながら答えさせる。

⑦・（ 答えは ）なぜ、そうなるのか？

→・・・？

⑧・夏は、太平洋側からの季節風が、険しい四国山地の南側の南四国に雨をもたらし、瀬戸内は、雨が少なくなる。

※・夏の模式図を、重ねて板書する。

・冬は、日本海側からの季節風が山陰に雪をもたらし、瀬戸内は乾燥する。

※・冬の模式図を板書する。

・結果的に、瀬戸内海に面した地域は、一年中雨が少ない気候となる。

※・瀬戸内の気候については、【日本の姿】の単元の〈 日本の気候 〉で一度扱っているため、ここでは簡単におさらいをする程度でもよい。

⑨・もっとも最近は、全天候型のドーム付きグラウンドも造られているため状況は変わってきた。しかし、過去においては、特に春の選抜高校野球大会では、気候が大きく影響していた。つまり、一年中雨が少なく、屋外での練習を充分にできたことが、瀬戸内海に面した県に優勝校が多い理由としてあった。

| 4 | 讃岐平野に「ため池」が多い理由は何？ |

①・そんな瀬戸内海に面した香川県の平野が、これだ〈 コピーの提示 〉！

讃岐平野

・何平野？

→ 讃岐平野 　※・【 地図帳Ｐ86 】で場所を確認させ、そのままに！

②・この写真に写っている、何が、讃岐平野の特徴なのか、わかる？

（ 佐賀平野と比べてみると・・・！）

→ため池がある・池が多い・・・

佐賀平野

③・（ 讃岐平野には ）どうして「ため池」が多いのか？

→雨が降らないから・水が得にくいから・・・

④・瀬戸内海の気候から考えられることは（ 何 ）？

→雨が少ないから・・・

⑤・確かに、同じように雨が少ない奈良盆地や岡山平野にも「ため池」はある！

▷【 奈良盆地・岡山平野の拡大写真 】

奈良盆地

⑥・では、瀬戸内海に面した全ての地域に「ため池」があるのか？

→ない・・・

岡山平野

⑦・では、どうして讃岐平野には、多くの「ため池」があるのか？

→・・・？

⑧・この「ため池」は、何に使っているのか？

→灌漑用水・米作り・・・？

⑨・お隣りの徳島平野でも「米づくり」はおこなわれている。しかし、ここも同じ瀬戸内海の気候なのに、ため池はほとんどない。

　　・それは何故なのか？

　　→・・・？

⑩・地図帳をよく見ると、その答えがわかる！

　▷【　地図帳Ｐ86　②香川県　】

⑪・「米づくり」を考えた場合、徳島平野には、讃岐平野にはない、大きな何が流れているのか？

　　→吉野川・・・

⑫・讃岐平野にも川はあるが、（　その川は　）夏の日照りが続くと、すぐに涸れてしまう。それが讃岐平野に「ため池が多い」一番の理由だ。

　　・ただ、更に詳しく言えば、次のようになる！

　┌─────────────────────────────┐
　│　１．瀬戸内海の気候で降水量が少ない。　　　　　　　　　│
　│　２．米づくりがさかん　　　　　　　　　　　　　　　　　│
　│　３．稲作用に安定した灌漑用水のための大きな川がない　　│
　└─────────────────────────────┘

　　・ところが、この３つの理由は、今では完全に解消されている。

　　・何によって？（　これも【地図帳】を見れば、答えがわかる！　）

　▷【　地図帳Ｐ86　②香川県　】

⑬・　香川用水　の完成（ 1974年 ）により、水が得られるようになっているからだ。

　　・では、どうして今でも、讃岐平野のため池はなくならないのか？

　　→・・・？

⑭・讃岐平野では、香川用水の水は、いったん「ため池」に引き入れられて、そこから各水田に送られている。つまり、そうやって［ 香川用水が無かった時代の ］昔ながらの水の分配の形を守って米づくりがおこなわれている。

　　・どうして、そんな面倒くさいことを今も続けているのか？

　　→・・・？

⑮・新しく水の分配網をつくると、それにより揉め事が起きてくる。水や土地の権利については、大変難しい問題がある。これは、天然資源や領土の問題についても同じだ。たとえば、島根県で言えば、日本と韓国では、「ある島」の領有権で揉めている。

　　・それは、ここだ！

　▷【　竹島の位置を示した地図　】

⑯・ここにあるのは、何と言う島（　なのか　）？

　　→竹島・・・

⑰・こうした問題は、お互いが納得することが、何より大事になる。そうしないと、後々まで遺恨を遺すことになり、問題がこじれてしまう可能性が大きい。だから、讃岐平野では、そんなことにならないように、昔ながらの「取り決め」に従って水を引き入れているので、未だに「ため池」が残されている。

※・時間が不足する場合には、提言４は省いてもよい（ この授業案では、提言４まで取り扱うことは難しいことが多い ）。

<参考文献>
「中国・四国地方の自然」羽田純一監修『まるごと社会科中学・地理（下）』喜楽研
「中国地方と四国地方の境はどこ？」「讃岐平野にため池が多いのはなぜ？」澁澤文隆編集『中学校社会
　科定番教材の活用術　地理』東京法令出版
河原和之「高校選抜優勝校から日本の気候を考える」授業のネタ研究会中学部会編『授業がおもしろく
　なる中学授業のネタ　社会４　地理』日本書籍

<板書例>

〈 中国・四国地方の気候 〉

1　中　国　・　四　国　地　方
　　中間の国　４つの国

2　気候
　　瀬戸内気候

3　讃岐平野
　　ため池

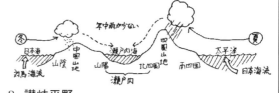

❖授業案〈 中国・四国地方の気候 〉について

　この単元だけ、中国地方と四国地方という２つの地方を合わせて学ぶことになる。そこで、初めに
その２つの地方の境がどうなっているのかに目を向けさせてみた。そして次に、テストによく出題さ
れる気候（ 特に、瀬戸内の気候 ）のしくみについて理解させる流れにした。そのとき、生徒の興味を
惹くために、100年近く続いている春の選抜甲子園の話を使っている。ただし、気候条件だけが春の高
校野球の優勝の要因としてとらえられないようにしなければならない。そのため、現在は練習場の環
境も変わってきていることを説明している。それでも瀬戸内気候の晴天の多さを印象づける話として
は適しているとの判断で、授業案に取り入れている。

　なお、授業案では提言４まで書いているが、実際は、そこまで進めることは難しい。その主な理由
は、県庁所在地を調べ、県章や（ 県の特徴を示す ）写真を考えさせることは、まだ２回目の実施で、生
徒が慣れていないため時間がかかるからである。そんな状況でも授業を先に進められないわけでもな
いが、ここでは学習班で生徒同士に協力して取り組ませることを優先しているため、時間をかけるよ
うにしている。また、その他の理由としては、提言４は助言が17もあるため、時間的に中途半端な終
わり方になる可能性が高いからでもある（ 中途半端に終わるとか、あるいは授業時間を延長するなど
の事態になるようであれば、少し早めにでも授業を終わった方が、生徒もありがたいと思う ）。

■どうして中国、四国と言うのか？　その中国・四国地方には、どんな県があるのか？　それぞれ
　の県の県庁所在地の都市はどこなのか？　どんな県章を持ち、どんな特徴があるのか？

1：【 中国・四国地方の各県 】

	県庁所在地の都市	県章	写真
ア	鳥 取 市	F	⑨
イ	松 江 市	B	⑤
ウ	山 口 市	A	④
エ	岡 山 市	C	②
オ	広 島 市	I	③
カ	高 松 市	G	⑥
キ	松 山 市	H	①
ク	徳 島 市	E	⑧
ケ	高 知 市	D	⑦

エ(例)岡山市

① 桃太郎像

② 道後温泉

③ 厳島神社

④ 角島

⑤ 出雲大社

⑥ 讃岐うどん

⑦ 坂本龍馬像

⑧ 阿波踊り

⑨ ○○砂丘

	A	B	C	D	E	F	G	H	I
県章									

地理 学習プリント 〈日本の諸地域：05 中国・四国地方：1-2〉

■中国地方と四国地方の境目は、どうなっているのか？　中国寄りなのか？　四国寄りなのか？
それとも真ん中？　ところで、春の選抜高校野球の優勝県には、どんな共通点があるのか？

2：【 中国地方と四国地方の境目 】

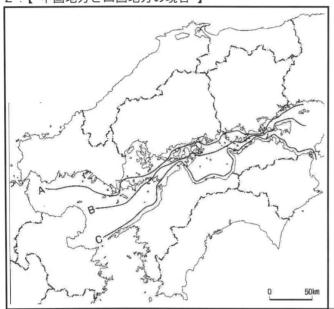

0　　　　50km

3：【 選抜高校野球大会優勝県 】

4：【 讃岐平野 】　　　　　　　　　　　　　　佐賀平野と何が違うのか？

[37] 中国・四国地方の農漁業

◎中国・四国地方の農業では、気候との関係をふまえて高知平野の促成栽培とみかん栽培についてつかませる。漁業では養殖業を取り上げ、赤潮の被害から瀬戸内の工業へとつなげさせる。

---

1 野菜の旬の季節は、いつなのか？

①・〈 野菜の写真を貼りながら！ 〉【資料：1】にある野菜の中で名前がわからないものがある？

→ない・・・

②・では、（　　　）の中に、野菜の名前・・ではなく、それらの野菜の旬の季節を書き入れなさい！

※・旬＝野菜の味のよい、食べごろの時期のこと

▷【 資料：1 】への作業

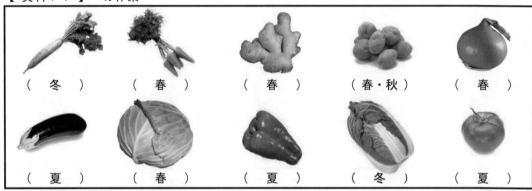

（　冬　）	（　春　）	（　春　）	（春・秋）	（　春　）
（　夏　）	（　春　）	（　夏　）	（　冬　）	（　夏　）

※・この授業案では時間に余裕が出てくるため、ここで「だいこん・にんじん・しょうがゲーム」をすることがある。そのゲームのやり方。①「大根」「人参」「生姜」の写真を1枚ずつ提示しながら、それぞれ何の写真なのかを確認する。次に、②どの写真でもいいので提示して、「これな〜に？」→『人参』、「これな〜んだ」→『大根』、「これな〜んしょ」→『生姜』と、語尾に続く野菜を答えさせていく。何回かやると、答え方に気づく生徒が出てきて、気づかない生徒とのやり取りなどが始まり、ちょっとした雰囲気づくりに役立つ。

③・最近は1年中食べることができるので、「旬の野菜」と言う感覚は、あまりない。しかし、生鮮食品は、やはり「旬の時期」が一番おいしいことに変わりはない。

・そんな（ 生鮮食品の ）野菜の消費が多いのは、田舎と都会の、どっちなのか？

→都会・田舎・・・

④・やはり、人口の多い東京や大阪などの都会での消費が多い。だから、野菜を生産して多くの収入を得るためには、「都会に売る」ことを考える。ただし、野菜などの生鮮食品は、できるだけ「新鮮」じゃないと売れない。

・と言うことは、中国・四国地方で野菜を生産することは、近畿地方や関東地方に比べると不利に・・・、なる？（ ならない？ ）

→なる・・・

⑤・そんな四国地方の南側にある平野の写真が【資料：2】に載せてある！

▷【 資料：2 】

⑥・これは、何平野？

⇨ 高知平野

⑦・（ 写真に写っている ）白く細長い施設は、何なのか？

→ビニルハウス・・・

⑧・その（ ビニルハウスの ）中では、何が栽培されているのか？

　　→野菜・・・

☐2　高知では、夏野菜をいつ栽培しているのか？

①・高知平野では、（ 野菜を栽培している ）ビニルハウスは、春になると解体される。

　　・どうして、「春」に、ビニルハウスは解体されるのか？

　　→春に使わなくなるから・農作業の邪魔になるから・・・

②・春以降（ 特に夏になると ）、高知平野は、ある自然現象に襲われることが多いからだ。

　　・さて、その自然現象とは何なのか？

　　→ ☐台風

③・（ 夏の台風による被害を避けるために、春にビニルハウスを解体する ）と言うことは、高知平
　　　野でのビニルハウスを使っての野菜の栽培の季節は、いつが中心となっているのか？

　　→冬・・・

④・高知平野で栽培される野菜には、かつては何や何があったのか？

　　⇨ ☐ナスやピーマン

⑤・それが、今では、 ☐オクラやシシトウ が加えられている。

　　・これらの野菜の「旬」の季節は、いつなのか？

　　→夏・・・

⑥・つまり、高知平野では、「夏」野菜を「冬」に栽培している。

　　・どうして、そんなことができるのか？

　　→気候が温暖だから・ビニルハウスを使っているから・・・

⑦・高知の温暖な気候は、民謡にも歌われてきた。

　　・その有名な高知の民謡を知っている？

　　→・・・ ☐よさこい節

⑧・「よさこい節」の２番の歌詞に、 ☐土佐はよい国、南を受けて、年にお米が二度取れる、よさこ
　　い、よさこい とある。　　※・「よさこい節」は、教師が歌って聞かせる。

　　・「（ １ ）年に米が２回取れる」、このことを、何と言うのか？

　　⇨ ☐二期作

⑨・つまり、昔から「二期作」ができるほど、高知は「暖かな気候」なわけだ。

　　・高知平野が温暖なのは、沖合を流れる何の影響なのか？

　　⇨ ☐黒潮

⑩・では、夏野菜が栽培できるほど、高知平野の冬は暑いのか？

　　→そんなことはない・（ 夏のように ）暑い・・・

⑪・ ☐南国土佐 と呼ばれてきた高知だが、冬は、やはり冬なので、夏ほど暑いわけはない。だから
　　　普通の（ 露地 ）栽培で、夏野菜をつくることはできない。

　　・そこで、何を使って夏野菜を栽培しているのか？

　　→ビニルハウス・・・

☐3　四国では、どうして夏野菜を冬に栽培できるのか？

①・しかし、「ビニルハウスを使って夏野菜を栽培する」ことは、高知平野以外でもできる。

・おまけに、大阪や東京などの都会に近い地域で（ ビニルハウスを使って夏野菜を栽培 ）した方
が・・・？

→有利・儲けになる・・・

②・にもかかわらず、（ 東京に近い ）関東地方では、ビニルハウスを使っての夏野菜の栽培は、そ
れほど盛んなわけじゃない。

・それは、何故なのか？

→・・・？

③・高知平野と関東平野では、何が違うのか？（ 何が影響しているのか？ ）

→・・・？

④・やはり、「気候」の影響が大きい。

・高知平野と関東平野では、冬に暖かいのは、どっちなのか？

→高知平野・・・

⑤・そのためビニルハウスでの栽培では、高知平野の方が、関東平野よりも、何がかからないのか
？（ 安く済むことには、何があるのか？ ）

→ビニルハウスを暖める燃料費・重油代・・・

⑥・関東平野は外の気温が低いため、大量の重油を燃やして暖めないと、ビニルハウス内を夏の状
態にはできない。それに対して、高知平野は冬も暖かいため、比較的簡単にビニルハウス内を
夏の陽気にすることができる。そこに高知平野で、ビニルハウスを使った野菜の栽培が盛んな
理由がある。

・こうして、ビニルハウスを使った農作物の「生育を早める作り方」を、何と言うのか？

⇨（ 野菜の ）促成栽培

⑦・促成栽培で作られた野菜は、以前は、何を使って大阪の市場へと運ばれていたのか？

⇨船や鉄道

⑧・それが、現在は何が使われているのか？

⇨保冷トラック　　※1980年代後半以降、高知県内の高速道路が順次整備され取扱量が増えた。

⑨・そうした変化もあり、ますます野菜の栽培が盛んにおこなわれている。

4　四国では、どんな工夫をして農業をやっているのか？

①・ところで、「暖かい気候」を利用して栽培されているのは、野菜ばかりじゃない。

・（ 高知県の ）隣の愛媛県では、温暖な気候を利用して【資料：3】の写真に写っているものが
栽培されている！

▷【 資料：3 】

②・【資料：3】は、何が栽培されている風景なのか？

⇨みかん

③・愛媛県では、瀬戸内海に面した山の斜面で、潮風を受け、おいしいミカンが栽培されている。
ただし、「ミカン」と言っても、オレンジの輸入が自由化された後、ある変化がある。

・具体的には、【資料：4】を見ると、ミカンの品種で、減ったものと増えたものがあることがわ
かる！

▷【 資料：4 】

④・（ 減った品種、増えた品種には ）それぞれ何があるのか？

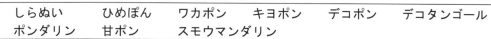

→減った品種＝温州みかん　増えた品種＝伊予かんなど

⑤・ミカンの品種には、こんなミカンもある！

　▷【　デコポンの拡大写真　】

⑥・このミカンの名前は、次のうちのどれなのか？

しらぬい	ひめぽん	ワカポン	キヨポン	デコポン	デコタンゴール
ポンダリン	甘ポン	スモウマンダリン			

　→デコポン・・・

⑦・全て、このミカンの名前だ。（　このミカンは　）、1973年に長崎県の果実試験場で誕生したが、「見た目が悪い」と言われて品種登録もされなかった。しかし、アメリカから輸入されるようになったオレンジに対抗できるミカンを必死に探していた熊本県の果実農業協同組合が栽培を始め、「熟成させれば強い甘みが生まれるミカンである」ことがわかった。

　・そうして「デコポン」と名付けられて初めて売り出されたのが、1990年。

　・当時（　デコポンの　）1個の値段は（　いくらだったのか　）？

　→1,000円・・・

⑧・1個1,000円。高価だが、見た目から一目で名前を覚えられることもあって評判になった。3年後、熊本県果実農協連合会は（　糖度13度以上の果実に限定して　）「デコポン」と言う名前で商標登録をした。そのため農協を通さないと、「デコポン」の名を付けて販売することはできなくなったが、品種名の「しらぬい」（　不知火　）とか「ひめぽん」とか、ミカン農家は、いろいろな名前を付けて生産・販売を頑張っている（　スモウマンダリンはアメリカでの名称　）。愛媛県のデコポン生産量は、熊本県（　30％　）についで2位（　20％　）となっている。

5　瀬戸内海の漁業では、どのようなことが起きているのか？

①・そんなミカン畑に、潮風を送るのが瀬戸内海。この「瀬戸内海」と言う名称は、2つの言葉から成り立っている。

　・その2つとは、どこでわけるのか？

Ａ：瀬　戸内海	Ｂ：瀬戸　内海	Ｃ：瀬戸内　海

　→Ｂ・・・

②・「瀬戸内海」とは、「瀬戸」と「内海」という2つの言葉をつなげた名称。「瀬戸」とは「狭くなった所（　海流　）」と言う意味で、「内海」とは「周りを陸地に囲まれている海」という意味だから、つなげると「周りを陸地に囲まれて狭く、流れが速い海」となる。

　・そのため瀬戸内海には、周囲の陸地（　河川　）から絶えず栄養分が運ばれ、海底にたまった栄養分が（　渦潮ができるほど　）強い海流（　潮流　）によって巻き上げられることでプランクトンがよく育ち、それを食べる魚が集まってくる豊かな漁場となっている。

　・その瀬戸内海には、こんなにたくさんのイカダが浮かべられている！

　▷【　イカダの写真　】

③・このイカダは、何をするためのものなのか？

　→・・・？

④・特に広島県のイカダは有名で、その分布はこんなに広がっている！

　▷【　イカダの分布図　】

⑤・さらに、イカダの下の海中部分は、こうなっている！

▷【 カキの養殖 】のコピー

⑥・これは、何（ なのか ）？

　→カキ・・・

※・佐賀県有明海の（ 赤潮対策でもある ）干潟とノリの養殖施設を利用したカキの
　　養殖のコピーを提示し、その違いを説明してもよい。

⑦・瀬戸内海では、カキのほかにも養殖が盛んだ。

　　・その中でも、特に養殖が盛んなものを２つ選ぶとしたら、次のうちのどれとどれなのか？

　　　A：牡蠣　　B：海苔　　C：真鯛　　D：平目　　E：真珠

　→・・・

※・ここでは、わざと難しい漢字を使って選択肢を作り、何と読むのかを発問してもよい。

⑧・瀬戸内海では、戦後、日本で初めておこなわれた養殖も少なくないが、古くから水産業が盛ん
　におこなわれていた。

　　・では、瀬戸内海で、漁獲量の多い魚ベスト３は、次のうちの、どれとどれとどれなのか？

　　　A：白子　　B：片口鰯　　C：鮊子　　D：蛸　　E：鰈
　　　　しらす　　　かたくちいわし　　　いかなご　　たこ　　　かれい

　→・・・

※・ここでも、わざと難しい漢字を使って選択肢を作り、何と読むのかを発問してもよい。

⑨・ところが、瀬戸内海の漁獲量は、1982年以降は減少していて、回復していない。なかには、ほ
　ぼ絶滅したものもある。

　　・それは次のうち、どれなのか？

　　　A：浅蜊　　B：蛤　　C：鯵　　D：鯖　　E：虎河豚
　　　あさり　　　はまぐり　　あじ　　さば　　とらふぐ

　→・・・

※・ここでも、わざと難しい漢字を使って選択肢を作り、何と読むのかを発問してもよい。

⑩・漁獲量減少の原因のひとつは、これだ！

　▷【 赤潮の写真 】

⑪・これは、何と呼ばれる現象なのか？

　→ 赤潮 ・・・

⑫・この赤潮被害の広がりは、【資料６】にある！

　▷【 資料：6 】

⑬・1975年と2005年を比べると、赤潮の被害は、どうなっている？

　→減っている・少なくなっている・・・

⑭・ところが、【資料：7】のグラフを見ると、漁業被害は、1980年ぐらいから、それほど変わって
　はいないことがわかる。こうした赤潮は、なぜ発生するのか。

　　・赤潮発生の原因は、次のうちのどれなのか？

　　　A：大漁の魚糞　B：海藻の異常繁殖　C：プランクトンの異常発生　D：貝類が出す液

　→・・・

⑮・では、プランクトンが異常発生する原因は、次のうちのどれなのか？

　　　A：家庭・工場排水による汚染　　B：海流の弱まり　　C：干潟の減少

　　　D：温暖化による生態系の崩れ　　E：海難事故の多発

　→・・・？

※・この答えは、生徒は知っていることが多いため、その場合には、すぐに先に進める。

⑯ ・答えは・・・、「Ｅ」以外の全てだ。赤潮の発生場所を見ると、工業の発達している地域に多い。つまり、工業化・都市化が進んでの海の汚染が赤潮発生の大きな原因となっているわけだ。そこで次回は、瀬戸内海の工業についてみていこう。

※・学習プリントの「赤潮の発生状況」の資料はやや古いが2006年以降も大きな変化はない（ 最深のデータは瀬戸内海漁業調整事務所HP「瀬戸内海の赤潮」に掲載されている ）。現在問題となっているのは、瀬戸内海の水質は改善されたが、同時に低栄養化を招き、魚介類の生産が激減していることである。工業学習の後で取り組むこともできるので、補足資料「瀬戸内海は“きれいすぎる”？」を掲げておく。

<参考文献>

大谷猛夫「高知平野の促成栽培」『中学校地理の板書』地歴社

河原紀彦「温州の孫に期待」河原和之・河原紀彦・奥田修一郎・森口洋一・吉水裕也著『授業がおもしろくなる中学授業のネタ　社会　日本地理』日本書籍

是恒高志「中国・四国－広島県」歴史教育者協議会編『わかってたのしい中学社会科地理の授業』大月書店

「瀬戸内の産業」「中国・四国地方の特色ある産業」羽田純一監修『まるごと社会科中学・地理(下)』喜楽研

<板書例>

〈 中国・四国の農漁業 〉

1　高知平野
　　米の二期作
　　野菜の促成栽培　　〕南国土佐
　　　　　　　　　　　↑
　　　　　　　　　　黒潮

2　愛媛のみかん

3　瀬戸内海の漁業
　　養殖（ カキ・ノリ・・・ ）← 赤潮

❖授業案〈 中国・四国地方の農漁業 〉について

　この授業案では提言が５つあり、授業内容が多いようにも思えるが、授業そのものは意外と早く進んでいく。赤潮の発生原因についても知っている生徒が多いため、あえて選択肢を提示する必要もない場合が多い（ 選択肢を出す前に、生徒が答えてしまうからだ ）。そのため、授業案には書いていないが、発問での選択肢に挙げている魚介類については写真を見せながら、『これ[牡蠣と書いたカードを提示して！]は、何と読む？』→「牡蠣」。『これだね[牡蠣の写真を提示する！]』（ 以下、同じように「海苔」「真鯛」・・・と続けていく ）、という方法を取っている。

　もっとも、時間が余った場合には、授業では、必ず次の時間で使う問題プリントを持って行っているため、『今日は時間があるようだから、今から次の時間に使う問題プリントを解いておこうか』『今やっておけば、宿題が１つ減るから、できるだけ家でしなくて済むように、やってしまおう』と呼びかけることもある。授業のはじめの場面で、「だいこん・にんじん・しょうがゲーム」を入れているのも、時間調整の意味もある（ もちろん、授業の導入を楽しくする目的もある ）。「よさこい節」を教師が歌って聞かせるのも、時間に余裕があるからできることである。

　ただ、そうした時間の余裕が出てくる理由には、私自身の授業のテンポがしだいに速くなっていることがある。おおよその時間のかかり方については、授業前日に指導言を声に出して読んでみて、どれくらいの時間がかかるのかを把握するようにしている。こうした準備をおこなっておくことで、実際の授業での対応の仕方も考えておくようにしている。

■露地栽培の野菜には、旬の季節がある。どの野菜が、いつが旬なのか？　今ではそんな旬の季節
　がわからないようになっている。それは、1年中いろいろな野菜を食べられるからだが・・・。

1：【 旬の野菜 】

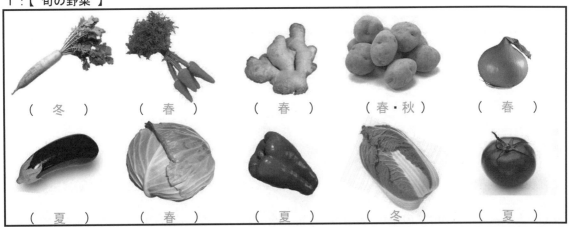

（ 冬 ）	（ 春 ）	（ 春 ）	（ 春・秋 ）	（ 春 ）
（ 夏 ）	（ 春 ）	（ 夏 ）	（ 冬 ）	（ 夏 ）

2：【 立ち並ぶ〇〇〇ハウス 】

3：【 愛媛の段々畑 】

4：【 ミカンの生産の変化 】

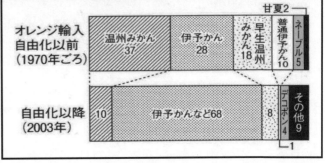

				甘夏2			
オレンジ輸入自由化以前（1970年ごろ）	温州みかん 37	伊予かん 28	早生温州みかん 18	普通伊予かん 10	ネーブル5		
自由化以降（2003年）	10	伊予かんなど68		8	デコポン4	その他9	1

地理 学習プリント 〈日本の諸地域：06 中国・四国地方 : 2-2〉

■なぜ「瀬戸内海」と言うのか？　瀬戸内海では、どんな魚が取れるのか？　また、海に発生する
　「赤潮」とは、どんな現象を言うのか？　どんなことが原因で赤潮は発生するのか？

5：【 瀬戸内海の島々 】　　しまなみ海道

6：【 瀬戸内海に浮かぶイカダ？ 】

■瀬戸内海に浮かぶ無数のイカダは、何なのか？

7：【 瀬戸内海での赤潮発生状況（ 地図 ） 】

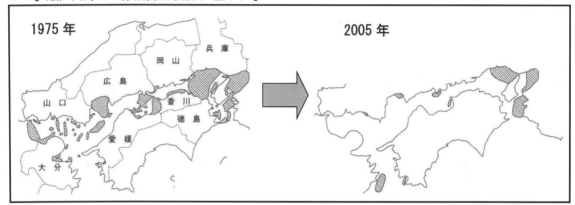

8：【 瀬戸内海での赤潮の発生状況（ グラフ ） 】

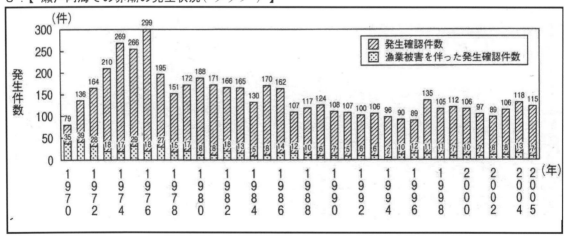

- 21 -

補足資料：【 瀬戸内海は "きれいすぎる"？ 】

　瀬戸内海では、秋から冬にかけて養殖ノリの摘み取りが盛んに行われる。しかし瀬戸内海の生産者を悩ませていることがある。ノリの「色落ち」だ。色落ちしたものは風味がなくなるため廃棄せざるをえない。このため瀬戸内海全体での収穫量は、この25年で半減してしまった。

　このノリが使われているのが、大手コンビニチェーンのおにぎり。主力商品のすべてを瀬戸内海産に頼ってきた。それが、色落ちによる不作のためノリを使わない商品が年々増え、今ではおよそ4割にのぼっている。

　なぜ色落ちしてしまうのか。原因として浮かび上がってきたのが、海中に含まれる「窒素」などの栄養塩だ。窒素は工場などからの排水に多く含まれ、かつて高度成長期には大量に海に流されたため「赤潮」がたびたび発生。「ひん死の海」と呼ばれた。そこで国は、法律を定めて他の海域より窒素の排出を厳しく制限。半世紀かけて水質は、大幅に改善した。

　ところが、きれいになった海がかえって水産資源に悪い影響を与えているらしいことが分かってきた。魚のエサとなるプランクトンを育んできた栄養塩が、水質改善によって3分の1にまで減少。それにともなって、瀬戸内海特産のイカナゴの水揚げは最盛期の3割に。カキが小ぶりになり、ノリも色落ちが目立つようになった。

　そこで国は対策に乗り出し、これまで目指してきた「きれいな海」から「豊かな海」へ方針を転換。水産資源を守るため、沿岸の府県が地域の実情に応じて排水に含まれる窒素の量を独自に緩和できる内容だ。これに先駆け、岡山県の水産研究所は、岡山市の児島湾に面した下水処理施設に、これまで取り除いていた窒素を、今度は基準を超えない範囲でできるかぎり多く排水してほしいと要請した。

　水産研究所の高木秀蔵さんは「人間が海の窒素の濃度を管理するのは難しいと考えていたが、人為的にできたことは価値がある。下水処理施設だけでなく、山林や川などからどれほどの栄養塩の供給があれば豊かな海を取り戻せるのか考えていきたい。赤潮が起きないかということですが、今回の試みは赤潮が発生しやすい夏ではなく、秋と冬に限定しています」と説明している。

　これに対して、観光関係者からは複雑な声も聞かれる。海の美しさを求める観光客が多いからだ。「レジャーとしてきれいな海を見てお客さんに和んでもらうのがいちばんいいが、水がきれいになりすぎて魚がすめないのもよくない。バランスが必要だと思う」

　明石浦漁業協同組合の組合長・戎本裕明さんは、今の思いを次のように語る。

　「漁獲量が減りだした当初は獲りすぎが原因かと思い、漁獲量の制限に取り組んできたが、大きな効果は実感できなかった。その後、栄養塩不足でノリの色落ちが年々酷くなり、ガリガリに痩せたイカナゴまでが獲れだしてエサがないと感じだした。

　勉強するうちに、小魚のエサはプランクトンであり、そのプランクトンのエサは窒素リン等の栄養塩と聞き、ノリの色落ちと魚が増えない原因が同じ栄養塩不足ということに結びつき、栄養の重要性に気づいた。そこで私たちは従来の資源管理に加え、森づくりや海底耕うん、さらには下水処理場関係者に栄養塩管理運転を依頼したり、ため池やダム等の関係者に栄養のある水を放流してほしいと働きかけたりしてきた。豊かな海に向けて藻場干潟の造成や傾斜護岸の設置等は大事だが、時間がかかってしまう。今なお漁獲量が低迷して年々漁師が減り続ける中、私たちには待っている時間はなく、"今何とかせなあかん"との思いが強い。」

　一方、工場や企業を指導してきた岡山県環境管理課の担当者は「漁業者の考え方はわかりますが、栄養塩不足の原因は別にあるのではないかとして、できるだけ人間の手を加えない方法を主張している環境保全を進めている人たちの意見も聞きながら判断していく必要がある」と言っている。

　「世界でもまれに見る豊かな内海」と言われる瀬戸内海。現在の試みが今後、どんな変化をもたらすのか。地域の合意を形成しながら、「豊かな海」をどう守り育てていくのかが問われている。

　（ 参考：NHKWEB特集「"きれいすぎる海"で、いま何が」2021年3月25日。瀬戸内海研究会議ワークショップ「瀬　戸内海の低栄養化と豊かな海」2015年11月30日 ）

[38] つながる中国・四国地方

◎瀬戸内工業地域では、どんな工業が盛んなのかをつかませ、石油化学工業や機械工業について理解させる。さらに中国・四国地方のつながりの例を、中国自動車道や本州四国連絡橋で説明する。

1 どうして瀬戸内工業「地域」と言われるのか？

①・瀬戸内海沿岸に形成された、臨海型の工業地域を何と言うのか？

⇨ 瀬戸内工業地域

②・[瀬戸内工業「地域」と呼んで]どうして、瀬戸内工業「地帯」と呼ばないのか？

　→・・・？

③・「地帯」は、道路や鉄道などの交通路に沿って帯状に広がっている。しかし、瀬戸内海沿岸の工業は5つの県に渡り、広域に分布しているため、「地帯」ではなく、「地域」と呼んでいる。

※・ただし、「工業生産額の多い方を工業地帯と呼ぶのが慣例だ」とする論者もいて、そういう人は北九州工業地帯を北九州工業地域と呼びかえたりしている。

　・では、どうして広い地域に渡って工業が分布しているのか。その理由を、瀬戸内工業地域の特色から見てみよう。

　・【資料：1】のグラフから、瀬戸内工業地域の特色は、何と何だとわかるのか？

　→機械と化学・・・

④・「化学」は 石油化学工業 を指し、「機械」は 機械工業 を指している。まず、石油化学工業について考えてみる。

　・そもそも、「石油化学工業」とは、何をつくる工業なのか？

　→・・・？

⑤・では、石油化学工業の「原料」は、何だかわかる？

　→石油・原油・・・？

⑥・その 原油 (石油)は、どこから輸入しているのか？

　→西アジア・・・

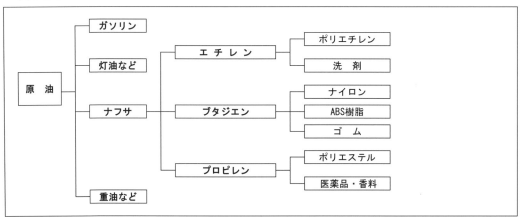

※・原油から作られる製品については、黒板に上のような図を貼る。

⑦・輸入された原油は、製油所の分解装置(蒸留塔)で ガソリン ・ 灯油 ・ ナフサ ・ 重油 などにわけられる。その中で、たとえばナフサ(石油精製の副産物)は、次の熱分解工場に送られて、 エチレン ・ ブタジエン ・ プロピレン などのガスに分解される。そして、それらのガスは、パイプラインによって、次の会社(関連工場)へと送られる。

エチレンから、 ポリエチレン ・ 洗剤 、ブタジエンから、 ナイロン ・ ABS樹脂 ・ ゴム 、プロピレンから、 ポリエステル ・ 医薬品・香料 などが作られる。

こうして瀬戸内工業地域では、工場と工場がパイプラインで結びつけられている。

・このように関連する工場がパイプラインなどでつながり、効率よく生産をおこなう石油化学の工業のやり方を何というのか？

⇨ 石油化学コンビナート

※・「コンビナート」は、ロシア語で「結合」という意味。ソ連の計画経済で生産効率を高めるために関連工場を結びつけた生産システムが採用されたことに由来する。

⑧・その中の１つ、倉敷の水島コンビナートの写真を【資料：２】に、載せている！

▷【 資料：２ 】【 水島コンビナートの写真 】

⑨・水島［ コンビナート ］が、どこにあるのか、【地図帳Ｐ88】で確認して、赤〇をつけなさい！

▷【 地図帳 Ｐ88G4S 】

⑩・こうしたコンビナートをつくるためには、「広い工業用地」が必要になる。

・では、瀬戸内では、何の跡地を工業用地にしたのか？

⇨ 塩田

※・塩田のコピーを提示！

※・塩田＝大量の海水から水分を蒸発させて、塩を取り出すための場所。日本では、日照時間の長い瀬戸内地方や能登半島などで発達した。

⑪・1960年代以降、瀬戸内に工場を建てたのは、 倉敷（ 水島 ）に 三菱石油 、 新居浜 に 住友化学 、 岩国・大竹 に 三井石油化学 、 徳山 に 出光興産 だった。

・（ 社名から ）これらの工場の、共通点は何だかわかる？

→石油化学の工場・・・　　※・旧財閥系企業が多いのは、設備投資に莫大な費用がかかるため。

⑫・こうして瀬戸内には、製油所を中心に油送パイプで各工場を結びつけた石油化学コンビナートが各地に生まれた。

2　瀬戸内工業地域では、どんな工業がおこなわれているのか？

①・瀬戸内海は、自然海岸が37％で、全国平均の55％に比べて少ない。

・つまり、それだけ多くの、何がおこなわれたと言うことなのか？

→埋め立て・・・

②・そして、その埋立地に、多くの何がつくられたのか？

→工場・・・

③・そのため、直線の海岸線が多い！

▷【 水島コンビナートの地図 】

④・しかし、その結果、海の汚れもひどくなり何が多く発生するようになったのか？

→ 赤潮

⑤・たとえば、水島コンビナートは、サッカー場3,500面分の面積がある。そのため、「赤潮」や工場排水による「海水の汚染」、埋め立てによる「漁場の減少」などの問題を生み出した。

・そんな水島コンビナートで、1974年、重油が流れ出す事故が起きた！

▷【 資料：３ 】

⑥・このとき流れ出た３万４千kℓもの重油を、どうやって海から取り除いたのか？

A：薬品を撒いて中和させた	B：火をつけて燃やした
C：多くの人ですくい取った	D：ポンプで吸い上げた

・グループではなしあい！

※・ここから班内でのグループでのはなしあい　→　各班からの意見発表

⑦・答えは、これだ！

　▷【　新聞記事の拡大コピー　】

⑧・A：薬品を撒くと、その薬品で二次被害が発生する。B：燃やすと、炎・煙・ガスの発生で大変なことになる。D：ポンプで吸わせるにも、重油と海水の区分が難しかった。

　・結局、自然を相手にする場合には、人の手で対処しなければならなかった！

　▷【　重油除去の写真　】

⑨・では次に、「機械工業」について考えてみる。

　・そもそも、機械工業とは、何から何をつくる工業なのか？

　→鉄から機械・機械から機械・・・？

⑩・機械工業は、4つの種類に分類される。

A：一般機械	＝農業・工業・建設業・事務作業などで使われる機械をつくる工業。
B：輸送用機械	＝自動車や船など人や物を運ぶ機械をつくる工業。
C：電気機械	＝テレビや冷蔵庫など電気で動かす機械をつくる工業。
D：精密機械	＝古くはカメラや時計、今ではスマホなど精密な機械をつくる工業。

　つまり、「機械工業が盛んだ」と言っても、「何をつくっているのか」で違っている。では、瀬戸内工業地域には、何をつくっている工場があるのか。

　・【資料：4】への色塗り作業により、確認してみよう！

　▷【　資料：4　】への色塗り作業

⑪・機械工業の4つの種類の中で、瀬戸内工業地域で多いのは、A～Dのうちどれ？

　→A（　一般機械　）・B（　輸送用機械　）

⑫・□＝桃色を塗ったのが13ヶ所で機械だが、これは 一般機械 のこと。◎＝水色の造船が2ヶ所と、◇＝青の自動車が1ヶ所、これは 輸送用機械 となる。つまり、この2つの機械工業が発達している。

※・④＝呉と⑩＝坂出は「造船」で、⑤＝広島は「自動車」の生産で有名。

　・こうした機械工業や石油化学工業（などの「重化学工業」）が、瀬戸内工業地域で盛んな理由は2つある。

　・その1つ目の理由は、どんなこと？

　⇨ 波がおだやかな瀬戸内海を大型船で、原料や燃料を大量に輸入したり、工業製品を輸出しやすい

⑬・2つ目の理由は？

　⇨ 沿岸を埋め立てることで広大な工業用地を得られた

⑭・以上のような理由で、瀬戸内海の沿岸に工業地域が発達した。

　・では、そうした条件がない［　瀬戸内工業地域以外の　］中国・四国地方の工業は、どうなっているのか？

　→・・・

3　地域の活性化のために、どのようなことがおこなわれているのか？

①・【地図帳Ｐ88】で、岡山県の 津山 と言う町を見つけて、印をつけなさい！

　　▷【地図帳Ｐ88Ｈ3Ｓ】

②・中国山地にある津山は、戦後はハンドバッグや和紙などの有数の産地だった。しかし、1960年
　　代から工業化が遅れ、同じ岡山県の水島工業地域に中心が移ってしまった。

　　・ところが、近年、その津山での「工業出荷額」が大きく増えてきていることが、【資料：5】の
　　グラフからわかる〈 グラフを提示する 〉！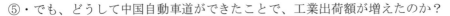

　　▷【資料：5】

③・では、津山の工業出荷額が増え出したのは、何が開通したことがきっかけだったのか？

　　→中国自動車道・・・

④・【資料：6】の白地図の中国自動車道を茶色で塗って、その場所を確認しなさい！

　　▷【資料：6】への作業

⑤・でも、どうして中国自動車道ができたことで、工業出荷額が増えたのか？

　　| Ａ：製品が京阪神に出荷しやすくなった |
　　| Ｂ：たくさんの工業団地がやってきた |
　　| Ｃ：大型トラックの価格が安くなった |
　　| Ｄ：高速道路の料金が下がった |

　　・グループではなしあい！

※・ここから班内でのグループでのはなしあい　→　各班からの意見発表

⑥・答えはＢになる。そして、【資料：7】の表が、中国自動車道沿いにつくられた工業団地の一覧
　　だ。

　　・全部でいくつ（ の工業団地が ）ある？

　　→13

⑦・これだけ多くの工業団地ができたことで、地元の人にとって良かったことは何なのか？

　　→働く場所ができた・・・

⑧・では、会社にとって良かったことは、何なのか？（ つまり、工業団地を中国自動車道沿いにつ
　　くって良かったことは、何なのか？ ）

　　→・・・？

⑨・中国自動車道の開通により、広い敷地を必要とする工場にとっては、安くて広い土地を得るこ
　　とができた。しかも、その中国自動車道を利用すれば、京阪神へ2時間程で行くことができる。
　　ただし（ 大阪の会社などが、わざわざ中国自動車道沿いに工業団地をつくったのには ）、それ
　　だけが理由ではなかった。

　　・では、その他の理由とは、次のうちのどれだったのか？

　　| Ａ：工場を建てたら、お金がもらえた |
　　| Ｂ：労働者として地元の人を多く雇えた |
　　| Ｃ：会社が払う給料が大阪より安くできた |
　　| Ｄ：中国山地の景色（ 環境 ）がよかった |

　　→Ａ・・・

⑩・中国自動車道沿いに工場を建てた会社には、 企業立地促進奨励金制度 により〔 最高で10億円

の]奨励金がもらえた。この表の一番下に書かれている新勝央中核工業団地の場合、床面積1万km²の工場を建て、50人の現地高校の卒業生を中心に新規採用することを条件とした。

・これによって、（ 工場を建てた会社は ）いくらもらったのか？

→・・・

⑪・ 工場床面積×1万4,000円 ＋ 新規雇用者数×30万円 で、 1億5,500万円 もらっている。こうして企業の新工場の建設にも、地元の発展にも役立つ奨励金を用意して、地域の工業化や活性化が進められている。

---

4 本州四国連絡橋の開通で、どんな変化が出てきたのか？

①・中国自動車道は、中国地方と近畿地方との東西の結びつきを強めた。一方、中国地方と四国地方との南北の結びつきを強めたものもある。

・それは、何の開通だったのか？

⇨ 本州四国連絡橋

②・海に囲まれた四国からフェリーで、3時間で行けたのは、瀬戸内海の向こう岸（＝山陽 ）までだった。

※・時間があれば、本州四国連絡橋の建設には、修学旅行生ら168人が犠牲となった紫雲丸の（ 貨物船との衝突 ）沈没事故などがあり、多くの人々に橋の建設が望まれていた背景があったことを説明してもよい。

それが、本州四国連絡橋の開通によって、中国自動車道の児島ICから、高松自動車道の坂出ICまでなら約15分で渡れるようになった。これによって自動車の交通量が大幅に増えた。

・【資料：8】のグラフを見ると、何倍になっていることがわかる？

→3.2倍

③・その増えた交通量は、A：四国から、なのか？　B：四国へ、なのか？

→四国から・・・

※・たとえば、香川県からは、 冬レタス や 魚 、徳島県からは、 朝採り野菜 、 筍 、 スイートコーン 、愛媛県からは、 真鯛 など。

④・橋の交通量が3.2倍に増えているのは、何を使って品物を運んでいるからなのか？

→トラック・・・

⑤・（ 船よりも ）トラックが便利な点は、どんなことなのか？

→速く運べる・直接運べる・・・

⑥・もっとも、大きくて重たいものは、船で運んでいる。瀬戸内海は水運に適しているし、海上輸送は環境への負荷も少ないからだ。しかし、本州四国連絡橋がつながったことで、 ① 自動車を利用した行動範囲が広がり 、 ② 観光地にも行きやすくなり 、 ③ 物流も増えた ことは事実だ。ただ、その一方で、新たな問題を生み出してもいる。

・例えば、どんな問題が出ていると考えられるのか？

→ 阪神へ行くようになり、地元の店を使わなくなった ・ 高速道路のルートからはずれた地域は、取り残されるようになった ・ 騒音に悩まされる地域が生まれた ・ 四国の鉄道など公共交通が赤字になり維持が難しくなった ・・・

※・発言がなければ、問題点を書いたカードを貼りながら説明をおこなう。騒音問題は道路・鉄道併用橋である瀬戸大橋が横断する島で発生している。瀬戸大橋が完成した1988年、JRグループは「レー

ルが結ぶ、一本列島。」というテレビCMを流した。同年3月13日に青函トンネルが開業し、4月10日に瀬戸大橋が開業してJR7社のレールがつながり、「日本列島」は「一本列島」になったからだ。

⑦・こうした問題を解決しながら、さらに近畿地方や中国・四国地方内のつながりを進めていくことが大切になる。

<参考文献>

大谷猛夫「瀬戸内工業地域」「四日市の石油化学コンビナート」『中学校地理の板書』1984　地歴社

加藤好一『ワークシート・学びあう中学地理』あゆみ出版

河内勝美「水島工業地域」歴史教育者協議会編『新たのしくわかる中学社会科地理の授業（下）』あゆみ出版

「中国・四国地方の結びつき」羽田純一監修『まるごと社会科　中学・地理（下）』喜楽研

河原紀彦「中国山地を変えたもの－中国自動車道と産業－」河原和之ほか編『授業がおもしろくなる中学授業のネタ社会　日本地理』日本書籍

<板書例>

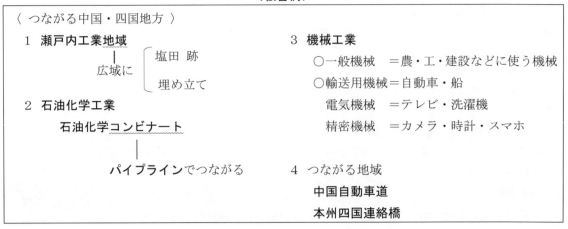

❖授業案〈 つながる中国・四国地方 〉について

　授業の初めに、「地帯」と「地域」の違いの説明は、基礎的な用語の確認のためにおこなっている。石油化学工業や機械工業についての説明も同じである。この後の授業で他の地方でも出てくる用語については、最初に出たときに説明しておくようにしている。日本のコンビナートは第二次世界大戦後、ソ連の工業地帯をモデルに、軽工業から重化学工業への転換を目指して、川崎・四日市など太平洋ベルトで建設がはじまった。ここでは瀬戸内工業地域について、その特徴を確認させているのが授業案の前半である。

　授業案の後半では、中国自動車道による京阪神とのつながり、本州四国連絡橋による中国地方と四国地方のつながりを扱っている。そこでは話し合い活動も設定しているが、授業時間との兼ね合いで挙手による確認のみで進めたり、挙手発言で理由を発表させることで進めることも多い。話し合い活動を実施しないのは、実際に授業をおこなうと、提言4は、助言①の本州四国連絡橋を確認するところまでしか進めないことが多いからだ。

■瀬戸内海沿岸に広がる工業地域。全国と比べると、どんな特色があるのか？　コンビナートとはどんなものなのか？　石油化学のコンビナートは、どんな変化や影響を与えているのか？

1：【 瀬戸内工業地域の生産 】
(日本国勢図会)

全国（2009年）

| 金属 13.4% | 機械 43.6% | 化学 13.0% | 食料品 13.0% | その他 15.5% |

せんい1.5%

瀬戸内（2009年）

| 金属 18.0% | 機械 35.4% | 化学 22.4% | | その他 13.6% |

食料品 8.2%
せんい2.4%

■全国のグラフと比較してみた場合、瀬戸内工業地域の特色と考えられる部分を赤で塗りなさい。

2：【 水島コンビナート 】

3：【 水島重油流出事故 】

　1974年12月18日に重油タンクの底が13mも裂けて、3万4千kℓが海に流れ出し、対岸の坂出の沿岸から東の方へ紀伊水道まで達した。

　「あの油の凄さは、実際に見た者じゃなくちゃわからないよ。海全体が真っ黒で、チョコレートを流したみたいになって、この浜辺なんかは 20cm も厚くなった油の層が流れ着いたんだから。その上を歩いていけるんじゃないかと思うくらいさ」　　　　　(徳島県女木 島谷キミ子漁協婦人部長)

4：【 瀬戸内の工業 】鉄鋼○=赤　化学△=橙　機械□=桃　自動車◇=青　造船◎=水色　繊維☆=黄色

	都　市　名	主 な 企 業
①	山陽小野田	太平洋セメント
②	周南	出光興産
③	岩国	三井化学
④	呉	石川島播磨重工
⑤	広島	マツダ
⑥	福山	JFEスチール
⑦	倉敷（ 水島 ）	新日本石油・三菱化・クラレ
⑧	岡山	セキスイ・キリン
⑨	新居浜	住友化学
⑩	坂出	川崎造船

地理 学習プリント 〈日本の諸地域：07 中国・四国地方：3-2〉

■中国地方を東西につなぐ高速道路には、何という高速道路があるのか？　中国地方と四国地方を南北に結んだ本州四国連絡橋の完成により、どんなつながりや変化が現れたのか？

5：【 津山圏域の変化 】

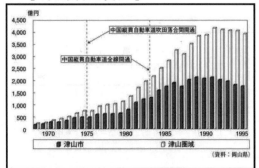

（資料：岡山県）

7：【 津山圏域の主な工業団地 】

津山圏域の主な工業団地

工業団地名	所在地	高速自動車道ICまでの距離	開発年次	面積(ha)
院庄工業団地	津山市院庄	中国自動車院庄IC 0.5km	昭和42～43	17.3
国分寺工業団地	津山市国分寺	中国自動車津山IC 4km	昭和48	24.9
綾部工業団地	津山市綾部	中国自動車津山IC 5.5km	昭和49～50	8.0
勝央中核工業団地	勝田郡勝央町	中国自動車美作IC 6km	昭和48～53	94.4
津山市高野工業団地	津山市高野山西	中国自動車津山IC 2.5km	昭和54～55	8.0
草可部工業団地	津山市草可部	中国自動車津山IC 5km	昭和51～59	42.9
楢原町北部工業団地	久米郡楢原町	中国自動車津山IC 10km	昭和60～63	7.5
東山工業団地	勝田郡奈義町	中国自動車美作IC 12km	昭和59～平成3	52.8
津山中核工業団地	津山市金井瓜生原	中国自動車津山IC 5km	昭和61～平成3	59.8
日本原工業団地	勝田郡勝北町	中国自動車津山IC 9km	平成2～3	7.2
久米南工業団地	久米郡久米南町	中国自動車津山IC 20km	平成2～4	8.8
久米工業団地	久米郡久米町	中国自動車院庄IC 3km	平成2～5	60.2
新勝央中核工業団地	新田郡勝央町	中国自動車美作IC 6km	平成5～8	51.7

6：【 中国・四国地方の交通網 】

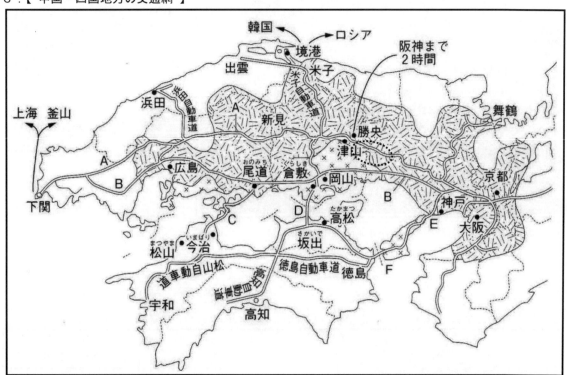

8：【 本州四国連絡橋の交通量の変化 】

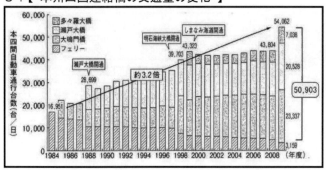

9：【 明石海峡大橋 】

[39] 移動する人口

◎高知県を例に、人口減少の実態をつかませる。そして、人口移動により発生する問題について投げかけ、考えさせる。

1 中国・四国地方での人口増減は、どうなっているのか?

①・人が産まれれば人口は増え、[人が]亡くなれば人口は減る(= 人口の自然増・減)。また人が他の土地から移り住んでくると人口は増え、よその土地へ移り住むと人口は減る(= 人口の社会増・減)。

・【資料:1】で、2010年の人口が1960年の人口と比べて、どれくらいの増減があったのかを読み上げるので、空欄に書き込みなさい!

▷【 資料:1 】

鳥取: −11,000	島根: −173,000	岡山: +275,000
広島: +677,000	山口: −151,000	徳島: −61,000
香川: +77,000	愛媛: −70,000	高知: −90,000

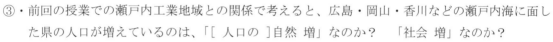

②・【資料:1】の白地図の中で、人口が減った県を赤で、塗りなさい!

▷【 資料:1 】の白地図への作業

③・前回の授業での瀬戸内工業地域との関係で考えると、広島・岡山・香川などの瀬戸内海に面した県の人口が増えているのは、「[人口の]自然 増」なのか? 「社会 増」なのか?

→社会 増・・・

④・広島・岡山・香川に人が移り住んでいるのは、(中国・四国地方の他の県と比べて)それらの県に、何があるからなのか?

→仕事・働く場・・・

⑤・こうした地方から都市部への人口移動が、1955年頃から、日本全体で起きてきた。どうして1955年頃からなのかと言うと、その頃、日本は 高度経済成長 の時代で工場での「労働力」が求められていたからだった。こうした人口移動は、現在も続いている。そのことについて、高知県を例に考えてみよう。

2 高知県内での人口増減は、どうなっているのか?

①・【資料:2】に、高知県の「人口増減率」の白地図が載せてある。人口の増減率が「高い」、つまり「人口が激しく**減っている**」市町村は「5」と書かれている。

・では、「5」と書かれている市町村を、全て「赤」で塗りなさい!

▷【 資料:2 】〈 の白地図への着色作業 〉

②・人口が、一番減っているのは「本川村」なので、 本川村 を「濃い赤」で塗りなさい!

▷【 資料:2 】〈 の白地図への着色作業 〉

③・【地図帳P88・89】で、「本川村」を探して、印をつけなさい!

▷【 地図帳P89D3S 】=「本川」

④・【地図帳P88・89】に描かれている高知県の地図と比べてみると、「本川村」をはじめ「5」の市町村は、その位置や地形などから見て、高知県の中では、どんな地域だとわかるのか?

→県境・山地・山の中・・・

⑤・同じく【資料:2】で人口増減率が「低い」、つまり「人口がそれほど**減っていない**」市町村は

「1」と書かれている。

・では、「1」と書かれている市町村を、全て「青」で塗りなさい！

▷【 資料：2 】〈 の白地図への着色作業 〉

⑥・【地図帳P88・89】で、高知県を調べると、「1」の市町村は、その位置
や地形などから見ると、高知県の中では、どんな地域なのか？

→高知市の周辺・海岸寄り・平野・・・

⑦・高知県内での人口の動きを大まかにまとめると、県の中心部では人口が「それほど減っていな
い」が、周辺部では人口が「かなり減っている」ことがわかる。つまり、1つの県内でも、一
様に人口が減っているわけではない。

・だから、そんな人口減少を、中国・四国地方全体として、県別ではなく市町村別に見みると、
こうなっている〈 地図の提示 〉！

▷【 過疎市町村 】の地図

⑧・こうして市町村別に見ると、人口減少は、中国・四国地方の全ての県で起きていることがわか
る。

3　高知県内での幼年人口率は、どうなっているのか？

①・国勢調査では、15歳以下の人を 幼年人口 、65歳以上の人を 老年人口 と呼ぶ。次に、この年
齢を基に人口について見てみる。【資料：3】の高知県の「幼年人口率」の分布の白地図には、
幼年人口率の「高い」、つまり「子どもが**多い**」市町村は「1」、逆に「低い」、つまり「子ども
が**少ない**」市町村は「3」と書かれている。

・そこで、「1」の市町村を「青」で、「3」の市町村を「赤」で塗りなさい！

▷【 資料：3 】〈 の幼年人口率の白地図への着色作業 〉

②・子どもの人数が一番多いのは「大正町」なので、 大正町 を「濃い青」で、子どもの人数が
一番少ないのは「大豊町」なので、 大豊町 を「濃い赤」で塗りなさい！

▷【 資料：3 】〈 の幼年人口率の白地図への着色作業 〉

③・【地図帳P88・89】で、「大正町」を探して、印をつけなさい！

▷【 地図帳P89C4S 】＝「大正」

④・【地図帳P88・89】で、高知県を調べると、「大正町」をはじめ、[「1」の市町村]「子どもが
多い」市町村は、どんな地域であることがわかるのか？

→高知市・中村市とその周辺・町・平野・・・

⑤・【地図帳P88・89】で、「大豊町」を探して、印をつけなさい！

▷【 地図帳P89E3S 】＝「大豊」

⑥・逆に、「大豊町」をはじめ、[「3」の市町村]「子どもが少ない」市町村は、どんな地域（ で
あることがわかるのか ）？

→県境・山地・山の中・・・

4　高知県内での老年人口率は、どうなっているのか？

①・今度は、老年人口について考えてみる。【資料：3】の高知県の「老年人口率」の分布の白地図
には、老年人口率の「低い」、つまり「高齢者が**少ない**」市町村は「1」、逆に「高い」、つまり
「高齢者が**多い**」市町村は「5」と書かれている。

・では、「１」の市町村を「青」、「５」の市町村を「赤」で塗りなさい！

　▷【 資料：３ 】〈 の老年人口率の白地図への着色作業 〉

②・高齢者の人数が一番少ないのは「高知市」なので、 高知市 を
　「濃い青」で、高齢者の人数が一番多いのは「池川町」なので、 池川町
　を「濃い赤」で塗りなさい！

　▷【 資料：３ 】〈 の老年人口率の白地図への着色作業 〉

③・【地図帳Ｐ88・89】で、「高知市」を探して、印をつけなさい！

　▷【 地図帳Ｐ89E3S 】＝「高知市」

④・【地図帳Ｐ88・89】で、高知県を調べると、「高知市」をはじめ、［「１」の市町村 ］「高齢者が
　少ない」市町村は、どんな地域であることがわかるのか？

　→高知市〜中村市・宿毛市(すくも)にかけての海岸部・平野・・・

⑤・【地図帳Ｐ88・89】で、「池川町(いけがわちょう)」を探して、印をつけなさい！

　▷【 地図帳Ｐ89D3S 】＝「池川町」

⑥・逆に、［「５」の市町村 ］「高齢者が多い」市町村は「池川町」をはじめ、どんな地域なのか？

　→県境・山の中・山地・・・

⑦・「人口増減率」「幼年人口率」「老年人口率」の３つの分布地図を並べてみると、どんなことが読
　み取れるのか？

　→ 人口が減っている地域 は、 子どもの割合 が「少なく」、 高齢者の割合 が「多い」
　→ 人口が増えている地域 は、 子どもの割合 が「多く」、 高齢者の割合 が「少ない」

※・カードを左から順に貼っていき、「　」の中を答えさせるようにすると発言が出やすい

⑧・つまり、「子どもが少なく、高齢者が多い」場合と、「子ども多く、高齢者が少ない」場合とで
　は、どちらがより深刻な問題なのか？

　→「子どもが少なく、高齢者が多い」場合

⑨・では、どんなことが問題となるのか、「子どもが少なく、高齢者が多い」大豊町を例に考えてみ
　よう。

5　大豊町の状況は、どうなっているのか？

①・〈 コピーを提示しながら 〉大豊町とは、こんなところだ！

　▷【 大豊町のコピー 】

②・町の様子については、【資料：４】にある。

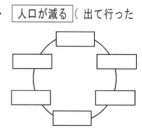

　・大豊町で、いちばん大変なことについて書かれている「言葉」に線引きをしなさい！

　▷【 資料：４ 】〈 への線引き作業 〉

③・大豊町の米屋の岡本さんは、「スパイラル(悪循環)だ」と言っている。

　・この「悪循環」とは、どんなことなのか？

　→ 仕事がない → 収入がない＝ 生活できない → 仕事を求めて出て行く → 人口が減る (出て行った
　人は戻らない) → 米などの消費が減る → 商店などが廃業する

※・実際は、「悪循環」が視覚的にわかるように、全体が丸くなるように
　右のようにカードを貼り、説明をする。

④・始まりは 仕事がない だが、これは地元の産業が衰退したことが原因

だ（ さらにその原因は高度経済成長期の産業構造の変化にある ）。大豊町では養蚕や林業の衰退で仕事がなくなり、仕事を求めて多くの人が出て行ってしまい、町で買い物をする人も減って商店などが廃業し、生活やコミュニティを維持することが難しくなった地区も増えてきた。

・こうした現象が進むことを、何化というのか？

⇨ 過疎化

⑤・過疎化の進んだ地域は、どんな問題を抱えているのか？

⇨ 地元産業の衰退や住民の高齢化

⑥・具体的には、大豊町のスパイラルの例でわかる。

・それでは大豊町ではどんな取り組みがおこなわれているのか？

⇨ 製材工場の誘致 ・ 碁石茶の生産 ・ 高齢者への宅配サービス

・高知県と大豊町の補助金を得て、岡山県の会社が中国・四国地方最大と言われる製材工場（ 高知おおとよ製材 ）をつくった。

・400年の歴史を持ちながら、50年前に生産農家が１軒にまで減ってしまった「碁石茶」（ 発酵茶 ）を特産品として復活させた。

・ヤマト運輸と協定を結び、買い物に困っている高齢者に地元の商店の商品を届け、配達時に安否の確認をおこなう「おおとよ宅配サービス」を開始した（ その後、他の自治体でも同種のサービスが始まった ）。

・過疎化が進んだ四国では、他にもさまざまな取り組みがおこなわれている。

・たとえば徳島県では、何の整備に取り組んだのか？

⇨ インターネット環境の整備　※徳島県全域に光ファイバー網を整備。CATV網の普及率は全国１位

⑦・インターネット環境の整備は、子どもが少ないことへの取り組みなのか？　高齢者が多いことへの取り組みなのか？

→子どもが少ないことへの取り組み・高齢者が多いための取り組み・・・

⑧・直接のねらいは情報通信関連企業を誘致することだ。関連する事業所やオフィスが増えれば地元で仕事をする人が増え、子どもも増えることになる。

・大豊町は、「子どもが少なく、高齢者が多い『過疎』の町」だ。そんな大豊町にとって、A：子どもが少ないことと、B：高齢者が多いことでは、どちらが、より深刻な問題なのか。

・A：「子どもが少ないこと」の方が問題だと思う人[挙手]！

▷〈 挙手による人数の確認 〉

・理由が言える人[そのまま挙手]！

→・・・

・B：「高齢者が多いこと」の方が問題だと思う人[挙手]！

▷〈 挙手による人数の確認 〉

・理由が言える人[そのまま挙手]！

→・・・

6　人口減少による問題とは何なのか？

①・最後に、ここに「全国人口男女比」のグラフがある！

▷【 全国人口男女比のグラフ 】

②・このグラフは、「女性100人に対して、男性が何人いるのか」を年齢別に表している。

つまり、男性の人口が（　女性より　）多ければ100より上になり、（　男性人口が　）少なければ100より下になる。

　　たとえば、０歳、つまり生まれる人数は、女性100に対し男性は105となっている。

・と言うことは、生まれたときの人数は、（　男性と女性では　）どっちが多いのか？

→男性が少しだけ多い・・・

③・それが50歳を前に、ほぼ同じ数になり、60歳近くになると、女性の方が多くなる。

・つまり、長生きなのは（　男性と女性の　）どっちなのか？

→女性・・・

④・2013年の国勢調査によると、０歳の 女性の平均余命は86.6歳 で、 男性の平均余命は80.2歳 となっている。女性の方が約６歳、男性を上回っている。このグラフからは、そうした男女の人口についての全国的状況がわかる。

・では、【資料：６】にある同じようなグラフを２つ見てみよう！

▷【　東京と高知の男女人口比のグラフ　】

⑤・１つは東京都で、もう１つは高知県。

・Aは、（　東京都と高知県の　）どっちなのか？

→東京都・・・

⑥・では、Bは、どっち？

→高知県・・・

⑦・なぜ、そう判断できるのか？

→・・・

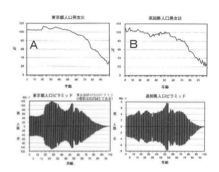

⑧・東京都と高知県では、人口ピラミッドを見ても、明らかに違っている！

▷【　東京と高知の人口ピラミッド　】

※・佐賀県のグラフを参考に提示してもよい。佐賀県の場合、

　　18歳までは男性が多く、19歳からは女性が多くなる。

　　50歳代前半に男性がやや増えるが、女性が多いことに変わり無い。これを参考にすると、高知県と東京都のグラフの判断はできる。都道府県別のグラフは、『授業がおもしろくなる中学授業のネタ　地理』に掲載されている。

⑨・東京の場合、40歳近くまで男性人口が女性人口を上回っている。

・どうして、そうなっているのか？

→・・・？

⑩・東京には、就職や進学などで、地方から多くの人が移ってくる。そのとき、女性より遙かに多くの男性が移動してくる。一方、高知県では、30～40歳台は女性人口が多く、50歳位で同じになるが、その後は、女性人口が多くなっている。

・30～40歳代の男性人口が少ないのは、何故なのか？

→他所の土地に出て行くから・・・

⑪・その後、50歳位で（　地元・高知県に　）戻ってくる人もいるが、女性が長生きするため、女性の高齢者が多くなる。

・では、こうした状況まで考えてみると、「子どもが少ない」とか、「高齢者が多い」とかも問題なのだが、一番の問題は何なのか？

→・・・

⑫・前に「日本を支える産業は何か」について考えたことを思い出してみよう。農業や林業では生活ができなくなって、30〜40歳代の男性は都市部に移動するようになった。こうした「人口移動」の結果、過疎や過密の問題が起き、過疎化が進んだ集落は、 限界集落 と呼ばれ、「いずれ無くなってしまう」と言われている。

・そうなると耕作地や里山だったところが荒廃し、水害などがおこりやすくなる。また、気候変動で将来世界的な食料不足になったとき、日本の食料を供給してくれるはずの農山漁村が崩壊していたら、どうすればいいのか?

→・・・?

⑬・最後の最後に、【資料7】の白地図で、過疎地域面積が75%を超える県を赤で塗りつぶして、全国的な過疎の状況を把握しておこう!

▷【 資料：7 】

<参考文献>

「中国・四国地方の結びつき」羽田純一監修『まるごと社会科　中学・地理（下）』喜楽研
春名政弘「過疎の村のくらし」『地理授業シナリオ（上）』地歴社
馬場一博「過疎と過密と人の移動」授業のネタ研究会中学部編『授業がおもしろくなる中学授業のネタ地理』日本書籍

<板書例>

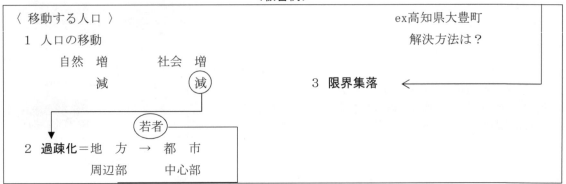

❖授業案〈 移動する人口 〉について

　この授業案では提言が6つもあり、その上、授業の初めの場面では色塗りの作業をさせているため、かなりテンポよく進めないと、後半に時間不足になる。この授業案では、提言1〜3までの色塗り作業により人口構成の状況を確認することより、提言4〜6までの過疎化の問題について考えさせることに重点を置いている。そのため、前半を速く、後半に時間をかけるつもりで進めている。

　しかし、学習プリントの白地図への色塗り作業だけでは地域による人口構成の違いを理解させることは難しいため、地図帳の読み取りによって人口の増減があるのはどんな地域なのかをつかませようとしている。そうした作業にも時間がかかることが多く、予定通りに授業が進まなくなることが多い。

　過疎化の問題は、単に「集落の人口が減る」とか、「地域社会での生活が困るようになる」というだけではなく、日本社会全体の問題であることを意識させたいと考えている。生徒たちが住む地域も同じような状況にあり、過疎化の問題について考えなければならないのは高知県や四国地方だけではないからである。

■「過疎」とは、どんな現象を言うのか？ どうして過疎という現象が起きたのか？ 中国・四国
地方での過疎化は、どうなっているのか？ 「限界集落」とは、どんな村や町のことなのか？

1：【 人口の増減 】（ 単位＝千人 ）

県	1960	1980	2000	2010	増減（人）	過疎面積	過疎人口
鳥取	599	604	613	588	−11,000	56.5%	15.5%
島根	889	785	762	716	−173,000	85.4%	50.1%
岡山	1670	1871	1951	1945	＋275,000	66.2%	16.9%
広島	2184	2730	2879	2861	＋677,000	62.0%	10.6%
山口	1602	1587	1528	1451	−151,000	56.6%	14.6%
徳島	847	825	824	786	−61,000	72.4%	17.5%
香川	919	1000	1023	996	＋77,000	36.9%	11.2%
愛媛	1501	1507	1493	1431	−70,000	64.7%	26.3%
高知	855	831	814	765	−90,000	79.6%	29.7%

□中国・四国地方

■白地図の中で、左の表で「人口が減少
している県」を赤で塗りつぶしなさい

2：【 人口増減率で見る高知県 】

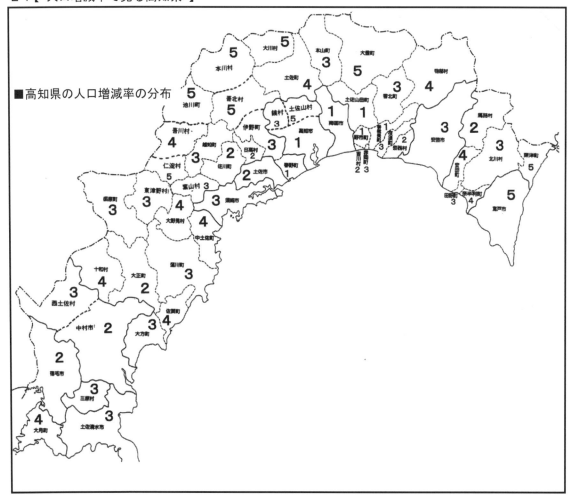

■高知県の人口増減率の分布

■高知県の「人口増加率」と「幼年人口率」と「老年人口率」の３つを比較してみると、どんなことが
見えてくるのか？

3：【 高知県の幼年人口率(上の白地図)と老年人口率(下の白地図) 】

地理 学習プリント 〈日本の諸地域:08 中国・四国地方:4-3〉

■過疎化は、特に中国・四国地方で目立っている。その中でも、高知県では、過疎化によりどんな
　ことが起きているのか？　過疎が続くと、どんな問題が生まれてくるのか？

4:【 町を出る若者を留められない 】　　　　　　　　　　　　　　　（ 下野新聞　2007.6.6 ）

　“限界集落”という言葉は、高知県の山間から生まれた。長野大学の大野晃教授が高知大学の
教授時代、四国山地の集落を丹念に歩いたフィールドワークから導き出された。大野教授は「“限
界集落”は集落内の全人口に占める65歳以上の人口が半数を超えている集落。55歳以上が半数を
超える集落を“準限界集落”、それ以外の集落を“存続集落”」とした 。

　高知県大豊町。町面積の90％が森林に覆われている。65歳以上の高齢者が町民の半数を超える
“限界自治体”だ。だが、住民あげて地域起こしに励む集落もある。

　南大王地区は20年ほど前、「福寿草の里」として売り出した。春先1ケ月で約6千人が訪れる観
光名所になった。活気と裏腹に悩みがある。「最近は皆『年を取って』まかない切れんので、近く
から人を頼むんです」

　かつては養蚕が盛んで30世帯以上あったが、今は10世帯21人に減った。「若いモンに『帰ってこ
い』と言うのが無理ですわ。高速道路（ 高知道 ）はできたが仕事がない」。集落は平均年齢67歳、64歳
以下は8人しかいない。「年金が産業の町ですから」町総務課長補佐の三谷さんは苦笑した。町を出る
若者を引き留められない。多いときは2万人を超えていた人口は、4分の1近くまで激減した。

　米屋を営む岡本さんは嘆く。「こうなるともう、何をするにも人がいない。人がいないから、新
しいアイデアがあってもやる人がいない。スパイラル（ 悪循環 ）や。あれよあれよ、ちゅう間や
ったなぁ」

5:【 町長さん（ 大豊町町長　岩崎憲郎 ）は訴える 】

　わが大豊町を見ると、標高200mから800m近くの急峻な地形に85の集落が点在し、そのうち55
の集落が限界集落、27の集落が準限界集落であり、存続集落はわずか3集落である。

　現状は過疎、高齢者の問題はもちろんのこと、年間に生まれる子どもの数が10人を切る状況に
なるなど、多くの困難な問題にあえいでいる。

　しかし、“環境の世紀”と言われる21世紀、人が生きていく上で最も大切な水や空気を守り、海
の幸を育む森林に代表される山村の機能が評価される時代となった。このことは、我々にとって
重要なことであるが、それ以上に都市に暮らす人にとっても重要なことである。

6:【 東京都と高知県の比較 】　　　　　　　　　　　　　　　何のグラフ？　何がわかる？

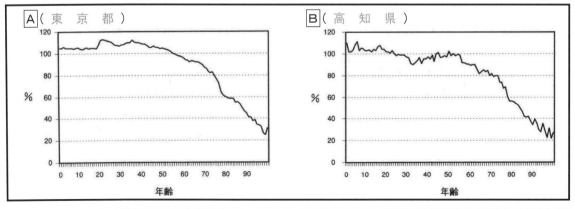

■全国的に見た場合、高知県と同じように過疎地域が県全体の面積の４分の３を超える県はどこが

　あるのか？　それは、どの地方に多いのか？　日本全体として考えてみると、どうなるのか？

7：【 過疎地域面積が県の総面積に占める割合(%) 】　　　４分の３(＝75％)を越える県は、どこ？

No.	都道府県		No.	都道府県	
1	北海道	77.1	25	滋 賀	8.3
2	青 森	56.3	26	京 都	37.3
3	岩 手	55.6	27	大 阪	—
4	宮 城	42.3	28	兵 庫	26.1
5	秋 田	77.8	29	奈 良	69.7
6	山 形	64.3	30	和歌山	67.2
7	福 島	40.4	31	鳥 取	37.4
8	茨 城	15.0	32	島 根	83.1
9	栃 木	15.3	33	岡 山	64.0
10	群 馬	30.4	34	広 島	62.0
11	埼 玉	17.7	35	山 口	63.4
12	千 葉	6.2	36	徳 島	72.5
13	東 京	19.2	37	香 川	24.1
14	神奈川	—	38	愛 媛	61.0
15	新 潟	57.0	39	高 知	76.1
16	富 山	17.7	40	福 岡	24.7
17	石 川	50.5	41	佐 賀	25.6
18	福 井	28.7	42	長 崎	64.6
19	山 梨	48.2	43	熊 本	69.2
20	長 野	42.3	44	大 分	85.1
21	岐 阜	55.0	45	宮 崎	59.9
22	静 岡	22.7	46	鹿児島	76.5
23	愛 知	29.1	47	沖 縄	52.7
24	三 重	34.5		全 国	54.8

3. 日本の諸地域／全21時間

（3）近畿地方／全3時間

[40] 歴史と伝統の町

[41] 「まいど」の町と原発銀座

[42] 近畿地方の水と木と

[40] 歴史と伝統の町

◎「近畿」の名称の由来を導入に現在の近畿地方各県の府県庁所在地・府県章・写真を考えさせる。
また、地名や史跡などをもとに古都・文化財の保護についてどうすべきかを考えさせる。

1　日本一長い住所は、どうして京都にあるのか？

① ・今日から近畿地方について学んでいく。近畿地方とは、「畿内」とその畿内に近い地方という意
　　　味で、畿内とは「都」のこと（「畿」は王の直轄地という意味で「畿内」には三重県は含まれない）。

　　・近畿地方には、かつて「京の都」があった。その都を何といったのか？

　⇨ 平安京

② ・畿内＝都とその近くには、 京都府 ・ 大阪府 ・ 奈良県 ・ 兵庫県 ・ 三重県 ・ 滋賀県
　　　・ 和歌山県 の２府５県がある。

　　・では、近畿地方にある府県の府・県庁所在地の都市名と府・県章と府・県の特徴を表している
　　　写真を選んで、【資料：１】を完成させなさい！

	A	B	C	D	E	F	G
県章							

▷【資料：１】への記入作業

※ ・班に挙手発言をさせる（班の挙手→班指名→ア～ケの中で答えられるものを答える）。挙手がなけ
　　　れば、指名発言で順番に班を当て答えさせる。正解であればそのまま、間違った場合には班全員を
　　　立たせていく。答えは、県庁所在地名、県章、写真の順番に発言させる。

※ ・ア＝神戸市（兵庫県）・D：兵庫の「兵」の漢字の図案化・⑤（神戸の異人館）
　　イ＝大阪市（大阪府）・A：OSAKAの「O」と秀吉の千成瓢箪を組み合せ図案化・⑥（USJ）
　　ウ＝京都市（京都府）・G：京都の土地柄を表す六葉形の中に「京」を図案化・①（金閣）
　　エ＝大津市（滋賀県）・E：「シガ」の文字の図案化・③（彦根城とひこにゃん）
　　オ＝奈良市（奈良県）・B：ナラの「ナ」の文字の図案化・④（盧舎那仏＝奈良の大仏）
　　カ＝和歌山市（和歌山県）・C：ワカヤマの「ワ」の文字の図案化・⑦（金剛峰寺大門）
　　キ＝津市（三重県）・F：みえの「み」の文字の図案化・②（伊勢神宮）
　　　県名と県庁所在地名が違う都道府県については、覚えておくように説明をしておく。

※ ・ここは、班毎にア～ケの空欄を指定して、答えさせるようにしてもよい。

③ ・京都は、古くからの都であるため、独特の地名がある。

　　・では、次の地名は、何と読むのか？

　　　清水 ・ 祇園 ・ 西陣 ・ 先斗町 ・ 太秦

　　→清水＝きよみず　祇園＝ぎおん　西陣＝にしじん　先斗町＝ぽんとちょう　太秦＝うずまさ

※ ・清　水：「清水寺（きよみずでら）」の「きよみず」（清水寺にある「音羽の滝」の水が清らかなこ
　　　　　　とから、人々が訓読みするようになった）

　　祇　園：『平家物語』の出だし、「祇園精舎の鐘の音、諸行無常の響きあり」で知られる、シャカが
　　　　　　説法したインドの寺「祇園精舎」に由来する。「祇園社」は明治元年の神仏分離で「八坂神
　　　　　　社」に改名したが、平安時代から使われている地名「祇園」は残った。

西　　陣：応仁の乱で、西軍の山名宗全の陣地があったことからついた地名。

先斗町：鴨川の西側の歓楽街で、ポルトガル語のポント（ 砂州の先端部。そこに家が並んでいる ）
　　　　からついた地名と言われてきたが、最近、カルタ賭博用語の「ポント」（ お金をゲームの
　　　　最初にのみ=さきばかりに賭けるという意味 ）に由来するという説が注目されている。

太　　秦：映画村のあるところで、秦氏（ 渡来人 ）の拠点（ 太 ）と言う意味だとされる。「うずまさ」
　　　　と言う読み方は、朝廷が秦氏に与えた姓「兎豆満佐」（ 日本書紀 ）に由来する。

④・こうした独特の名称は、「住所」にも見られる。

　　・まず、「自分の家の住所」をノートに書いてみなさい！（ 正確に知っている？ ）

　　▷自分の住所をノートに書く　※・例えば、佐賀県嬉野市塩田町大字馬場下甲1089番地

⑤・いま、みんながノートに書いた住所より長い住所が、日本にある。

　　・では、日本で一番長い住所は、どこにあるのか？

　→京都・・・

⑥・京都にある「日本一長い住所」とは、どれくらい長いのか。

　　・日本一長い住所は、こうなっている！

　▷ 京都府京都市上京区今出川通烏丸東入上る二筋目東入下る相国寺門前町

⑦・全部で32字。実際の住所は、ここに「１番地の１」と言うような地番が付くので更に長くなる。
　　京の都「平安京」は古代中国の都にならって、碁盤の目のように道路がつくられた（ 条坊制 ）。
　　通りには「今出川通」「烏丸通」と言うような名前が付けられているから、「今出川通烏丸」と
　　書けば交差点が特定できる（ 後半の「通」は省かれる ）。その交差点から東に行く場合は「東入
　　（る)」、「上る」は北に行くこと、「下る」は南に行くことを表す。通りの名前は、わらべ歌にな
　　っていて、京都の人は親から子へと歌って伝えてきた。京都の住所は長いけれど、通りの名を
　　覚えていれば、地図がなくてもたどり着くことができるすぐれた表記だ。

2　「古都・京都」のイメージは、どうして強いのか？

①・近畿地方には、京都だけでなく、更に古くは、奈良にも都があった。

　　・その「奈良の都」を何といったのか？

　⇨ 平城京

②・京都も奈良も、日本の政治・文化の中心地であったため、何と呼ばれているのか？

　⇨ 古都

③・では、どっちが伝統の町・古都・京都の風景なのか？

　　▷【 古い町並み 】と【 近代的建物 】の拡大コピー

④・古都：京都市には、どれ位の人口が住んでいるのか？

　→約146万人　（ 2020年 ）

※・ちなみに、東京23区の人口は約930万人、佐賀市の人口は約23万人

⑤・この古都・京都に住む146万人の人たちは、どんな仕事をして暮らしているのか？

　　→・・・

⑥・古都・京都に住む人々の仕事で考えつくのは、 神社仏閣に関係する仕事 ・ お土産に関係する
　　仕事 ・ 旅館・ホテルに関係する仕事 ・ 舞妓さんなどお座敷に関係する仕事 ・・・などが
　　ある。

　　・では、この中で、京都に住む人の仕事の中で一番多いのは、どれなのか？

→・・・

⑦・こうした仕事だけでは、146万人もの人は生活できない（ この中に一番多い仕事はない ）。そもそも、〈 高層住宅のコピーの方を指し示しながら！ 〉こうしたものがないと、平屋や2階建ての家だけでは、146万人もの人は住めない。

京都市は、日本初の水力発電所がつくられ（ 1891年、蹴上（けあげ）発電所は今も稼働している ）、その電力で日本初の路面電車（ 1895年 ）が走った街であり、産業や文化の近代化に早くから取り組んできた。「古都・京都」といっても、実際は、「現代都市・京都」の中に、「古都・京都」が点在している街になっている。

・にもかかわらず、京都に「古都」のイメージが強いのは、どうしてなのか？

→・・・？

⑧・京都には、寺院や神社、年中行事や伝統料理などの有形・無形の何が多いのか？

⇨ 文化財

⑨・その文化財は、現在、何として活かされているのか？

⇨ 観光資源

⑩・そのため、古都・京都のイメージが、マスコミなどでことさら強調されている面がある。

・ところで、その（ 重要 ）文化財が1番多くある都道府県は、どこだか知っている？

→京都・奈良・・・？

⑪・1番多いのは東京都で、2番目が京都、そして3番目が奈良。

	重要文化財	国宝
東京	2694件	276件
京都	2138件	226件
奈良	1313件	197件

・ただし、これを地方別にみると、【資料：2】の円グラフからわかるように、1番多い地方は、どこなのか？

→近畿地方（ 約半分が近畿地方にある ）・・・

⑫・近畿地方は、千年以上ものあいだ都があったため、歴史的景観が多いからだ。

・では、【資料：5】の写真で、どっちが京都で、どっちが奈良なのかわかる？

→A～Dが京都、ア～エが奈良

※・では、Aは何？ → 銀閣 ・・・と言う具合に、1つずつ答えを確認していってもよい。

※・A：鹿苑寺銀閣　　B：清水寺　　C：南禅寺　　　D：平等院鳳凰堂
　　ア：東大寺　　　イ：正倉院　　ウ：石舞台古墳　　エ：唐招提寺

3　優先すべきは、文化財か？　住民の生活か？

①・歴史的景観も、近年、何の波によって失われつつあるのか？

⇨ 都市化や現代化（ の波 ）

②・そこで制定されたのが、【資料：3】にある 古都保存法 だ！

▷〈【 資料：3 】「古都保存法」の制定理由に線引き作業をさせる 〉

③・「古都保存法」は、何のために制定されたのか？

　→古都の歴史的風土が壊されるのを防ぐため

④・そのために、何を保存しようというのか？

　→建物や遺跡を含む自然環境

⑤・「自然環境」の保存のために、保存地域内では、勝手にやってはいけないことがある。

　　・それは、どんなことなのか？

　→（ 保存地区内での ）建築、宅地造成や樹木の伐採など

⑥・つまり、そのまま「保存」するために、その地区内では勝手に家を建てたり、木を切ったりすることはできず、役所に届け出て、許可をもらわないといけない。

　　・こうした歴史的環境の保存に対する考えが注目されたのは、〈 コピーを提示しながら！〉 高松塚古墳 内での壁画発見が、きっかけだった！

　▷【 高松塚古墳 】【 古墳内の壁画 】のコピー

⑦・この壁画が発見されたことにより、どんなことになっていったのかが、【資料：5】に書かれている！

　▷【 資料：5 】

⑧・（ 高松塚古墳の発見により ）どんなことが問題になったのか（ つまり、何と何が対立しているのか ）、わかる？

　→住民の生活か文化財の保存か・・・

⑨・長い年月をかけてつくられた文化財や歴史的景観は一度壊してしまうと、取り戻すことは不可能だ。そのため、どうしても「保存」することが必要になる。しかし、「保存」を優先すると、そこに住んでいる人の生活を制限することも出てくる。

　　こうしたことは、何も京都や奈良だけの問題ではない。 伝統的建造物群保存地区 （ ＝伝建地区 ）として、鹿島の（ 浜の ）酒蔵通りや（ 嬉野の ）塩田津の町並みなど身近な場所にも（ 同じ問題が ）ある。

　　こうした伝建地区では、歴史的景観を保存するため、家を修理・改築する場合には、「許可」が必要になる（「自分の家だから」と言って、勝手に修理や改築はできない ）。そうすると、A：文化財や歴史的景観を残すことを優先すべきなのか、B：そこに住む住民の生活を優先すべきなのか？　と言うことが問題になってくる。

・Ａ：やはり、文化財や歴史的景観を残すことを優先すべきだと思う人［ 挙手 ］！

▷〈 挙手による人数の確認 〉

・Ｂ：そこに住む住民の生活を優先すべきだと思う人［ 挙手 ］！

▷〈 挙手による人数の確認 〉

・さて、どっちなのか？　班ではなしあい！

※・ここから班内でのはなしあい　→　学級での討論へとつなげていく

＜参考文献＞

「近畿地方の自然」「近畿地方の産業と歴史②」羽田純一監修『まるごと社会科中学・地理（下）』喜楽研

森口洋一「地名は語る京都の町」授業のネタ研究会中学部会編『授業がおもしろくなる中学授業のネタ
　　社会②日本地理』日本書籍

「京都は古都、現代都市、どっち？」澁澤文隆編『中学校社会科定番教材の活用術　地理』東京法令出版

「古都－京都・奈良の観光と文化財保護」歴史教育者協議会編『たのしくわかる社会科中学地理の授業
　　再訂新版』あゆみ出版

＜板書例＞

〈 歴史と伝統の町 〉

1 近 畿 地 方　　　　　　　　　　　　2 住所・地名 － 伝統

　　　都 － 平安京（ 京都 ）⎫古
　　　平城京（ 奈良 ）⎭都　　　3 文化財 － 古都保存法

❖授業案〈 歴史と伝統の町 〉について

　この授業案では、京都の地名や住所を例にあげながら、「古都」と呼ばれる地域には、昔ながらのものがいろいろと残っていることを取り上げている。

　昔ながらのものを残していくことは大切だが、残していくだけで今の生活ができるわけでもない。そこで暮らしていくためには、新しいものを取り込んでいくことも必要になる。そこに、古いものと新しいものとの対立が生まれたりする。そうした問題は、日本のどこに住んでいても存在する（ 考えなければならない問題である ）。

　昔ながらのものが残っているのは、京都や奈良などの古都に限らず、地域には、何かしらの伝統や史跡・昔ながらの行事などがある。生徒たちが住む地域には、どんなものがあるのかについては総合的な学習の時間で調べたりしている。そこで、社会科の時間では、勤務校のすぐ近くや近隣町にある「重要伝統的建造物保存地区」を取り上げて、生徒にとって身近な問題として考えさせることにしている。そのため少し古い話ではあるが、高松塚古墳の例を取り上げて、文化財の保護について考えさせるきっかけとしている。

■古代から日本の都があった近畿地方。今でも古い時代のものが残っているが、新しいものを増えてきている。そんな近畿地方には、どんな歴史があり、どんな遺跡や遺物が残っているのか？

1：【 近畿地方の各県 】

	県庁所在地の都市	県章	写真
ア	神 戸 市	D	⑤
イ	大 阪 市	A	⑥
ウ	京 都 市	G	①
エ	大 津 市	E	③
オ	奈 良 市	B	④
カ	和歌山市	C	⑦
キ	津　　市	F	②

例）神戸市

① 鹿苑寺金閣

② 伊勢神宮

③ 彦根城

④ 盧舎那仏

⑤ 異人館

⑥ USJ

⑦ 高野山大門

県章	A	B	C	D	E	F	G

■文化財は古くからの伝統が守られることで今に伝えられている。一度無くしてしまったら、もう元には戻らない。しかし、そこには日々生活している人がいて、昔のままでは不便なことも多い。

2：【 京都の住所 】

3：【 地方別の文化財の数 】

東北3.3 北海道0.4
九州4.1
中国四国8.3
中部10.4
計1万2755件
京都17.6%
奈良10.8
近畿48.3
その他近畿19.9
関東25.2

4：【 古都保存法 】

正式には『古都における歴史的風土の保存に関する特別措置法』という。

1969年に宅地造成や観光開発によって、古都の歴史的風土が壊されるのを防ぐために制定された。歴史的に政治、文化の中心であった京都市、奈良市、鎌倉市と政令で定めるその他の市町村(天理市、桜井市、斑鳩町、明日香村など)を対象に、建造物や遺跡を含む自然環境そのものを保存しようというもの。このため、保存区域での建築、宅地造成や樹木の伐採などには、知事(政令市では市長)への届出や(特別保存地区の場合)許可が必要となっている。

5：【 奈良と京都 】 ❶・❷のどっちが奈良？ 京都？ また、A〜D・ア〜エは何の写真？

6：【 ゆれる明日香村 】 文化財の保護をめぐって

「高松塚壁画の発見ですがな、村で『良かった』と言う人が『七分』、『おかげで えらい目におうた』と言うのが『三分』でした。それが今や、そやな『六分・四分』と言うところですかな。規制がきつうなって、『また国に土地を買い上げられるんやないか』と言う不安ですわ」「そりゃ文化財は、残さんならん。そやけど、国は、ただ『金を払ろたらえぇ』ちゅうんでは困る。『住どる人間をどうするか』いう問題が 残りますがな」そこで、いろいろな卓見・名説が入り乱れる。「だいたい、この飛鳥を守ってきたのは村の人たちではないか。他人さまに守ってもらったのではない。それを今になって、『見にくる人たちのため、そっくり保存せよ』みたいに言われたのでは間尺に合わぬ。もし『そっくり残せ』と言うなら、日本のどこかに、我々の住める別の明日香村をつくれ。一戸1億円として全村で1500億円。そのくらいは払ろうてもらおう」と言う意見も聞いた。・・・「まぁそこまで言わんと、問題はやな、『今までどおりの農業で生きていくか』 それとも、『ひと思いに観光立村に切り換えるか』や。年間 100万人近い観光客が来るから、利用せん手はない」と別の意見。

―――――――（『新風土記 1』 朝日新聞社 ）

２年　　組　　号（　　）班：名前

■次の質問に対して、自分の考えを書いてみよう！

・・・

1．質問

> ■文化財や歴史的景観は、一度壊してしまうと、二度と元にもどすことはできない。そのため保存が必要になるが、保存をするためには、現在そこに住んでいる人たちの生活を制限することになる。では、保存と生活とでは、どちらを優先すべきなのか？

・・・

2．結論

Ａ：文化財や歴史的景観の保存を優先すべきだ！　Ｂ：そこに住んでいる人の生活を優先すべきだ！

・・・

3．どうして、そのような結論を出したのか？（　「自分の考え」　）

_____

_____

_____

_____

_____

_____

_____

_____

_____

〈 授業方法・内容について質問・意見・考え・感想などあったら自由にどうぞ！ 〉

[41] 「まいど」の町と原発銀座

◎ロゴマークを基に阪神工業地帯にある企業の特徴をつかませる。そして、そうした工業や人々の生活を支える電気(＝電力発電)が福井県でつくられていることの是非について考えさせる。

1 阪神工業地帯の特色は何か？

①・【資料：1】に、いろんな会社のロゴマークを載せてある！

　▷【 いろいろな企業のロゴマーク 】

| ① (パナソニック) | ② (シャープ) | ③ (積水ハウス) | ④ (武田薬品) | ⑤ (ロート製薬) |
| ⑥ (旭化成) | ⑦ (東　レ) | ⑧ (デサント) | ⑨ (ミスタードーナッツ) | ⑩ (ダイエー) |

②・それぞれ何という会社のロゴマークなのか？

　　→・・・

※・①から1つずつ、確認していく。

③・ところで、これらの会社に共通することは、何なのか？

　　→・・・？(大阪に本社のある会社)

④・「大阪に本社のある会社」は、意外と多い。それは、近畿地方では、戦前から大阪を中心にした工業地帯が広がっているからでもある。

　・その工業地帯を何と呼んでいるのか？

　⇨ 阪神工業地帯

⑤・〈 【工業出荷額のグラフ】を提示して！ 〉阪神工業地帯の特徴は、この中の何か？(一番多いのは何？)

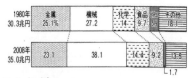

　　→機械

⑥・機械工業が多いのは、大阪には、古くからこうした会社があるからだ！

　　▷〈 ロゴマークを提示 〉

⑦・それぞれ、何という会社のロゴマークなのか？

　　→・・・

※・ナショナルから「パナソニック」へ(国家主義か？と取られかねないので、全ての＝PANと音＝SONICでパナソニック)。アジア最強の動物を採用した「タイガー」(魔法瓶)に対抗して、寿命の長い「象印」(マホービン)を採用。ダイハツは発動機製造株式会社という名で創立されたが、顧客は「大阪の発動機」略して「ダイハツ」と呼んだため、それが社名になった。大阪金属工業は大と金で「ダイキン」。「クボタ」は久保田鉄工所から社名変更。ドラマ「下町ロケット」(原作：池井戸潤)にクボタのロボットトラクターや町工場の先端技術が登場して注目された。

⑧・パナソニック(元ナショナル)の初めてのヒット商品は、【資料：2】の中のどれだったのか？

→A（ ラジオ ）・B（ 洗濯機 ）・C（ 二股(ふたまた)ソケット ）・D（ 乾電池 ）

⑨・単純な発明のようだが、ここに、物を売る発想がある。そんな発想が生まれたのも、大阪がもともと商人の町だったからだ。【資料：1】の中にも、そんな物を売る会社がある。

・それは、どれなのか？

→ダイエー（ 大阪が栄える ）・・・

⑩・江戸時代には、大阪は何と呼ばれていたのか？

→天下の台所

⑪・江戸時代、近畿地方・瀬戸内地域で産業が発達し、特産品が大阪に集まり、大阪は「商業」の中心へと発展した。一方、「工業」の方は、江戸時代に栽培が広がった〈 綿花のコピーを提示して！ 〉、これが基礎になっている。

・これは、何の栽培だった？(歴史の授業で出てきたが・・・)

→綿花・・・

⑫・大阪周辺、特に南部の泉州では、この綿花を栽培する百姓が多かった。

・そのため、江戸時代からの伝統で、現在も何工業が盛んなのか？

⇨ 繊維工業

⑬・「繊維工業」とは、何から何を作る工業なのか？

→綿花から繊維・・・？

⑭・綿花などの繊維原料から糸を作る工業を 紡績業 という。その糸から布を作る工業を 織物工業 という。この「紡績」と「織物」をまとめて 繊維工業 という。

※・布から服を作る工業は「縫製品工業」と呼ばれ、上記の狭義の繊維工業には含めないが、広義では含める。

・糸や布を作ることで、かつては、阪神工業地帯は日本一の工業地帯だった。そのため、今でも阪神工業地帯の特色の１つに、「繊維工業」がある。

※・「東レ」の旧社名は「東洋レーヨン」。植物由来の再生繊維であるレーヨンを製造していた。旭化成も繊維製造が本業だった。

・覚えておくためにも、【資料：3】の「機械」と「せんい」を赤で塗っておこう！

▷【 資料：3 】への色塗り作業

1980年 30.3兆円	金属 25.1%	機械 27.2	化学 14.4	食品 9.7		その他 18.1
2008年 35.0兆円	23.1	38.1	14.4	9.2		13.5

⑮・ただ、こうしたグラフには出てこないが、もう１つ阪神工業地帯の特色がある。

・それは何なのか？

→・・・？

[2] 大阪には、どんな中小企業があるのか？

①・ここに、お店で売られていた「ある商品」を持ってきた。

・では、〈 黒のマジックペンの箱を提示して！ 〉これは、何だかわかる？

→マジックペン

②・何色のマジックなのか？

→黒

③・正解は簡単にわかるが・・・、「ある商品」とは、〈 箱の中から出して見せる！ 〉「白のチョー

ク」だ。

・では、どうして、みんなの答えは間違ったのか？

　→箱と中身が違っていたから・先生が騙したから・・・

④・実際の店では、箱とその中身は同じになっている。しかし、中身の商品が壊れていたり、箱に
　描かれているデザインと違うことは、あるかもしれない。

・そんなことがないように、買う前に中身を確認するには、どうすればいいのか？

　→箱から出す・中身を見えるようにする・・・

⑤・１つひとつ、中身を出して確認すれば間違いないが、お店でそんなことはできない。

・ではもう１つ、別の「ある商品」を見てみよう〈ブリスターパックに入ったペンを提示しなが
　ら〉！

・これは、何だかわかる？

　→ペン

⑥・（今度は間違うことなく）正解できたのは、何故なのか？

　→中身が見えていたから・・・

⑦・これらは、ブリスターパックといわれる透明な包装がされている商品だ。厚紙を土台にして
　外形が商品より大きめな透明プラスチックをかぶせただけの単純な作りだ。発明されたのは、
　日本・・・ではなく、アメリカ（「ブリスター」は、英語で「水ぶくれ」という意味）。50年
　くらい前から、アメリカのスーパーなどで使われるようになった。

・商品を「買う」場合、箱とブリスターパック包装とでは、どっちがいいのか？

　→ブリスターパック・・・

⑧・こうしたブリスターパックで包装された商品は、どこで見かけることが多いのか？

　→コンビニ・スーパー・文具店・・・

⑨・コンビニやスーパーに多いのには、理由がある。

・それは、どんな理由（だか、わかる）？

　→中身がすぐわかる・いちいち中身を確認しなくていい・・・

⑩・中身がすぐわかると、店員さんの少ないコンビニなどにとっては、大変助かる。また、透明な
　プラスチックにカラフルな印刷をほどこすと、商品をきれいに見せることができる（＝購買意
　欲を高める）。

・ところで、〈パナソニックの乾電池を提示しながら！〉このブリスター
　パックを「作っている会社」は、どこなのか？

　→パナソニック・・・

⑪・確かに、中身（の乾電池）を作っているのはパナソニックだが、ブリスターパックを作ってい
　るのは、別の会社だ。そんな会社は、大阪だけでも50～60社ほどある。その中でも大きな会社
　が、梅田真空包装という東大阪市にある会社だ。

・この「梅田真空包装」という会社を、知っていた人［挙手］！

　▷（手は挙がらないはず）

※・梅田真空包装はブリスターパックを作っている会社だが、「ブリスターパックを作る機械」を作る会
　社も、東大阪市に集積している。

⑫・阪神工業地帯の特色は、東大阪市などに、こうした何企業が多いことなのか？

　⇨中小企業

⑬・あまり知名度が高くないのが、中小企業の特徴でもある。しかし、包装されたままで中身を確認できるこのブリスターパックがなければ、パナソニックのような大企業が商品を作ったところで、うまく売れる可能性は低い。そうしたことまでは、【資料：3】の阪神工業地帯のグラフを見ても、わからない。

・東大阪の中小企業で働く人たちが集まって、人工衛星を開発したこともある（ 2009年に種子島宇宙センターから打ち上げられ、雷の観測などに成功した ）。

・ただ、そのためには何が必要になるのか？

⇨ 企業間のネットワーク ・ 専門の先端技術

※・東大阪市の中小企業の9割は大企業との系列をもたず、専門分野に特化して近隣の協力工場とネットワークを構築している。

⑭・その人工衛星の名前は、 まいど1号 。まさに「大阪の商人」という感じのネーミングだ。そうした中小企業の多い阪神工業地帯の工場を動かす電気をつくって売っているのが、関西電力だ。

3 どうして原子力発電所が増えたのか？

①・以前の授業で説明したが、その電気の作り方には代表的な方法が、3つあった。

・その3つの発電方法とは、何と何と何（ だったのか ）？

→ 水力発電 ・ 火力発電 ・ 原子力発電

②・タービンを回して電気をつくるのは同じだが、その燃料が違っている。

・3つの発電方法の中で、山国日本の地形に一番適しているのは、どれ（ だった ）？

→水力発電・・・

③・（ 水力発電には ）黒部ダムとか、新丸山ダムなどがある。

・しかし、山の中で電気を作っても、その電気を使うのは、どこに住む人たちなのか？

→平野・都会・町の人・・・

④・そのため、（ 山の中の ）水力発電所から長い送電線で電気を送る必要がある

〈 送電鉄塔の写真を提示！ 〉。

・その送電線、送電鉄塔など含め1km造るのにかかる費用は、いくら位なのか？

→10億円程と言われる・・・　※・送電鉄塔（ 高さ50m ）造るのに1億5千万円程かかる。

⑤・そこで、水力発電に代わり、増えたのが・・・火力発電所。その燃料は、はじめは「石炭」だったのが、「石油」へと代わっていった。

・そのため、火力発電所が造られている場所は、（ 山の中、ではなく ）どこなのか？

→海岸・海沿い・・・

⑥・どうして火力発電所は、海岸部に造られているのか？

→石油（ 燃料 ）の輸入に便利・電気の消費地に近い・・・

⑦・中国・四国地方の石油化学コンビナートのほとんどに、火力発電所がある。ところが、燃料の石油の埋蔵量も無限ではないことが明らかになってきた。

・そこで、日本政府が進めた発電方法が（ 何だったのか ）？

→原子力発電・・・

⑧・日本政府は、どうして原子力発電を進めたのか？

→・・・

⑨・かつて、1985年に通産省が発表したこのデータ〈 資料を貼りながら！ 〉によると、一番安上がりな発電方法は、何だと言うことになるのか？

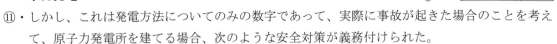

→原子力発電・・・

⑩・では逆に、一番高くつく発電方法は、何になるのか？

→水力発電・・・

⑪・しかし、これは発電方法についてのみの数字であって、実際に事故が起きた場合のことを考えて、原子力発電所を建てる場合、次のような安全対策が義務付けられた。

> 1．原子力施設の周辺には、一定の**非居住地域**を設定すること
> 2．その外側の一定の範囲内は、**低人口地域**であること。

| 4 | はたして、原子力発電所は必要なのか？ |

①・この条件の中の 非居住地域 とは、どんな地域のことなのか？

→人が住んでいない地域・人が住んではいけない地域・・・

②・では、 低人口地域 とは、どんな地域なのか？

→人口が少ない地域・人があまり住んでいない地域・・・

③・原子力発電所を造る場合、この条件は、A：正しい？　B：正しくない？

→正しい・・・

④・原子力発電所を造る場合、こうした条件は、A：必要？　B：必要ない？

→必要・・・

⑤・では、こうした条件をクリアーできる場所は、阪神工業地帯の、どこにあるのか？

→ない・・・？

⑥・阪神工業地帯のある大阪や神戸には(そんな場所は)、無かった。

・そのため、(原子力発電所は)どこに造ったのか？

→・・・？

⑦・日本海側の福井県に造った。それも、「原発銀座」といわれるほど多くの原子力発電所を造った（「もんじゅ」と「ふげん」を入れると原子炉15基 ）。

・福井県に、阪神工業地帯のための原子力発電所を造ったのは、当然のこと？　仕方のないこと？　おかしなこと？

→おかしなこと・仕方ないこと・・・？

⑧・原子力発電では、原子炉の温度が上がりすぎるため、水で冷やさなければならない。そのため水が得やすい海岸部などに建てられることが多い。「人が少なく」「広い土地があり」「海岸部」となると、福井県は、その条件にはピッタリ当てはまる。

・と言うことは、阪神の人たちのために、福井県に原子力発電所を造るのは、当然のこと？　仕方のないこと？　おかしなこと？

→おかしなこと・仕方ないこと・・・

⑨・しかし、福井県の人にとっては、どうなのか。

過疎化の学習で学んだように、地方には「仕事がなく」「産業がなく」「生活が大変になっている地域」が多い。ところがそこへ原子力発電所が造られると、国から補助金が毎年、町に支払われるようになる。

・地元としては、お金が入ってくることは、ありがたいこと？　迷惑なこと？

→ありがたい・・・

⑩・地元としては歓迎している。これは佐賀県でも同じで、佐賀県にも原子力発電所がある。

　・佐賀県のどこに（　あるのか　）？

→玄海町・唐津・・・

※・玄海エネルギーパークの写真などを見せてもよい。

⑪・ところが、2011年３月11日以降、状況が変わった。

　・この日、何が起きたのか？

→東日本大震災・福島第一原発事故・・・

⑫・東日本大震災による東京電力福島第一原発事故から10年になるが、未だに 福島県民約４万人 が、県内外で 避難生活 を余儀なくされている。避難先は、県内が約１万人、県外が約３万人 にもなっている。

　・原子力発電所からの放射能汚染で、戻れない範囲は、こうなっている！

▷【　汚染地域の地図　】

⑬・同じような事故が、玄海原子力発電所で起きたら、その被害の範囲はこうなる！

▷【　汚染地域の地図　】

⑭・原子力発電所の建設には、こうしたことまで含めて考えておかなければならない。とは言っても、資源の少ない日本で、電気を安く、安定的に作ることは必要なことであるとして、東日本大震災後に停止されていた（　原子力発電所の　）原子炉を再稼働する動きが出てきた（ 福井 の 大飯原発（ 関西電力 ）・ 高浜原発（ 関西電力 ）と 愛媛 の 伊方原発（ 四国電力 ）、そして、鹿児島 の 川内原発（ 九州電力 ）と佐賀 の 玄海原発（ 九州電力 ）は、再稼働している ）。

　・でも、今の日本、そして、これからの日本に、原子力発電所は、Ａ：必要なのか？　Ｂ：必要ないのか？

　　Ａ：やはり、日本には原子力発電所は必要だと思う［　挙手　］！

▷〈　挙手による人数の確認！　〉

　　Ｂ：いや、日本には原子力発電所は必要ないと思う［　挙手　］！

▷〈　挙手による人数の確認！　〉

　・では、班ではなしあい！

※・ここから班内でのはなしあい　→　学級での討論へとつなげる

＜参考文献＞

「近畿地方の産業と歴史①」羽田純一監修『まるごと社会科　中学・地理（下）』喜楽研

千葉保「『原発』の授業」『日本はどこへ行く？』太郎次郎社

河原紀彦「日本の経済を支える中小企業」授業のネタ研究会中学部会編『授業がおもしろくなる　21　中学授業のネタ社会　日本地理』日本書籍

＜板書例＞

〈「まいど」の町と原発銀座 〉

1 阪神工業地帯 ←
　　機械工業 ┐
　　　　　　 ├ 中小企業
　　繊維工業 ┘

2 原発銀座
　　福井 ───
　　※佐賀県玄海町
　　地元に補助金 ←→ 放射能漏れ事故

❖授業案〈「まいど」の町と原発銀座 〉について

　導入では、大阪で創業し大阪に本社を置く有名企業も多いとの事実から、会社のロゴマークを使い、阪神工業地帯にある企業や工業に目を向けさせようと考えた。ロゴマークについては、テレビや雑誌などで生徒も目にしたことがありそうなものを取り上げてみた。これが意外と生徒に受け入れられた。「このロゴマーク、見たことがあるけど、何だっけ？」という反応だった。この「けど、何だっけ？」と言う感覚を持たせることができたことが、生徒の興味を引き付けた要因だったようだ。

　そうした阪神での工業を支えている電気が福井県でつくられていること、それも原子力発電によってつくられてきたことを紹介し、東日本大震災後に停止していた原子炉を再稼働させる動きの是非について考えさせるように、授業内容をつなげてみた。特に、佐賀県には九州電力の玄海原子力発電所があり、再稼働されている現実があるため、生徒にとっても大変身近な問題として受け止めさせることができると考えたからだった。

　【資料：11】の写真については、授業案には書いていない。しかし、授業の展開次第では、生徒への説明に必要になるため載せている。それは、話し合い活動の中で「事故があったら、放射能を取り除けばいいのではないか」などの意見が出てきたときである。そんな場合には、以下のような助言をうつようにしている。

・【資料：11】は、何をおこなっている写真なのか？
→除染　※・この言葉も、しだいに発言としては出なくなっている。
・東日本大震災後に「除染」という言葉をよく耳にした。そして、【資料：11】のような作業の画像や映像をテレビなどでもよく見かけた。
　しかし、実際は、放射能を取り除く技術は現在ないため、「除染」はできない。そのため、本当は放射線を出す物質をよそに移しているだけの「移染」というのが正しい表現になる。

地理 学習プリント 〈日本の諸地域：10 近畿地方：2-1〉

■近畿地方には、有名企業が本社を置く阪神工業地帯がある。この工業地帯はそうした大企業ばかりでなく、中小企業と呼ばれる町工場も専門技術をもって近畿地方の工業を支えている。

1 :【 いろいろな会社のロゴマーク 】　　　　　　　　何という会社のロゴマークなのか？

① **Panasonic**　（ パナソニック ）
② **SHARP.**　（ シャープ ）
③ （ 積水ハウス ）
④ （ 武田薬品 ）
⑤ **ROHTO**　（ ロート製薬 ）
⑥ **AsahiKASEI**　（ 旭化成 ）
⑦ **'TORAY'**　（ 東 レ ）
⑧ **DESCENTE**　（ デサント ）
⑨ （ ミスタードーナツ ）
⑩ （ ダイエー ）

2 :【 松下電器、初めてのヒット商品 】　　松下電器が初めてヒットさせた商品は、A～Dのどれ？

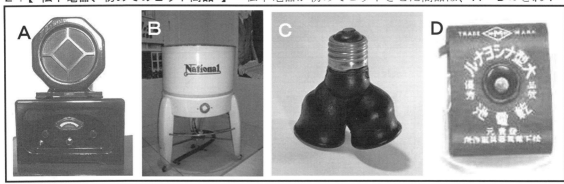

A　B　C　D

3 :【 阪神工業地帯の工業出荷額の変化 】

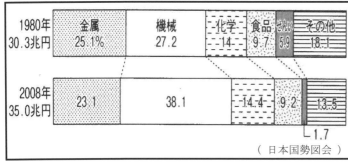

	金属	機械	化学	食品	せんい	その他
1980年 30.3兆円	25.1%	27.2	14	9.7	5.9	18.1
2008年 35.0兆円	23.1	38.1	14.4	9.2	1.3	5

1.7

（ 日本国勢図会 ）

5 :【 中小企業の製造品出荷額の割合 】

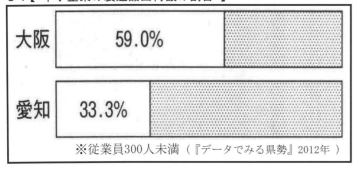

大阪　59.0%

愛知　33.3%

※従業員300人未満 （『データでみる県勢』2012年 ）

4 :【 H2Aロケット搭載の人工衛星 】

■人工衛星の名前は？
＝（ まいど1号 ）

- 57 -

地理 学習プリント 〈日本の諸地域：10 近畿地方：2-2〉

■阪神の工業や人々の生活を支える電気を作っている原子力発電所。その原子力発電所は、大阪府でも京都府でもなく福井県にある。そこは「原発銀座」と言われる程に原発が集中している！

6：【 原子力発電のしくみ 】

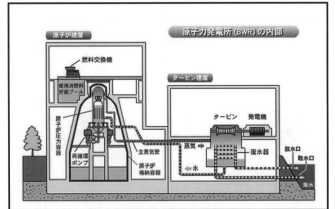

7：【 高速増殖炉もんじゅ 】

■もんじゅは、使用済み核燃料から燃料を作る

8：【 日本の原子力発電所の分布 】　　　　原子力発電所が、特に集中している地域は？

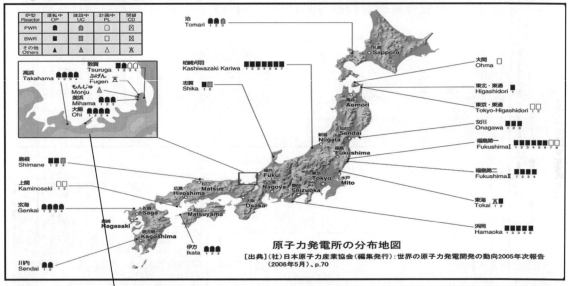

原子力発電所の分布地図
[出典]（社）日本原子力産業協会（編集発行）：世界の原子力発電開発の動向2005年次報告
（2006年5月）、p.70

9：【 大飯原子力発電所周辺 】

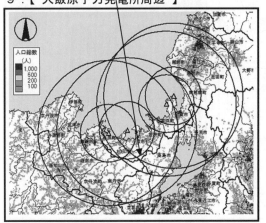

10：【 除染作業 】　　　　除染 → 移染

■この作業で、取り除かれる汚染物は何なのか？

地理 意見プリント 日本の諸地域:10　近畿地方：2〈「まいど」の町と原発銀座〉

　　　　２年　　　組　　　号（　　）班：名前

■次の質問に対して、自分の考えを書いてみよう！

・・

1．質問
> ■阪神工業地帯を支える若狭湾岸の原子力発電所。電力を必要とする中小企業の多い阪神地区の人々に、原子力発電所は必要なのか？　それとも、必要ないのか？　現在の、そしてこれからの生活を考えた場合、どちらだと言えばいいのだろうか？

・・

2．結論

Ａ：やはり原子力発電所は必要だ！　Ｂ：いや原子力発電所など必要ない！

・・

3．どうして、そのような結論を出したのか？（「自分の考え」）

〈 授業方法・内容について質問・意見・考え・感想などあったら自由にどうぞ！ 〉

- 59 -

[42]近畿地方の水と木と

◎琵琶湖の水と紀伊半島の林業を例に、環境問題について関心を持たせる。その中で、林業とはどんな産業なのか、林業の果たす役割とは何なのかについて理解を深めさせる。

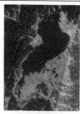

1 琵琶湖の水の変化では、どんなことがあったのか?

①・まずは「水」について。〈 コピーを提示して! 〉これは、日本最大の湖!

　　・何という湖(なのか)?

　　⇨ 琵琶湖　　※・楽器の「琵琶」に形が似ていることから

②・【地図帳P83E4】で琵琶湖を確認して、印をつけなさい!

　　▷【 地図帳P83E4 】

③・その琵琶湖に関するクイズに対して、班で答えてもらいます。

　　・次の問題に対する答えを、○・×で答えなさい〈 1分間のはなしあい 〉!

A:琵琶湖は、約400万年前から存在している	(○)
B:琵琶湖には、琵琶湖にしか生息していない固有種の魚はいない	(×)
C:琵琶湖にいるアユは、全国各地の川に放流されている	(○)
D:琵琶湖の水を、京都や大阪の人は飲み水として利用している	(○)

※・班毎の指名発言で答えさせるため、班内での答えを○か×かに決めさせる。

④・琵琶湖は400万年ほど前、現在の三重県のあたりにできた窪地に水が溜まったのが始まりだ。それが、少しずつ移動して100万年ほど前に現在の位置に到達した。(Aは○)

　　・100万年以上の歴史をもつ湖は世界でも珍しく(世界で3番目に古い湖と言われている)、琵琶湖にしか生息しない魚が14種類もいる。(Bは×)

　　・アユは全国の川に放流されている(固有種かどうかは不明)。(Cは○)

⑤・(【地図帳P89・90】を見ればわかるが)琵琶湖に流れ込む川には、何と言う川がある?

　→ 姉川 ・ 安曇川 ・ 愛知川 ・ 日野川 ・ 野洲川

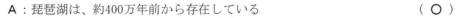

⑥・滋賀県のほとんどの川は、琵琶湖に流れ込んでいる。

　　・では反対に、(琵琶湖から)流れ出る川は、何川なのか?

　　⇨ 淀川　　※・正確には瀬田川・宇治川・桂川と木津川が合流して淀川になり大阪湾へ

⑦・この琵琶湖の水を利用している県民は、どこの県や府の人?

　　→滋賀県・京都府・・・

⑧・近畿地方の7割の人(約1,400万人)が、琵琶湖の水を水道水として利用している。だから、Dは○、が正解となる。琵琶湖は、近畿地方の人たちにとっては、生活に欠かせない大切な湖なのである。

　　そのため、滋賀県の人が大阪や京都の人と口論になった際には、「琵琶湖の水、止めたろか」と言う決まり文句まである。もっとも、本当に琵琶湖の水を堰き止めると、滋賀県内の雨水は琵琶湖に貯まる一方で、「滋賀県はほとんど水没してしまうのではないか」と言われている。

　　・ところが1970年代、その琵琶湖から取水した水道水が「カビ臭い」と言われるようになった。いったい何が起きたのか?

　　⇨ 環境問題

⑨・琵琶湖に赤潮が発生し、酸素不足で魚などが大量死する事態になった(水環境が悪化し異臭が

発生 ）。原因は、リンや窒素などの栄養塩類が増えすぎたことにあった（ 富栄養化 ）。実はリンは家庭で使われていた合成洗剤にも含まれていた。そのリンが赤潮を発生させるプランクトンのエサになって異常繁殖させ、水道水のカビ臭さの原因のひとつになっていた。

・その合成洗剤を琵琶湖に流し入れていたのは、誰だったのか？

→各家庭・個人の家・・・

⑩・琵琶湖の水を汚していたのは、その琵琶湖の周りに住む住民自身だった。そのため、住民は、自分たちで、その対策に動いた。

・では、住民は、その対策として、次のうち、何をしたのか？

> A：国に法律で合成洗剤を禁止するように請願した。
> B：県に下水道を完備し直接琵琶湖に汚水が流れないよう請願した。
> C：リンを含む合成洗剤を使わない県民運動を始めた。

※・班内のグループでのはなしあい　→　各班からの発表へとつなげる

⑪・でも、合成洗剤を使わないで、どうやって洗濯をすると言うのか？

→水だけで洗う・・・？

⑫・ 石けん で洗う。石けんは、動物や植物の油から作られているため、リンを含んでいない。更に石けんは、自然の中で完全に分解されてしまう（ 環境に優しい。石けん運動と呼ばれた ）。

・対策の具体的な様子は、【資料：1】にある〈 各班からプリントを取りに来させる 〉！

▷【 資料：1 】

⑬・滋賀県も、そうした県民の運動を無視できず、洗剤メーカーの反対を押し切って、リンを含んだ洗剤の販売を禁止する内容を含む条例（「琵琶湖条例」）を制定した。そして、その後も「レジャー条例」などいろいろな条例がつくられ、滋賀県内でやってはいけないことが決められた。

・それは、次のうちどれなのか？

> A：使用済みの天ぷら油をそのまま下水に流す。
> B：し尿をそのまま川に流す。
> C：浄化槽を設置していない家を建てる。
> D：キャンプ場で残飯を川に流す。
> E：キャンプ場で合成洗剤を使って食器を洗う。
> F：滋賀県内の知人に合成洗剤をプレゼントする。

※・挙手による予想の確認をする

⑭・どうして、こうしたことをやってはいけないのか？

→水を汚すため・環境汚染になるから・・・

⑮・滋賀県内の川のほとんどは、琵琶湖に流れ込んでいるからだ（ 琵琶湖の水環境を守るため ）。その他にも、工場排水の規制などいろいろな取り組みが進められ、琵琶湖の水質も元に戻ってきた。

・【資料：2】で、「透明度6以上」の部分を、1987年から2009年までを青色で塗ってみなさい！

▷【 資料：2 】への色塗り作業

⑯・1992年頃に比べて、かなり琵琶湖の透明度は戻っていることがわかる。

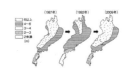

2 紀伊半島が林業地帯になったのは、何故か？

①・次に、「木」について。

・そもそも、山に生えている木は、誰でも自由に切っても、いいのか？　いけないのか？

→切ってはいけない・切ってもいい・・・

②・つまり、「山の持ち主」と言う者がいるのか（ いないのか ）？

→いる・いない・・・

③・では、日本で「最大の山の持ち主」とは、誰なのか？

→・・・？

④・日本最大の山の持ち主は「国」であり、その山に生えている木は 国有林 という。それに対して、個人が持っている山の木を 私有林 という。

・その（ 国有林と私有林の ）割合については、【資料：3】にあるので、A・B・Cのそれぞれの（　　　）の中に当てはまる言葉を書き入れなさい！

▷【 資料：3 】への作業A：国有林（ 31% ）・B：公有林（ 11% ）・C：私有林（ 58% ）

⑤・日本では半分以上が「私有林」だが、なかでも近畿地方の「ある半島」では、圧倒的に私有林が多い。

・その「ある半島」とは、何（ 半島なのか ）？

⇨ 紀伊半島

⑥・この「紀伊」という地名も、 木の国 → 紀伊の国 となったと言われている。つまり、木が多いことからつけられた地名だ。

・紀伊半島で、木が育ちやすく、（ 木が ）多いのは、何の量が多いからなのか？

→雨・降水量・・・

⑦・紀伊半島は、温暖多雨で 奈良県 の 大台ケ原 では、 年間4,800mm も雨が降る。

※・ 佐賀県 の 年間降水量 1,870mm （ 大台ケ原は佐賀県の2.6倍以上 ）

・そのため、紀伊半島で良質の木材を得られることが、古くから知られていた。近畿地方には、「世界最古の木造建築物」さえある！

▷【 法隆寺の拡大コピー 】

⑧・これは、何というお寺なのか？

→法隆寺

※・法隆寺の建材をどこから運んだかは不明だが、材質は紀州ヒノキに似ていると言われている。ヒノキは多雨地帯で育つと油分が多くなり、耐久性が増す。

⑨・近畿地方では、古代から大寺院など大きな木造建築物が盛んに造られたため、その柱に使えるような天然の大木は、次第に数が少なくなってきた。

・そこで何をおこなったのか？

→植林・木を植える・・・

⑩・都に近い吉野では、中世から植林がおこなわれはじめ、近世になると建築や酒樽用材に適したスギやヒノキの植林が本格的におこなわれるようになった。

・その結果、紀伊半島は、日本有数の何地帯となったのか？

⇨ 林業地帯

⑪・そこで、【資料：5】にあるような、真っ直ぐに伸びる、どんな良質の樹木が育っているのか？

⇨ 吉野スギや尾鷲ヒノキ

⑫・ところで、その「林業」とは、どんなことをおこなう産業なのか？

　　→木を切る・木材をつくる・・・

3　林業とは、どんなことをおこなう産業なのか？

①・〈 拡大コピーを提示して！ 〉この写真の中央に写っているのは、

　　天然林？　人工林？

　→人工林・・・

②・人工林は、びっしりと植林がおこなわれている。

　・では、林業で植林をする場合、1ha（ サッカーのピッチよりやや広め ）に、何本ぐらいの苗木

　　を植えるのか？

　　　A：1,000〜3,000本　　B：3,000〜5,000本　　C：5,000〜8,000本　　D：8,000〜10,000本

※・挙手による人数の確認をおこない、理由を発表させる

③・約3,000〜5,000本（ 1間＝1.8m間隔で植林すると約3,000本/haになる ）。

　・でも、どうしてそんなに隙間なくびっしりと植林をするのか？

　　　A：互いに支え合うように　　　　　　　B：大雨でも流されないように

　　　C：横ではなく上に伸びるように　　　　D：木が互いに安心するように

※・挙手による人数の確認をおこない、理由を発表させる

④・びっしりと植えると枝が横に伸びずに、木は上に向かって成長する。特に植林が盛んだった昭

　　和30年代には、1haに1万本以上植えたこともあった。その結果、現在、日本の森林の3割が、

　　スギやヒノキの人工林になっている。

　・と言うことは、林業とは、「木を植える」仕事なのか？

　　→そうだ・それだけじゃない・・・

⑤・林業とは、どんなことをおこなう産業なのか、【資料：6】で具体的に確認してみよう！

　　▷【 資料：6 】での確認作業

※・以下の拡大コピーを貼りながら、（　　　）の中の言葉を説明していく。

①（ 苗づくり ）
＝育つまで（ 3 ）年

②（ 植え付け ）
＝1haに10000本
草刈りの後に

③（ 下草刈り ）
＝（ 6 ）年間
真夏に毎年

④（ つる切り ）
＝8年目から

⑤（ 除 伐 ）	⑥（ 枝打ち ）	⑦（ 間 伐 ）	⑧（ 伐 木 ）
＝やはり８年目から	＝10年目から	＝20年目から	＝（ 40〜50 ）年後に
数年毎に	こまめに	（ 10 ）年おきに数回	

⑥・つまり、林業とは、何をおこなう産業なのか？

　→木を育てる（ 産業 ）・・・

4　間伐をおこなわないと、山はどうなるのか？

①・木を育てるときの「間伐」後の様子は、こうなっている！

　▷【 間伐後の写真 】

②・ところが、間伐をおこなわないと、こうなる！

　▷【 間伐をおこなっていない写真 】

③・（ ２つを比べてみると ）何が違っているのか？

　→隙間がある（ ない ）・明るい（ 暗い ）・・・

④・つまり、間伐をおこなわないと、どんなことになるのか？

　→林の中に光が入らない → 雑草などが生えない → 虫や動物が住めなくなる・・・

⑤・林の中に光が入らないと、何が困るのか？

　→・・・？

※・ここは、発言がなくても先に進む。なお、「はじめから間伐しなくても良い間隔で植林すればいいではないか」と考える生徒が出てくるかもしれないが、ある程度密集させて植林しないと木がまっすぐに育たない。「材木」として育てたいからである。

⑥・にもかかわらず、こうした状況が増えている！

　▷【 荒れた森林の写真 】

⑦・明らかに、間伐をおこなっていない。

　・でも、それは、どうしてなのか？

　→・・・？

⑧・この木材の価格表から、その答えがわかる！

　▷【 木材の価格表 】

⑨・現在、木材の価格は、どうなっているのか？

　→安くなっている・・・

⑩・1980年以降、木材の価格が、ドンドン安くなっている原因は、何なのか？

　→・・・？

5　今後の林業は、どうあるべきなのか？

①・木材の価格が安くなっているのは、木材が、売れて、いるからなのか？　いないからなのか？

　→売れていない・売れている・・・

②・木材は、主に何に使われているのか？

　　→家・・・

③・家を建てるのに使われている。

　　・（ つまり、木材が売れていないのは ）「（ 新しく ）家を建てる人が減っている」と言うことなのか？

　→そんなことはない・その通り（ 減っている ）・・・

④・今の家は、木材以外の材料で造られている（ そのことも「木材が売れない原因」の１つ ）。また、（ 教室の机の天板を、横から見ながら ）これが増えていることも、原因の１つ。

　　・これって何？

　→・・・合板（ 外国から輸入した安い材木を貼り合わせて作った板 ）・・・

⑤・つまり、木材の価格が低迷した原因は、何なのか？

　☞ 外国産木材（ 外材 ）の輸入が増えたこと

⑥・日本は、アジアやアメリカ・ロシアなどから大量の木材を輸入している。

　　・でも、たくさんの木がある日本が、どうしてわざわざ木を輸入しているのか？

　　→・・・？

⑦・（ 農産物と同じように ）輸入した方が「安い」からだ。また、険しい山に植えられた木は、伐り出すのに手間やお金がかかる。（【資料：6】からもわかったように ）林業は、すぐに大きな収入につながる仕事ではない（ 柱などに使える太さに育つまで、何十年もかかる ）。間伐材もかつては燃料（ ＝薪 ）として販売されていたが、現在は安価な輸入木質ペレットが使われるようになり、売れなくなった。そのため、林業に従事する若い人が激減してしまい、間伐はおこなわれなくなり、そのまま放置されている。

　　・つまり、林業は、どんな課題をかかえているのか？

　☞ 林業従事者の減少・高齢化

⑧・そうした状況にあって、山は、こうなってしまっている！

　　▷【 荒れた山の写真 】

⑨・このまま放置しておいて、何も問題はないのか？

　　→・・・

⑩・間伐がおこなわれないと、密になった枝葉が太陽の光を遮ってしまい、下草など他の植物が育たず、雨水で表土が流されて保水力の無いやせた土地になってしまう。植林した木も細いままで根も十分に張れないから、土砂崩れや洪水が起きやすくなる（ 近年のような豪雨が続くと、被害も大きくなる ）。また、昆虫や小鳥なども住みにくくなる（ 環境に大きく影響してくる ）。

　　・スギやヒノキの人工林は、日本の国土の約30％［ 国土の約70％が森林で、そのうち約60％が自然林なので ］を占めているから、人工林が荒れると大変なことになる。

　　・では、今後、こうした状況を、どうしたらいいのか？

　　Ａ：今のままでよいと思う［ 挙手 ］！

　　▷〈 挙手による人数の確認！ 〉

　　Ｂ：国土を守るために国の政策で林業従事者を増やすべきだと思う［ 挙手 ］！

▷〈 挙手による人数の確認！ 〉

　　C：外国からの木材の輸入をやめるべきだと思う［ 挙手 ］！

▷〈 挙手による人数の確認！ 〉

　　D：間伐材を使ったいろいろな木製品を開発するべきだと思う［ 挙手 ］！

▷〈 挙手による人数の確認！ 〉

・では、班ではなしあい！

※・ここから班内でのはなしあい　→　学級での討論へとつなげる

※・次の拡大コピーを使って、いろいろな木製品の紹介をする。

＜参考文献＞

春名政弘「滋賀県を探る」『地理授業シナリオ（上）』地歴社

河原紀彦「条例から琵琶湖の保全を考える」授業のネタ研究会中学部会編『授業がおもしろくなる中学　授業のネタ　日本地理』日本書籍

加藤好一『ワークシート・学びあう中学地理』あゆみ出版

福田恵一「木を植えて壊した森」『明日の授業がたのしくなる日本地理の授業』わかたけ出版

＜板書例＞

〈 近畿地方の水と木と 〉

1　琵琶湖　←　環境問題　　　　　　　　　2　紀伊半島

　　リンをふくむ合成洗剤　　　　　　　　　　　↑　　吉野スギ　〉
　　　　　　　　　　　　　　　　　　　　　　木　　　　　　　　　　林業
　　　　　　　　　　　　　　　　　　　　　　　　　尾鷲ヒノキ　〉

❖授業案〈 近畿地方の水と木と 〉について

　授業案の前半は琵琶湖について、後半は紀伊半島の林業について取り上げている。はじめに琵琶湖についてのクイズから授業に入り、その後は「水」を基に環境問題へとつなげている。ここでは、日常の生活排水が関わってくるため、身近な環境問題として生徒に考えさせることができる。

　ここで取り上げている林業は、単に森林の木を伐採する産業ではなく、森林を育て国土と人々の生活環境を守っていることに気づかせたい。特に近年、気候変動による豪雨や水害の被害が大きくなってきていることを考えると、林業の果たす役割を意識させておくことは大事になる。

　しかし現実には、安価な輸入材の流通や後継者不足により、林業の維持が困難になってきている。そうした現状を踏まえて、どうすべきかを生徒に考えさせたい。

　世界的には木材の需要が高まっており、国際価格も高騰している。中には国産材よりも高価な外材も有り、それが輸入されたりしている。国内の森林を育てることを忘れると、新築の建物が水害にあうおそれも高まってしまう。

　遅ればせながら「公共事業における県産材利用の推進」を掲げる自治体も増えてきたようだ。2024年から、森林環境税が住民税に上乗せして徴収される。森林と林業の再建の機運は、確実に高まってきている。森林環境税をどう使うのが良いのか、これまでの施策を振り返りながら考えさせたい。

■日本一大きな湖 "琵琶湖"。この琵琶湖の水が阪神の人々の生活水を支えている。かつて、その水から異臭が漂うようになった。原因は・・・？　また、水の水源である山は・・・？

1：【 合成洗剤追放運動 】

「もうこれ以上、合成洗剤で琵琶湖が汚されるのはたくさんです。合成洗剤にリンを使うことは、今すぐやめてください」

1970年秋、大津市内に住む消費者代表は、洗剤業界代表に鋭く詰め寄った。

だが、テレビで盛んに宣伝している「新ザブ」や「新ニュービーズ」の中身には、今よりも多量のリンが配合されていた。

「メーカーが、そんなに消費者を甘く見ているなら、滋賀県で1個も売れなくなるまで "合成洗剤を使わない運動" を広めて見せますよ」と、主婦たちは県民運動を始めた。

（ 日本地域社会研究所編『日本洗剤公害レポート』現代ジャーナリズム出版会 ）

2：【 琵琶湖の透明度の変化 】　（ 滋賀県琵琶湖環境科学センター資料他 ）

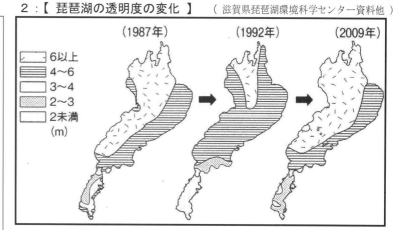

（1987年）　（1992年）　（2009年）

6以上
4～6
3～4
2～3
2未満
(m)

3：【 日本の森林（ 国有林と私有林 ）】

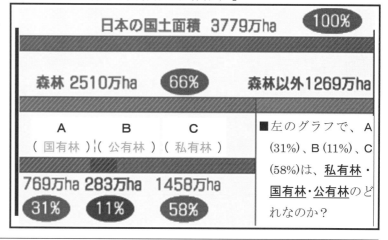

日本の国土面積　3779万ha　100%

森林 2510万ha　66%　　森林以外1269万ha

A（ 国有林 ）　B（ 公有林 ）　C（ 私有林 ）

769万ha　283万ha　1458万ha
31%　11%　58%

■左のグラフで、A（31%）、B（11%）、C（58%）は、<u>私有林・国有林・公有林</u>のどれなのか？

4：【 カシの木とシイの木 】

ウバメガシ

スダジイ

5：【 スギの木とヒノキの木 】

スギ　　ヒノキ

◆スギは沢の際に生え、縦の脈（筋）の幅が狭く、ヒノキは縦の脈（筋）の幅が広く、ペラペラと皮がめくれていることが多い。

■スギの葉と幹　　　■ヒノキの葉と幹

■日本の林業は、後継者不足と大量に日本に入ってくる輸入材とに押されて大変苦しい状況になっている。この現状をどのようにして打開していくのか？　山村で生活していくためには・・・？

6：【 山の仕事 】　　　　　　　　　　　　　　　　　　　林業とは、何をすることなのか？

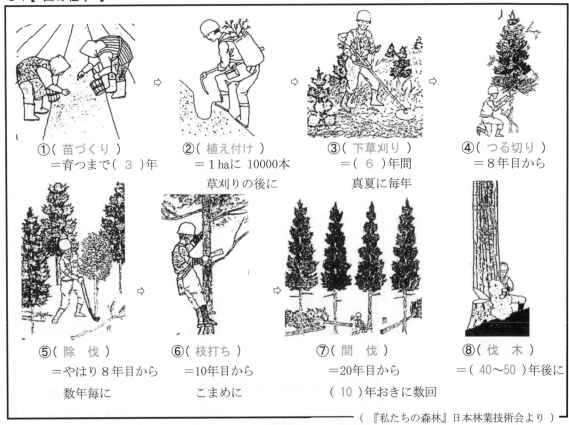

①(苗づくり)
＝育つまで(3)年

②(植え付け)
＝1haに 10000本
草刈りの後に

③(下草刈り)
＝(6)年間
真夏に毎年

④(つる切り)
＝8年目から

⑤(除 伐)
＝やはり8年目から
数年毎に

⑥(枝打ち)
＝10年目から
こまめに

⑦(間 伐)
＝20年目から
(10)年おきに数回

⑧(伐 木)
＝(40～50)年後に

(『私たちの森林』日本林業技術会より)

7：【 日本の木材自給率の推移 】

100%
94.5%
86.7%
75%
71.4%
昭和30年には木材の自給率は9割以上あった（9割以上は国産材を使っていた）。
45.0%
50%
35.6%
現在、木材の8割は海外からの輸入に依存、林業は衰退し、日本の森林の荒廃が目立つようになった。
31.7%
26.4%
27.8%
26.6%
25%
18.2%
0%
昭和30 35 40 45 50 55 60 平成2 7 12 17 18 19 20 21 22 23

8：【 林業就業者数と高齢者比率の推移 】

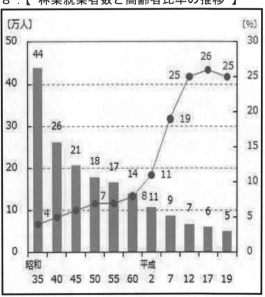

（万人）　　　　　　　　　　　　　　　　（%）
50　　　　　　　　　　　　　　　　　　　30
44
40　　　　　　　　　　　　　25　26　25
　　　　26
30　　　　21　　　　　　　19
　　　　　18　17　　　14　11
20　　　　　　7　　　　8 11　9
　　4　　　　　　　　　　　7　6　5
10
0
昭和 35 40 45 50 55 60 平成2 7 12 17 19

3. 日本の諸地域／全21時間

（4）中部地方／全4時間

[43] 中部地方の移り変わり

[44] 中京工業地帯を支えるもの

[45] 菊とブドウとレタス

[46] 北陸の産業

[43] 中部地方の移り変わり

◎中部地方の各県を県庁所在地・県章・写真をもとに考えさせる。中部地方の産業の移り変わりについては、製糸工業、精密機械工業、電気機械工業と変化してきたことをつかませる

---

1 片倉館を建てたのは、誰なのか？

① ・今日から中部地方について学んでいく。日本列島の中央部にあるから「中部地方」というわけだが、この中部地方は、3つの地域にわけられる。

・まず、中部地方の中央部を何というのか？

⇨ 中央高地

② ・では、日本海側は（ 何というのか ）？

⇨ 北陸

③ ・最後に、太平洋側は？

⇨ 東海

④ ・この3つの地域の特徴は、雨温図にあらわれている。

・〈 雨温図を提示し 〉では、これらの雨温図は、それぞれどこの地域のものなのか？

→ A：東海 ・ B：中央高地 ・ C：北陸

⑤ ・中央高地には3つ、北陸には4つ、そして、東海には2つの県がある。

・では、それぞれの県の県庁所在地の都市名と県章と県の特徴を表している写真を選んで、【資料：2】を完成させなさい！

▷ 【 資料：2 】への作業

※ ・班に挙手発言をさせる（ 班の挙手→班指名→ア～ケの中で答えられるものを答える ）。挙手がなければ、指名発言で順番に班を当て答えさせる。正解であればそのまま、間違った場合には班全員を立たせていく。答えは、県庁所在地名、県章、写真の順番に発言させる。

※ ・ア＝新潟市（ **新潟県** ）・I：「新ガタ」の文字の図案化・⑨（ 朱鷺＝県の鳥・国際保護鳥 ）

イ＝富山市（ **富山県** ）・F：富山の「と」の文字と山の図案化・①（ 立山連峰 ）

ウ＝金沢市（ **石川県** ）・G：「石川」の漢字の図案化・⑤（ 輪島塗 ）

エ＝福井市（ **福井県** ）・D：「フクイ」の文字の図案化・⑦（ 東尋坊 ）

オ＝長野市（ **長野県** ）・C：「ナガノ」の「ナ」の文字の図案化・⑧（ 上高地＝避暑地 ）

カ＝岐阜市（ **岐阜県** ）・B：岐阜の「岐」の漢字の図案化・③（ 白川郷＝世界文化遺産 ）

キ＝甲府市（ **山梨県** ）・E：「山」とまわりを富士山の山頂で図案化・⑥（ 甲府盆地の葡萄 ）

ク＝静岡市（ **静岡県** ）・A：県の形と富士山の組み合わせの図案化・④（ 富士山 ）

ケ＝名古屋市（ **愛知県** ）・H：「あいち」の「あ」の文字の図案化・②（ 名古屋城 ）

県名と県庁所在地名が違う都道府県については、覚えておくように説明をしておく。

※・ここは、班毎にア～ケの空欄を指定して、答えさせるようにしてもよい。

⑥・〈 片倉館の写真を提示して！ 〉さてこれは、日本の真ん中では有名な建物！

　・この建物は、何なのか？

　　→・・・？

※・発言が無ければ、次のフリップを提示して、挙手による人数の確認

Ａ：城	Ｂ：ホテル	Ｃ：レストラン	Ｄ：結婚式場	Ｅ：浴場	Ｆ：お化け屋敷

⑦・ちなみに、昼の光景は、こうなっている！

　▷【 片倉館の昼の光景の写真 】

⑧・そして、（ 建物の ）中は、こうなっている！

　▷【 片倉館の内部の写真 】

⑨・つまり、答えは「Ｅ」（ の浴場 ）だ。

　　〈 浴場のコピーを指しながら！ 〉これは、「千人風呂」と呼ばれる巨大なお風呂だ。

※・幅が４ｍ、長さ7.5ｍ、深さ1.1ｍで、教室２つ分ほどの広さがある。

　　この建物は 片倉館 という長野県の中央の盆地にある、有名な日帰り温泉の施設。

　・長野県の中央にある盆地とは、何盆地なのか？

　⇨ 諏訪盆地

⑩・諏訪盆地の位置を【地図帳Ｐ98】で調べて、印をつけなさい！

　▷【 地図帳Ｐ98Ｅ4 】

⑪・ところで、この片倉館が建てられたのは、いつ頃（ だと思う ）？

Ａ：温泉ブームになった約30年前
Ｂ：中央自動車道が開通した約40年前
Ｃ：昭和が始まった頃で約90年前

※・挙手による人数の確認

⑫・片倉館は、今から90年以上前の建物だ（ 1928年に建てられた ）。

　・ところで、この建物は、誰が建てたのか？

Ａ：諏訪にある大きな会社が建てた
Ｂ：諏訪に住む市民が資金を出し合って建てた
Ｃ：長野県が市民のために建てた

※・挙手による人数の確認

⑬・（ 片倉館は ）片倉財閥の２代目社長：片倉兼太郎が、欧米視察の折に、「諏訪にも一般市民が利
　　用できる保養施設を造ろう」と思い立って造った施設だ（ 西洋の古城をイメージして設計 ）。

　・ところで、その片倉財閥の工場は、何を作っていたのか？

Ａ：味噌	Ｂ：醤油	Ｃ：絹	Ｄ：清酒	Ｅ：武器

※・挙手による人数の確認（ 正解は、提言２の中で ）

⑭・ヒントは、この錦絵だ！

　▷【 富岡製糸場の錦絵 】

⑮・これは、何という工場なのか？

　　→ 富岡製糸場

⑯・明治維新の時期、日本ではいろいろな新しい政策が打ち出された。

・その中で、「外国の進んだ技術を取り入れて、工業を盛んにしていこう」と言う政策を何と言ったのか？

→ 殖産興業

---

2 諏訪は、絹の町から何の町に変わったのか？

① ・明治政府の殖産興業の一環として建てられた工場が、この富岡製糸場だ！

▷【 明治時代の富岡製糸場の写真 】

② ・でも、この富岡製糸場と片倉館とは、どんな関係があるのか？

→・・・？

③ ・片倉館を建てた片倉財閥は、1938年に（ 当時民間に払い下げられていた ）富岡製糸場の筆頭株主になり、翌年合併した。その後、操業を停止した後も設備の維持・管理に努め、2005年に富岡市に寄贈した。その翌年（ 2006年 ）には国の重要文化財になった。そして、2014年には世界遺産に登録された。

・現在も、こんな様子だ！

▷【 現在の富岡製糸場の写真 】

④ ・ところで、「富岡製糸場を合併した」と言うことは、片倉財閥が所有する工場は、主に何を作っていたのか？

→絹・生糸・・・

⑤ ・〈 生糸の実物、または写真を提示して！ 〉これは絹糸で、絹糸のことを「生糸」という。つまり、片倉財閥は、Ｃの「絹」を作っている日本の工場の大半を所有する大財閥だった。この生糸を作る工業を 製糸業 という。

・日本が開国した頃の明治時代の輸出品は、何と何が中心だったのか覚えている？

→生糸と茶・・・

⑥ ・日本が近代化し、工業化が進められたとき、まず発展したのが「製糸業」だった。

・そのことは、【資料：4】の地図からもわかる！

▷【 資料：4 】

⑦ ・【資料：4】は、今から110年程前の1909年の「都道府県別の工業生産額」の大きさを示している。●が大きいところ程、生産額が大きい。

・では、その生産額が大きい都道府県のベスト5は、どこなのか？

→ 1位：大阪 2位：兵庫 3位：東京 4位：愛知 5位：長野

⑧ ・下諏訪のある長野県は、110年程前は、日本の工業の中心の1つだった。もっとも、明治時代以来、生糸は日本の輸出の中心だったため（ 長野が日本の工業の中心の1つだったのは ）、当然と言えば当然とも言える。

・ところで、【資料：5】にある諏訪地方の工場数を見ると、1915年で一番多い分野の工場は、何になっている？

→製糸

※・1915年で、「一番大きな数字」を赤○で囲ませる！
　次に、赤○で囲ませた数字の「分野」を更に赤○で囲ませる！

年＼分野	製糸	食品	機械金属
1915年	299	3	0
1955年	19	476	635

⑨ ・1915年頃は、「ほとんどが製糸業だった」と言ってもいい。まさに諏訪地方は、「絹の町」だった。そこに「シルクエンペラー」と呼ばれるようなお金持ちがいて、片倉館を建てた。

ところが、それから40年後の1955年の諏訪地方の工場数を見ると、ある変化が起きている。

・どんな変化が起きているのか？

→機械金属が増えている・製糸が減っている・・・

※・1955年で、「一番大きな数字」を青〇で囲ませる！　次に、青〇で囲ませた数字の「分野」を更に青〇で囲ませる！　その結果、増えたのが「機械金属」で、減ったのが「製糸」という事実を確認させる。

⑩・製糸業が減った理由は、「生糸が売れなくなったから」だった。化学繊維が登場して、取って代わられていった。

・では、機械金属が増えた理由は、何だったのか？

→・・・？

⑪・（機械金属が増えた理由は）1945年まで、日本がやっていたことに関係がある。

・その当時の日本は、何をやっていたのか？

→太平洋戦争・アジア太平洋戦争・第２次世界大戦・・・

3　諏訪は、どのようにして電気機械工業の町に変わっていったのか？

①・日本は、1945年までアジア太平洋戦争をやっていた。そこで空襲の被害を避けるために、大都市から工場が疎開してきた。

・そのとき（大都市から）疎開してきた工場については、【資料：6】に一覧表がある！

▷【資料：6】

②・諏訪に疎開してきた工場では、何が作られていたのか？

→カメラ・フィルム・時計・双眼鏡・通信機・無線機・ミシン・発動機

③・つまり、第２次世界大戦が始まると、空襲を避けるため大都市から移ってきたのは、何工場だったのか？

⇨ 機械工場

④・その中でも、時計やカメラ、双眼鏡などを作る工業を何工業というのか？

⇨ 精密機械工業

⑤・このとき疎開してきた工場で、現在も大きな会社がある。

・それは、【資料：6】の中の、どの会社？

→・・・？

| オリンパス光学（カメラ） |
| 小西六写真（フィルム） |
| 諏訪精工舎（時　計） |
| 東京光学（双眼鏡） |
| 北辰電気（通信機） |
| 日本無線（無線機） |
| 東京芝浦電気（ミシン） |
| 東京発動機（発動機） |

⑥・ オリンパス 、 小西六写真 [→ コニカ → コニカミノルタ]、 諏訪精工舎 [→ セイコー]。

・こんな製品を作っている！

▷【コニカ・セイコーの製品の写真】

⑦・精密機械の製造には、部品を洗浄するための高純度の水が必要になる。製糸業にもたくさんの水が必要だった。

・つまり（精密機械工業と製糸業の）両方の工業に（共通して）必要だったのは・・・（何だったのか）？

→水・・・

⑧・諏訪地方には、きれいな水が豊富にあった。

・（諏訪地方の）どこにあったのか？

→諏訪湖

⑨・そのため、化学繊維に押されて操業をやめた製糸工場の跡地に、精密機械工場が建てられた。
その後、諏訪でつくられた腕時計は世界中に輸出され、諏訪は「東洋のスイス」と呼ばれた。

・こうして諏訪は、製糸業の町から精密機械工業の町へと変わっていった。
ところが、もう1度変わっている。

・【資料：7】の表を見てみよう！

▷【資料：7】

年＼分野	食 品	金 属	電気機械	精密機械	一般機械	その他
1981年	4.5	8.3	5.4	54.6	16.2	11.0
1996年	5.7	11.2	33.8	17.3	16.9	15.1

⑩・1981年から1996年で、働く人が大きく減っている分野は何なのか？

→精密機械

⑪・では、逆に、大きく増えている分野は（ 何なのか ）？

→電気機械

⑫・諏訪の電気機械の主な製品は、これだ！

▷【 パソコンなどの製品の写真 】

⑬・これは、何なのか？

→ノートパソコン・プリンター・プロジェクター・・・

⑭・エプソンの本社は、諏訪にある〈 本社の写真を提示 〉！
エプソンは、【資料：6】の中にある会社から生まれたからだ。

・さてそれは、何という会社なのか？

→・・・？

⑮・エプソンは、正式には セイコーエプソン という。さっきのコニカは、今では コニカミノルタ といっている。

・こうしたICや電子部品を使った機器を製造する 電気機械工業 を何というのか？

⇨ 電子工業

⑯・こうして諏訪地方は、 製糸業 から 精密機械工業 の町になり、そして 電子工業 の町へと変わってきた。更に最近では、産業用ロボットや精密な加工技術を生かしたエンジン部品などの生産が注目されるようになっている。
こうして100年以上に渡っての諏訪地方の工業の移り変わりを見ていくと、地域の特徴を生かし育てながら、日本の産業が変わってきたことがよくわかる。

<参考文献>
「中部地方の自然」羽田純一監修『まるごと社会科中学・地理(下)』喜楽研
春名政弘「中部を知る」『地理授業シナリオ(上)』地歴社

<板書例>

〈 中部地方の移り変わり 〉

1　中部地方
- 北陸
- 中央高地
- 東海

2　諏訪地方の移り変わり

製糸業
↓
精密機械工業
⇓
電子工業

｝日本の産業の変化

❖授業案 〈 中部地方の移り変わり 〉について

　各地方の最初におこなっている、その地方の名称の由来についての説明は、今回はあっさりと済ませている。その代わりに試験対策も兼ねて、北陸・中央高地・東海の３つの地域について雨温図をもとにその違いについて取り扱っている。学習プリントには雨温図だけを載せるのはもったいないと考え、これも試験用に平野や山地・川などの名称を書き入れる資料を載せている。とは言っても、それらを授業で取り扱うわけではない。当初は、授業が速く進んだ場合には、最後のまとめとして地図帳を使って調べさせるなどの作業として予定していたが、実際に授業をしてみると、そんな時間的な余裕はなかった。

　長野県で有名な「片倉館」については、生徒が知っているはずもない。それでも「千人風呂」の写真は、生徒の興味を引くのに十分なインパクトがある。そのため、そのことから諏訪地方に目を向けさせることができる。また、片倉財閥の製糸業から富岡製糸場へと、歴史の学習内容をからめながら話を進めることもできる。授業の中盤以降は、精密機械工業から電子工業へと移り変わっていった諏訪地方の姿と、日本の工業の移り変わりをだぶらせるような形の取り扱いにしている。

地理 学習プリント 〈日本の諸地域:12 中部地方 : 1-1〉

■日本の中央部に位置する中部地方。その山脈や川、平野を探して白地図に書き出してみよう！
また、中部地方の３つの地域の気候には、どんな特徴があるのかを雨温図から読み取ってみよう！

1:【 中部地方の各県 】

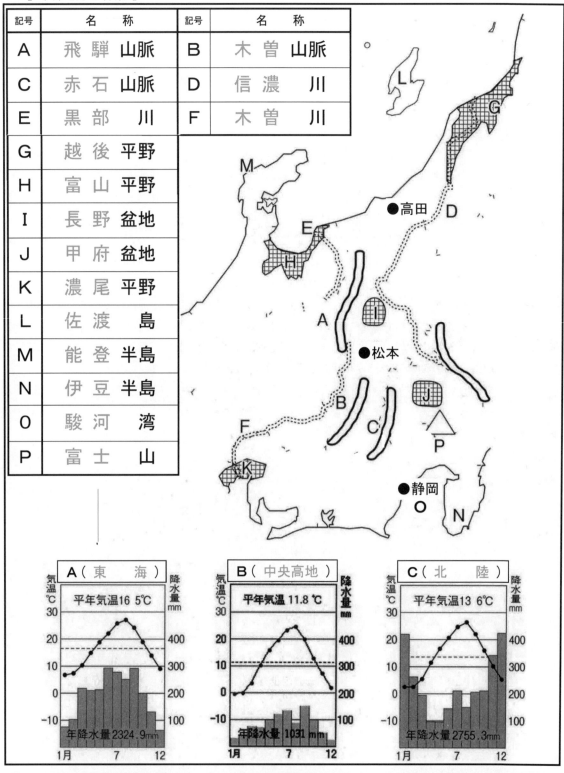

記号	名　称	記号	名　称
A	飛騨 山脈	B	木曽 山脈
C	赤石 山脈	D	信濃　川
E	黒部　川	F	木曽　川
G	越後 平野		
H	富山 平野		
I	長野 盆地		
J	甲府 盆地		
K	濃尾 平野		
L	佐渡　島		
M	能登 半島		
N	伊豆 半島		
O	駿河　湾		
P	富士　山		

A（ 東　海 ）　平年気温16 5℃　年降水量2324.9mm

B（ 中央高地 ）　平年気温 11.8℃　年降水量 1031 mm

C（ 北　陸 ）　平年気温13 6℃　年降水量 2755.3mm

■日本の中央部に位置する中部地方。そこには、どんな県があり、どんな特徴があるのか？　また東西を分ける地域ならではの歴史もあるのだろうか。まずは、県を調べることから始めよう！

2：【 中部地方の各県 】

	県庁所在地の都市	県章	写真
ア	新 潟 市	I	⑨
イ	富 山 市	F	①
ウ	金 沢 市	G	⑤
エ	福 井 市	D	⑦
オ	長 野 市	C	⑧
カ	岐 阜 市	B	③
キ	甲 府 市	E	⑥
ク	静 岡 市	A	④
ケ	名古屋市	H	②

金沢市

① 立山連峰

② 名古屋城

③ 白川郷（合掌造）

④ 富士山

輪島塗

⑥ 勝沼の葡

⑦ 東尋坊

⑧ 上高地（穂高岳）

⑨ 朱鷺

県章	A	B	C	D	E	F	G	H	I

- 77 -

地理 学習プリント 〈日本の諸地域：12 中部地方：1-3〉

■日本の近代化を支えてきた日本の中央部・長野県。そこでは、どんな工業がおこなわれていたのか？ そして、現在はどうなっているのか？ 長野県の諏訪から日本の工業の歴史を調べてみよう！

3：【 片倉館 】

　　片倉館は、大正から昭和の初期、日本の輸出総額の４割が絹製品であった当時、「シルクエンペラー」と称された片倉財閥により、地域住民に厚生と社交の場を提供するために建てられました。

（ 片倉館HPより ）

4：【 1909年の都道府県別の工業生産額 】

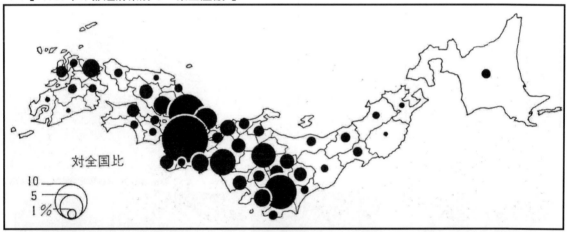

対全国比

10
5
1%

5：【 諏訪地方の工場数の変化 】

年＼分野	製 糸	食 品	機械金属
1915年	２９９	３	０
1955年	１９	４７６	６３５

（『日本地理ゼミナール北信越地方』大明堂）

6：【 諏訪に疎開した工場 】

オリンパス光学（ カメラ ）	小西六写真（ フィルム ）
諏訪精工舎（ 時 計 ）	東京光学（ 双眼鏡 ）
北辰電気（ 通信機 ）	日本無線（ 無線機 ）
東京芝浦電気（ ミシン ）	東京発動機（ 発動機 ）

7：【 諏訪地方の工場で働く人の割合の変化 】　　　　　　単位＝％

年＼分野	食 品	金 属	電気機械	精密機械	一般機械	その他
1981年	4.5	8.3	5.4	54.6	16.2	11.0
1996年	5.7	11.2	33.8	17.3	16.9	15.1

[44]中京工業地帯を支えるもの

◎東海工業地域を導入にして、中京工業地帯の特色についてつかませる。トヨタを取り上げ、自動車産業の発展や生産方法などに注目させて、それらのことをどう評価するのか考えさせる。

1　中部地方の工業の中心は、どこか？

①・〈 バイクとピアノの写真を提示して！ 〉これは、何の写真かわかる？

　→バイク・ピアノ・・・

②・では、この2つの共通点は、何なのか？

　→・・・？

③・ヒントは、これだ〈 山葉 と 河合 と書いたカードを提示！ 〉。

　・何と読むのか？

　→ヤマハ・カワイ・・・

④・山葉さんは、1888年に日本で初めてオルガンを作った人で、河合さんは、その弟子で、日本では誰にも作れなかったピアノのアクションと言う（ 鍵盤の動きを弦を打つハンマーに伝える ）装置を作った人（ 国産ピアノを設計した人と言ってよい ）。このふたりの発明家が、ヤマハとカワイと言う2つの会社を立ち上げた。

　・そんなバイクと楽器の生産が盛んな、静岡県西部の町は、どこなのか？

　⇨ 浜松

⑤・（ ヤマハもカワイも共に ）「浜松市」に本社があり、楽器を作っていることが共通点。

　・「浜松市」がどこにあるのか、【地図帳P100F5N】で見つけて、印をつけなさい！

　▷【 地図帳P100F5N 】での作業

⑥・浜松での楽器生産は、山葉さんのオルガン製造がきっかけだった。

　・では、どうしてバイクが生産されるようになったのか？

　→・・・？

⑦・天竜川河口にある浜松では、かつては木材業が盛んだった。戦争で陸軍の要請により「航空機用の木製プロペラ」が作られることになった。このプロペラの実験用に「エンジン製作」がおこなわれ、その技術を生かして、戦後、バイクが作られるようになった。

　・次に、「富士市」を見つけて、印をつけなさい！

　▷【 地図帳P100J3 】で富士市を見つけ、印をつける作業

⑧・ここは、電気機械工業の他に、どんな工業の工場が集まっているのか？

　⇨ 製紙・パルプ工業

⑨・そうした工場は、何という工業地域にあるのか？

　⇨ 東海工業地域

⑩・ただここは、「東海」の工業地域であって、中部地方の工業の中心は別にある。

　・愛知県を中心に広がる、その工業地帯を何というのか？

　⇨ 中京工業地帯

⑪・「中部」工業地帯とは言わずに、「中京」工業地帯という。

　・なぜ「中京」なのか？

　→・・・

⑫・「東京」と「京都」という2つの「京」の間という意味で、明治時代から名古屋は「中京」と呼ばれるようになった（名古屋は都になったことはないが、全国の中心を目指していると言われている）。

2　中京工業地帯での工業生産は、どのように変わっていったのか？

①・中京工業地帯の1960年頃の特徴がわかるグラフが【資料：2】にある！

▷【資料：2】

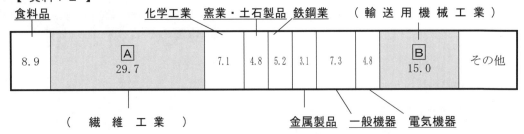

	食料品		化学工業	窯業・土石製品	鉄鋼業	（輸送用機械工業）	

| 8.9 | A 29.7 | 7.1 | 4.8 | 5.2 | 3.1 | 7.3 | 4.8 | B 15.0 | その他 |

（繊維工業）　　　金属製品　一般機器　電気機器

②・（1番の）Aと（2番の）Bの（　　　）に当てはまる工業は何なのか？

→A＝ 繊維工業 　　B＝ 輸送用機械工業

③・（前回の授業の資料の）、110年程前の「1909年の都道府県別の工業生産額」の地図でも、中京工業地帯にある愛知県は、4位だった。

・その頃の工業の中心は、綿織物などの何工業だったのか？

→繊維工業・・・

④・つまり、「繊維工業」は、昔から盛んにおこなわれていた。その頃（1960年）の「中京地域の工場の分布図」が、【資料：3】に載せてある。

・その地図の中で、「工場が集まっている地域」を、赤○で4つ選んで囲んでみなさい！

▷【資料：3】への赤○つけ作業

⑤・当時、名古屋 、一宮 、尾西 、四日市 の4つの市を中心に工場が集まっていた（だから、このうちの2つが○で囲めていればよい）。

・その中で、名古屋では何工業が多かったのか？

→ 機械金属 （●）

⑥・一宮・尾西では、何工業（が多かったのか）？

→ 繊維 （○）

⑦・では、四日市には（何工業が多かったのか）？

→四日市＝化学工業（○）

⑧・（少し読み取り難いが）四日市は 化学工業 だ。1960年頃の日本では、四日市のように海に面した海岸部を埋め立て（そこからいろいろなモノをつくる）化学工場や製鉄所が建てられた。

・でも、どうして（化学工場や製鉄所は）、海に面した場所に建てられたのか？

→原料を輸入するのに便利・船が横付けできる・製品が運び出し易い・・・

⑨・では、（1960年頃と比べて）現在の工場の分布状況は、どうなっているのか。

・【地図帳P102】に【③中京工業地帯・東海工業地域】として、同じ地域の工業分布の地図があるので、見てみよう！

▷【地図帳P102・③中京工業地帯・東海工業地域】

⑩ ・現在は、何（ 色 ）の工場が増えているのか？

　→（ 水色 ）＝（ 輸送用 ）機械

⑪ ・「機械」の中でも「輸送用機械」だ。今では（ かつて繊維工業に次いで ）２位だった「輸送用機械工業」が、多くなっている。

　・ところで、「輸送用機械」って何のこと（ か、わかる ）？

　→・・・自動車

⑫ ・もう１つ、この地図からは、分布の中心が、名古屋から東にズレていることもわかる。

　・つまり、現在の中京工業地帯の中心は、（ 愛知県の ）（ 名古屋市ではなく ）何市なのか？

　⇨ 豊田市

⑬ ・（ 豊田 ）ということは、何産業が盛んなのか？

　⇨ 自動車産業

⑭ ・豊田市には、こんな自動車をつくっている大きな会社がある！

⑮ ・この自動車会社のロゴマークは、【資料：４】のＡ～Ｈの中の、どれなのか？

　→Ａ Ｂ Ｃ Ｄ Ｅ Ｆ  Ｇ Ｈ

3 トヨタは、どうやって自動車を生産しているのか？

① ・ところで、どうして「豊田市」に、「トヨタ」という名前の会社があるのか。

　・それは、Ａ：豊田市という「町の名前を会社の名前にした」からなのか、それとも、Ｂ：トヨタという「会社の名前を町の名前にした」からなのか。

　・Ａ「（ 豊田市という ）町の名前を、会社の名前にした」と思う人［ 挙手 ］！

　▷〈 挙手による人数の確認 〉

　・Ｂ「（ トヨタという ）会社の名前を、町の名前にした」と思う人［ 挙手 ］！

　▷〈 挙手による人数の確認 〉

② ・会社の名前を町の名前にしたのは、トヨタだけ。

　ここは、もともとは〈 カードを貼るだけで読み上げずに 〉 挙母（ ころも ）という名前の町だった（ 何と読むのか、わかる？ ）。

※ ・時間的に余裕があれば、以下の企業名の由来についての説明をおこなってもよい。

HITACHI **TOSHIBA** **SUNTORY** **BRIDGESTONE**

　日立製作所＝茨城県の日立市にある　　東芝＝東京芝浦にある

　サントリー＝創業者の「鳥井」さんを逆さまにしたと言われている。

　ブリヂストン＝創業者の「石橋」（ ストーン・ブリッジ ）を逆さまにした

③ ・そのため、 豊田市トヨタ町１番地 、つまり豊田市の中心には何があるのか？

　→・・・トヨタの本社

④ ・その本社の周りに、たくさんの工場が建てられている。この工場の広がりが、中京工業地帯やトヨタの発展に関係がある。

・【資料：5】の図から、トヨタの本社工場と主な工場間の距離と移動時間がわかる！

▷【 資料：5 】

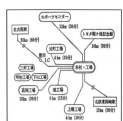

⑤・一番近くて、何分の距離になっているのか？

→10分

⑥・一番遠くて、何分（ の距離になっているのか ）？

→20分

⑦・こんなに近くに工場が集まっていることは、大変に珍しいことらしい。

・では、どうして、こんなに工場が集まっているのか？

→・・・

⑧・トヨタは、「『７つのムダをなくす』ことで生産を伸ばした」と言われている。

・その「７つのムダ」については、【資料：6】に載せてある！

▷【 資料：6 】

⑨・「工場が近くに集まっていることで、『省くことのできる［ ７つの ］ムダ』とは、この中のどれなのか？

→ ⑤運搬のムダ ・・・

⑩・「運搬」というと、何を運ぶのか？

→部品・・・

⑪・トヨタ本社の工場では、当然、自動車を作っているが、その自動車を作るための「部品」は作っていない。部品を作らないのだから、 ⑦ の 在庫のムダ は省ける。更に ① の 作り過ぎのムダ も省ける。

・と言うことは、トヨタ本社の工場には、何がないのか？

→倉庫・・・

⑫・では、自動車を作るためのたくさんの「部品」は、どうしているのか？

→・・・？

⑬・自動車は、たくさんの部品から作られている。その部品を予め用意しておくのではなく、生産する自動車の台数に応じて、「部品を作る工場」から運び込んで、自動車を組み立てている。

・この仕組みを、何と呼んでいるのか？

⇨ ジャスト・イン・タイムシステム

※・生産現場で「必要な物を、必要な時に、必要な量だけ」供給することで、効率的な生産を目指すシステム。

⑭・ここに、本社工場の近くに工場が集まっている理由がある。

・それ以外にも、工場が近くにあると、どんなムダが省けるのか？

→ ③ 手持ちのムダ

⑮・トヨタの自動車生産ではトヨタ本社の工場だけでなく、部品を作る周りの工場が１つのまとまりとなって動いている。こうしてトヨタはムダを省き、自動車生産を大きく伸ばしていった。

・これは、大変に賢いように思えるが、この方法で困ることはないのか？

→・・・？

4 トヨタを支えているものは、何なのか？

①・トヨタの工場に部品を運んでくるのは、トヨタの会社ではない１次下請けの別の会社。その１

次下請けの会社に部品を納入するのは、別の2次下請けの会社。
そして、その2次下請けの会社にも、部品を納入する更に別の3次
下請けの会社がある。

・図であらわすと、こんな感じになる！

▷【 トヨタピラミッド 】

②・このピラミッドでは、事業所規模により年間収入に違いがある！

▷【 年間収入 】　※・1000人以上の事業所の平均所得を100とした割合。

③・トヨタの事業所規模は、何人のところに当たるのか？

　→1,000人以上・・・

事業所規模	年間所得
1～9人	36
10～29人	47
30～99人	55
1000人～	100

④・3次下請けなどの会社は（ どの事業所規模に当たるのか ）？

　→1～9人・10～29人・・・

⑤・つまり、規模が小さい会社ほど、1年間の収入は、どうなっているのか？

　→少なくなっている・・・

⑥・と言うことは、自動車が売れて一番儲かっているのは、どこなのか？

　→トヨタ・・・

⑦・そんな1次下請けの会社が、トヨタに部品を納入するときに使われていたのが、これだ！

▷【 カンバン 】

⑧・これは「カンバン」と呼ばれていて、発注先・部品名・納期などが書かれていた。

　　つまり、下請け会社は、カンバンに「書かれている部品」を、「書かれている日」に、「書かれている数」だけ、「書かれている場所」に納めなければならなかった。

　・もし納入が間に合わないと（ 部品が揃わないわけだから ）、どうなるのか？

　→自動車が作れなくなる・・・

⑨・部品が揃わないと「自動車が作れない」のだから、絶対に間に合わせなければならなかった。

　・もし間に合わせることができないと、次から、その下請けの会社には、トヨタからの注文は・・・（ どうなるのか ）？

　→なくなる・こなくなる・・・

⑩・では、もし納入が（ 時間内に ）間に合わなくなりそうなときには、一体どうしていたのか？

　→残業してでも間に合わせる・休みなく働いて間に合わせる・・・

5　ジャスト・イン・タイムシステムは、誰にとっていい方法なのか？

①・これは1次下請けの会社だけの問題ではなかった。

　・もし、2次下請けの会社が、1次下請けの会社に部品の納入を間に合わせることができなければ、次から（ 1次下請けの会社からの ）注文は・・・？

　→なくなる・こなくなる・・・

②・こうして、周りの下請けの会社までが一体となって動き、労働者が安い賃金で、時間を惜しまず働くことで、トヨタの生産は伸びていった。

　・では、このトヨタのやり方は、工業地域全体にとっていい方法なのか？　トヨタにだけ都合のいい方法なのか？

　→トヨタにだけ都合のいい方法・大変かしこい方法・・・

③・【資料：7】を見ると、日本国内や世界でのトヨタの順位がわかる！

	1960年	1970年	1980年	1990年	2005年
1	日立製作所(71)	新日本製鉄(20)	トヨタ自工(36)	トヨタ自工(6)	トヨタ自工(7)
2	八幡製鉄(92)	日立製作所(29)	日産自動車(37)	日立製作所(12)	ホンダ(15)
3	東芝電機(101)	トヨタ自工(49)	新日本製鉄(42)	松下電器(17)	日立製作所(22)
4	富士製鉄(140)	松下電器(50)	日立製作所(44)	日産自動車(20)	日産自動車(25)
5	日本鋼管(197)	三菱重工(51)	松下電器(45)	東芝電機(29)	松下電器(30)

▷【 資料：7 】でトヨタ自工を赤〇で囲む作業

④・トヨタの順位が、大きく伸びたのは何年から何年の間なのか？

　→1960～1970年・1970～1980年

⑤・【資料：8】を見ると、ちょうど同じ頃に、中京工業地帯の順位が上がっていることがわかる！

▷【 資料：8 】の中京工業地帯を赤く塗りつぶす作業

⑥・中京工業地帯は、元々は繊維工業が盛んだった。

　　しかしその後は、輸送用機械、つまり自動車工業が伸びて現在に至っている。

　・【資料：9】を見ると、東海地方にはトヨタの他、いろいろな自動車工場があることがわかる！

▷【 資料：9 】

⑦・こうして輸送用機械工業（自動車工業）が、中京工業地帯を支えているわけだ。

　・では、このトヨタのやり方は、Ａ：工業地域全体にとっていい方法なのか？

　　それとも、Ｂ：トヨタにだけ都合のいい方法なのか？

　・Ａ：工業地域全体にとっていい方法だと思う人［ 挙手 ］！

▷〈 挙手による人数の確認のみ 〉

　・Ｂ：トヨタにだけ都合のいい方法だと思う人［ 挙手 ］！

▷〈 挙手による人数の確認のみ 〉

　・さて、どうなのか、班ではなしあい［ ３分間 ］！

▷班内でのはなしあい

※・ここから班内でのはなしあい　→　学級での討論へとつなげる

<参考文献>

河原和之「工業生産日本一の県」『100万人が受けたい中学地理　ウソ・ホント？』明治図書

春名政弘「愛知県を探る」『地理授業シナリオ(上)』地歴社

「中部地方の工業」『まるごと社会科中学・地理(下)』喜楽研

「トヨタが豊田市に立地したのはなぜ？」澁澤文隆編『中学校社会科定番教材の活用術』東京法令出版

<板書例>

〈 中京工業地帯を支えるもの 〉

　１　東海工業地域　　　　　　　　　　　　　　　　↓

　　浜松－楽器　　　　　　　　　　　　　　輸送用機械工業

　　富士－製紙・パルプ工業　　　　　　　　　　　＝

　　　　　　　　　　　　　　　　　　　　　　↓自動車

　２　中京工業地帯　　　　　　　　　　　３　豊田市

　　繊維工業　　　　　　　　　　　　　　　トヨタージャスト・イン・タイムシステム

　　　↓

❖授業案〈 中京工業地帯を支えるもの 〉について

　ヤマハがバイク製造をしていることについては、自分自身の疑問でもあった。そうした疑問から東海工業地域を取り上げ、中京工業地帯へと話をつなげているが、やはりここでは豊田が中心となる。

　カンバン方式で生産を伸ばし、企業城下町として発展していくトヨタのやり方の是非について考えさせているが、時間的には厳しいことが多く、意見を書かせるだけで授業を終わることもある。話し合い活動の時間を確保するためには、提言１を削除することも考えたが、実行できずにいる。

■中部地方の中でも東海地方は、工業が発達している。これまでに、どんな工業がおこなわれてきたのか？　また、その工業の中心になっているのは何工業なのか？　その変遷を考えてみよう！

1：【 バイクとピアノ 】　　　　　　　　　　　このバイクとピアノの共通点は？

2：【 愛知県工業の業種別割合（ 1960年 ） 】　　輸送機械工業・繊維工業は、A・Bのどっち？

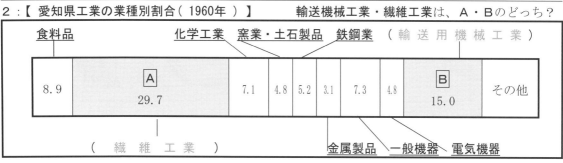

食料品	A		化学工業	窯業・土石製品	鉄鋼業				B	その他
8.9	29.7		7.1	4.8	5.2	3.1	7.3	4.8	15.0	

（ 輸送用機械工業 ）

（　繊　維　工　業　）　　　　　　　　金属製品　一般機器　電気機器

3：【 中京地域の工場分布（ 200人以上 ） 】　　　　　　（ 1960年版全国工場通覧による ）

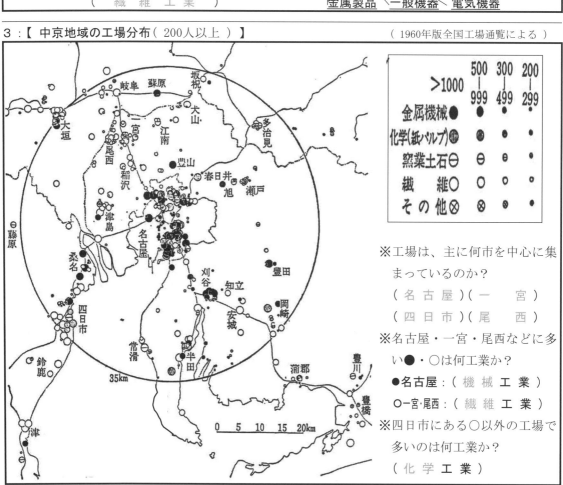

	>1000	500 999	300 499	200 299
金属機械●				
化学(紙パルプ)⊕				
窯業土石⊖				
繊　維○				
その他⊗				

※工場は、主に何市を中心に集まっているのか？
（ 名 古 屋 ）（ 一 　 宮 ）
（ 四 日 市 ）（ 尾 　 西 ）

※名古屋・一宮・尾西などに多い●・○は何工業か？
●名古屋：（ 機 械 工 業 ）
○一宮・尾西：（ 繊 維 工 業 ）

※四日市にある○以外の工場で多いのは何工業か？
（ 化 学 工 業 ）

■トヨタは、どうやって自動車生産を伸ばしてきたのか？　ムダをはぶいてきたと言われるが、ト
　ヨタが考えるムダとは、どんなことか？　そして、そのムダをどうやってはぶいてきたのか？

4 ：【 各社のロゴマーク 】　　　　　　　　　愛知にある自動車メーカーのロゴはA～Hのどれ？

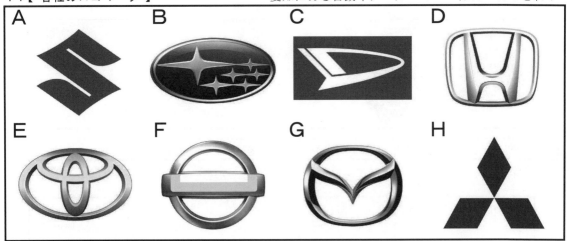

A　B　C　D

E　F　G　H

5 ：【 工場間の距離（ 時間 ）】

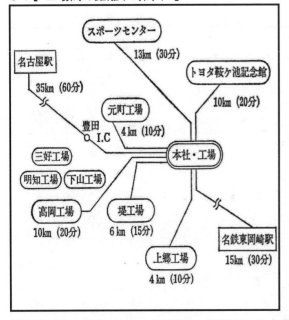

6 ：【 トヨタ　7つのムダ 】

◎必要な時に、必要な量だけをつくるために

①つくりすぎのムダ：売れると思って多くつく
　ることによって発生するムダ

②不良品をつくるムダ：不良品をつくるのにか
　かったエネルギーから発生するムダ

③手持ちのムダ：部品待ちで発生するムダ

④動作のムダ：無理な作業、効率の悪い姿勢や
　動きから発生するムダ

⑤運搬のムダ：必要でない運搬（ 積み替え、長
　い距離の移動、不要な回数 ）から発生するムダ

⑥加工そのもののムダ：不必要な加工を必要の
　ごとく加工することで発生するムダ

⑦在庫のムダ：材料や部品が多過ぎて発生する
　ムダ

7 ：【 鉱工業部門の日本の大企業 】 ※（　　　）内の数字は世界順位を示している

	1960年	1970年	1980年	1990年	2005年
1	日立製作所(71)	新日本製鉄(20)	トヨタ自工(36)	トヨタ自工(6)	トヨタ自工(7)
2	八幡製鉄(92)	日立製作所(29)	日産自動車(37)	日立製作所(12)	ホンダ(15)
3	東芝電機(101)	トヨタ自工(49)	新日本製鉄(42)	松下電器(17)	日立製作所(22)
4	富士製鉄(140)	松下電器(50)	日立製作所(44)	日産自動車(20)	日産自動車(25)
5	日本鋼管(197)	三菱重工(51)	松下電器(45)	東芝電機(29)	松下電器(30)

■トヨタは日本の自動車業界を引っ張ってきた。そして現在、その業績は世界でもトップクラスになっている。でも、そこには働く人たちのどんな姿が隠されているのか？

8：【 工業地帯（ 地域 ）別の生産割合の変化 】

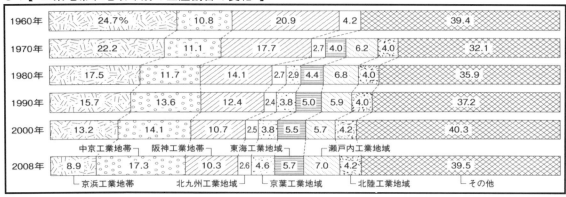

1960年	24.7%	10.8	20.9	4.2	39.4
1970年	22.2	11.1	17.7	2.7 4.0 6.2 4.0	32.1
1980年	17.5	11.7	14.1	2.7 2.9 4.4 6.8 4.0	35.9
1990年	15.7	13.6	12.4	2.4 3.8 5.0 5.9 4.0	37.2
2000年	13.2	14.1	10.7	2.5 3.8 5.5 5.7 4.2	40.3
2008年	8.9	17.3	10.3	2.6 4.6 5.7 7.0 4.2	39.5

中京工業地帯　　阪神工業地帯　　東海工業地域　　瀬戸内工業地域
京浜工業地帯　　北九州工業地域　　京葉工業地域　　北陸工業地域　　その他

9：【 日本の主な自動車工場の分布 】　　　（『データで見る県勢』より　）

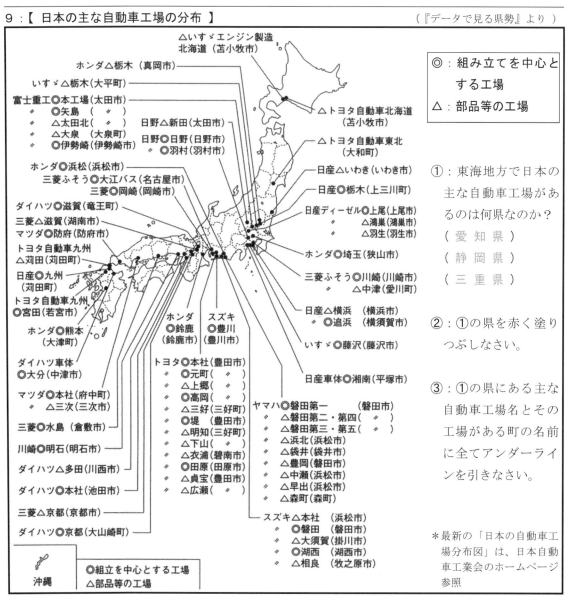

◎：組み立てを中心とする工場

△：部品等の工場

①：東海地方で日本の主な自動車工場があるのは何県なのか？

（ 愛 知 県 ）

（ 静 岡 県 ）

（ 三 重 県 ）

②：①の県を赤く塗りつぶしなさい。

③：①の県にある主な自動車工場名とその工場がある町の名前に全てアンダーラインを引きなさい。

＊最新の「日本の自動車工場分布図」は、日本自動車工業会のホームページ参照

△いすゞエンジン製造　北海道（苫小牧市）
ホンダ△栃木（真岡市）
いすゞ△栃木（大平町）
富士重工◎本工場（太田市）
　◇　◎矢島（　　　）
　◇　△太田北（　　　）
　◇　△大泉（大泉町）
　◇　◎伊勢崎（伊勢崎市）
ホンダ◎浜松（浜松市）
三菱ふそう◎大江バス（名古屋市）
三菱◎岡崎（岡崎市）
ダイハツ◎滋賀（竜王町）
三菱◎滋賀（湖南市）
マツダ◎防府（防府市）
トヨタ自動車九州△苅田（苅田町）
日産◎九州（苅田町）
トヨタ自動車九州◎宮田（若宮市）
ホンダ◎熊本（大津町）
ダイハツ車体◎大分（中津市）
マツダ◎本社（府中町）
　◇　△三次（三次市）
三菱◎水島（倉敷市）
川崎◎明石（明石市）
ダイハツ△多田（川西市）
ダイハツ◎本社（池田市）
三菱◎京都（京都市）
ダイハツ◎京都（大山崎町）

日野△新田（太田市）
日野◎日野（日野市）
　◇　◎羽村（羽村市）

△トヨタ自動車北海道（苫小牧市）
△トヨタ自動車東北（大和町）
日産△いわき（いわき市）
日産◎栃木（上三川町）
日産ディーゼル◎上尾（上尾市）
　◇　△鴻巣（鴻巣市）
　◇　△羽生（羽生市）
ホンダ◎埼玉（狭山市）
三菱ふそう◎川崎（川崎市）
　◇　△中津（愛川町）
日産△横浜（横浜市）
　◇　◎追浜（横須賀市）
いすゞ◎藤沢（藤沢市）
日産車体◎湘南（平塚市）

ホンダ◎鈴鹿（鈴鹿市）
スズキ◎豊川（豊川市）

トヨタ◎本社（豊田市）
　◇　◎元町（　　　）
　◇　△上郷（　　　）
　◇　◎高岡（　　　）
　◇　△三好（三好町）
　◇　◎堤（豊田市）
　◇　◎明知（三好町）
　◇　△下山（　　　）
　◇　△衣浦（碧南市）
　◇　◎田原（田原市）
　◇　△貞宝（豊田市）
　◇　△広瀬（　　　）

ヤマハ◎磐田第一（磐田市）
　◇　◎磐田第二・第四（　◇　）
　◇　△磐田第三・第五（　◇　）
　◇　△浜北（浜松市）
　◇　◎袋井（袋井市）
　◇　◎豊岡（磐田市）
　◇　△中瀬（浜松市）
　◇　△早出（浜松市）
　◇　△森町（森町）

スズキ△本社（浜松市）
　◇　◎磐田（磐田市）
　◇　△大須賀（掛川市）
　◇　◎湖西（湖西市）
　◇　△相良（牧之原市）

沖縄　◎組立を中心とする工場　△部品等の工場

地理 意見プリント 日本の諸地域：13　中部地方：2〈中京工業地帯を支えるもの〉

2年　　組　　号（　　）班：名前

■次の質問に対して、自分の考えを書いてみよう！

・・・

1．質問

■かつて繊維工業が中心だった中京工業地帯は、トヨタに代表されるように輸送用機械工業の占める割合が多くなり、日本で一番の工業地帯になった。そこには、ジャスト・イン・タイムシステムのようなやり方で自動車生産が増えたことがあるのだが、このやり方は、地域全体にとっていい方法なのか？　それとも、トヨタにだけ都合のいい方法なのか？

・・・

2．結論

A：地域全体にとっていい方法だと思う　B：トヨタにだけ都合のいい方法だと思う

・・・

3．どうして、そのような結論を出したのか？（　「自分の考え」　）

〈 授業方法・内容について質問・意見・考え・感想などあったら自由にどうぞ！ 〉

[45] 菊とブドウとレタス

◎中部地方の農業について、電照菊とブドウとレタスの栽培をもとにつかませる。電照菊は渥美半島、ブドウは甲府盆地、レタスは野辺山原を例に具体的にとらえさせるようにする。

1 愛知県では、どんな農業がおこなわれているのか？

①・〈 夜の電照菊のハウスの遠景写真を提示して！ 〉 ここでは、「あるもの」が栽培されている。

　・（ ここでは ）何が栽培されているのか？

　→・・・

②・近づくと、こんな様子（ になる ）！

　▷【 ビニルハウスの写真 】

③・そして、（ ビニルハウスの ）中は、こうなっている！

　▷【 ビニルハウスの内部の写真 】

④・つまり、何が栽培されているのか？

　→花・野菜・菊・・・

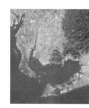

⑤・こうした栽培が盛んにおこなわれているのは、愛知県にある２つの半島。

　・（ それは ）何半島と何半島なのか？

　⇨ 知多半島と渥美半島

⑥・〈 ビニルハウスの拡大写真を指しながら 〉 こうした風景が、特に多く見られるのは、どっちの半島なのか？

　→渥美半島・知多半島・・・

⑦・【資料：１】のＡの地図を見ると、どっちの半島（ だとわかる ）？

　→渥美半島・・・

⑧・その渥美半島では、何という農業が盛んなのか？

　⇨ 施設園芸農業

※・「園」は庭、「芸」は藝＝植える。野菜・果樹・花を栽培するガーデニングが農業の一分野になったものと考えてよい。

⑨・（ 渥美半島では ）確かに農業はおこなわれているが、「米作り」ではない。

　・それは、どうしてなのか？

　→・・・？

⑩・【資料：１】のＢの地図には、愛知県の地形が描かれている。

　・そこで、[愛知県の]地形の特徴を確認するために、 山地 を茶色、 丘陵 をオレンジ、 台地 を赤、 低地 を青で塗りなさい！

　▷【 資料：１のＢ（ 地図 ） 】への色塗り作業

⑪・愛知県の東の方は、地形としては何が広い（ ことがわかる ）？

　→丘陵や台地・・・

⑫・台地や丘陵などは、水はけがよく（ つまり、水持ちが悪く ）、稲作には向いていない。そのため、花や野菜などを栽培する園芸農業が盛んにおこなわれている。とは言っても、やはり水がないと、作物の栽培はできない。そこで造られたのが、 豊川用水 （ 渥美半島 ）だった。

※・愛知用水は知多半島。

　・【資料：２】のグラフから、その豊川用水は何年頃に造られたことが読み取れるのか？

→1965～1970年の間・・・

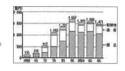

⑬・「出荷額が倍以上に伸びている」ことから、豊川用水の完成時期がわかる。

---

2 電照菊は、どのように栽培されているのか？

①・ところで、ここの園芸農業で栽培されている「花」は何なのか？

　　→・・・

②・〈 菊の花の写真、または造花を提示して！ 〉（ この花だが ）この花は何？

　　→菊・・・

③・日本人が菊の花を飾るのは、（ 伝統的には ）どんなとき？

　　→お葬式・お墓参り・お盆・・・

④・お葬式には季節はないが、お盆は夏（ ７月か８月 ）。

　　お盆には菊の花ではなく別の花も飾るが、お葬式には菊の花を飾る！

　　▷【 花輪や祭壇の写真 】

⑤・お墓参りの時期は、年に２回あるが、その季節は、いつといつなのか？

　　→春と秋

⑥・春の彼岸（ 春分の日：３月20日か21日 ）には、特に菊がよく売れる。

　　・でも、菊の花が咲く季節は、いつなのか？

　　→秋・・・

⑦・では、「秋」以外の季節には、菊の花は飾らないのか？

　　→飾っている・・・

⑧・そのため、このような施設を使った園芸農業がおこなわれている！

　　▷【 ビニルハウスの内外の写真 】

⑨・こうした施設園芸農業では、何や何が用いられているのか？

　　⇨ ガラス温室やビニルハウス

⑩・ビニルハウスを使った菊の栽培は、 電照菊 と呼ばれている。

　　・〈 写真を指しながら！ 〉では、このように電気で照明を当てると、菊は、自然な状態よりも、

　　「早く咲く」ようになるのか？　「遅く咲く」ようになるのか？

　　→「遅く咲く」ようになる・「早く咲く」ようになる・・・

⑪・菊が秋に開花するのは、「日照時間が短くなる」ためだ。

　　・つまり、照明を当て続けると、菊の花が咲く時期は、早くなるのか？　遅くなるのか？

　　→遅くなる・・・

⑫・「電照菊」は、夜間も照明を当てることで、日照時間を伸ばす 抑制栽培 で作られている。

　　・では、電照菊では、どのタイミングで照明を当てているのか？

　　　 A：夕暮れとともに　　　B：真夜中に突然　　　C：早朝の陽が昇る前

　　▷班内のグループではなしあい

※・班内のグループではなしあい → 各班からの発表

⑬・Bの、真夜中に３～４時間点灯している。

　　・でも、どうして「真夜中」なのか？

　　→・・・

⑭・昼間の約1/3になる安い深夜電力を利用するからだ。施設園芸農業では、ビニルハウスや暖房費

などにもたくさんのお金がかかるため、低価格で安定した生産を上げることが重要になる。

また、「日照時間は連続していなくてもいい」ので、真夜中に点灯しても問題は無い。

・ちなみに、渥美半島では、菊の花以外では、こんな果物の栽培もおこなわれている！

　▷【 メロンの看板の写真 】

⑮・何が栽培されているのか？

　→メロン・・・

3 　日本でのブドウ栽培は、どのようにおこなわれているのか？

①・こうした（ 施設園芸 ）農業以外の中部地方の農業については、【資料：3】の

　4つの円グラフに書かれている。この4つの農作物は、それぞれ何なのか。

　・□の中に、農作物の名前を書き入れなさい！

　▷【 資料：3 】への記入作業 　Ⅰ＝林檎 ・ Ⅱ＝葡萄 ・ Ⅲ＝レタス ・ Ⅳ＝白菜

②・リンゴについては東北地方で学ぶため、ここではその他の3つの作物について見ていく。

　まずは「ブドウ」、そして次に、レタスや白菜などの「葉物野菜」についてだ。

　・〈 扇状地の写真を提示して！ 〉この地形を何と言った？

　▷ 扇状地

※・扇子を持ち込み、開いてみせることで「扇状」地の形を理解させる。

③・ここでは、かつては「桑」を栽培してカイコを飼い、生糸を作っていた。しかし、今は「ブド
ウ」が栽培されている。

　・でも、どうして扇状地で栽培される作物が、桑やブドウなのか？

　→・・・

④・扇状地は、小石や砂などでできている（ 泥は軽いので、ずっと下流まで運ばれる ）。

　・そのため（ 水田などの土と比べると ）、水持ちは、どうなのか？

　→悪い・よくない・・・

⑤・扇状地は、主に小石が堆積した土地で、水もすぐに下に浸み込んでしまう。そのため、水田は
つくれない（ 稲作には不向き ）。しかし、ブドウの栽培には、水はけの良いやせた土地が適し
ている（ 逆に肥沃だと、枝葉が育ち過ぎる ）。また、扇状地は日当たりが良いので、ブドウの
ほかミカン・桃などの果樹栽培がおこなわれていることが多い。

　・ところで、ブドウの栽培だが、その栽培方法は2つある！

　▷【 資料：4 】＆【 拡大写真 】

⑥・【資料：4】にあるのは、同じブドウの栽培風景だ。しかし
そのやり方が違っている。

　・何が違うのかは、わかる？

　→A＝棚を作る　B＝棚を作らない垣根仕立て

※・垣根仕立ての場合、棚は作らないが、杭を打って枝を固定する針金を4～6本張る。ブドウはツ
ル植物なので支えが必要になる。

⑦・では、日本でおこなわれている栽培方法は、（ A・B ）どっちなのか？

　→A・・・

⑧・AとBでは、ブドウを栽培している状況の、何が一番違うのか？

　→Aは高いところにブドウが実り、地面から離れていて風通しがいい・Bは手間がかからない

⑨・ブドウの栽培では、降水量がポイントになる。ヨーロッパでは雨が少なく枝葉が育たないため、棚を作らなくてもよい。しかし、日本は雨が多く枝葉がよく育ち、地面が湿っているため（ブドウの実の周りの）湿度も上がり、病害虫が発生しやすくなる。そのため棚仕立てにして、ブドウを地面から高い位置に保ち、風通しを良くしている。

　それが、日本では主にAの栽培方法をおこなう理由［Aは山梨県の甲府盆地でのブドウ栽培の写真］。

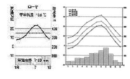

※・ここでは、勝沼と地中海性気候の雨温図を提示して、説明してもよい。

※・ブドウが実る頃、地中海性気候のフランスでは、雨が降らない。そのため地面近くに実ったブドウでも傷むことはない。また、垣根仕立てはブドウの実が枝にあたって傷つきやすいが、ブドウはワインに加工するため、生食用のブドウのように見栄えを良くする必要もない。

　・ところで、山梨でブドウの栽培が始まったのは、何時代からのことなのか？

A：奈良時代　B：平安時代　**C：鎌倉時代**　D：江戸時代　E：明治時代　F：昭和時代

⑩・（ブドウの栽培が始まったのは）「鎌倉時代」からと言われている。

※・最近のDNA分析では、甲州ブドウはコーカサスからシルクロードを通って伝わったことがわかった。そのため、「奈良時代に行基がブドウ寺＝大善寺付近で村人に栽培法を教えたのが始まり」という伝説も注目されている。

　・棚仕立てのブドウ栽培は、江戸時代の初期から始まった。

※・棚仕立ての栽培方法を考案したのは、甲州の永田徳本（とくほん）というお医者さんだと言われている。ただ、ブドウ棚での作業は、手を肩より上に上げておこなわなければならないため、垣根仕立てと比べると苦労が多い（肩こりなどの痛み止めの貼り薬「トクホン」の名は永田徳本から取ったものだが、直接の関係はない）。

　・最近は、大都市圏に近く、交通の便が良くなったので、何を経営する農家も増えているのか？

⇨| 観光農園 |・| ブドウ狩り体験農園 |

4　高原野菜は、どうして作られるようになったのか？

①・最後は、ここ〈野辺山高原の写真を提示！〉。

　・標高1,000mを越える高原だが、何という高原なのか？

⇨| 野辺山原 |

②・この野辺山原（のべやまはら）では、どんな野菜を栽培しているのか？

⇨| レタスやキャベツ、はくさい |

③・野菜栽培なのに、どうして宮崎県や高知県などのようにナスやキュウリ・ピーマンを栽培していないのか？

　→ナスやキュウリができない・作っても売れない・・・

④・野辺山原で栽培されているのは、| 高原野菜 |。

　・レタスやキャベツなどの高原野菜とナスやキュウリなどの野菜とでは、何が違うのか？

　→・・・？

⑤・レタスやキャベツは、一度収穫したら、それでおしまいになり、栽培にもそれほど手間がかからない。野辺山原の高冷地では、10haを越える大規模経営の農家も少なくない。広大な土地で栽培するには、「あまり手間がかからず」、「一度収穫したら、それでおしまい」となる野菜の方が有利になる（そのため、ナスやキュウリを作らない）。

　・でも、どうして野辺山原では大規模経営が多いのか？

→・・・？

⑥・野辺山原は、明治時代に開拓された。そのときの開拓は、野菜の栽培ではなく、別の目的でおこなわれた。

・【資料：5】にある野辺山原の2枚の写真から、〈 拡大コピーも提示して！ 〉はじめは、何を目的に開拓がおこなわれたか、読み取れるのか？

→牧場・農場・・・※・発言がなければ、すぐに先に進める。

⑦・野辺山原では、明治時代に軍馬を育てる「牧場」をつくるために開拓がおこなわれた。そのため、経営規模が大きい。戦後、朝鮮戦争が起きたとき、アメリカ軍向けに、レタスが本格的に栽培されるようになった。

・その後も、都市向けに大規模に栽培されているレタスの出荷時期が、【資料：6】のグラフからわかる！

▷【 資料：6 】

⑧・長野県のレタスの出荷が多い季節は、いつなのか？

→夏・・・

⑨・ところが、レタスが最も良く育つのは、気温が15〜20℃（ 夏では暑過ぎる ）。

・つまり、野辺山原では、高原のどんな気候を利用して野菜を栽培しているのか？

⇨ すずしい気候

⑩・野辺山原は、高原の涼しい気候を利用して、夏でもレタスやキャベツなどの春野菜が栽培できる。そうして夏に収穫して出荷すると、高値で販売することもできる。

・でも、高原でつくられた野菜が、高値で販売することができるのは、どうしてなのか？

⇨ ほかの産地の野菜が少ない時期に収穫して市場へ出荷できるため

⑪・こうして中部地方では、自然を活かした農業がおこなわれている。

<参考文献>

吉水裕也「電照菊の栽培と日照時間の関係」授業のネタ研究会中学部会編『授業がおもしろくなる中学授業のネタ日本地理』日本書籍

川島孝郎『授業中継　最新世界の地理』地歴社

若木久造「日本のぶどうは、なぜ『棚仕立て』なのか？」『明日の授業が楽しくなる　日本地理の授業』わかたけ出版

春名政弘「愛知県を探る」『地理授業シナリオ(上)』地歴社

「中部地方の産業とくらし」羽田純一監修『まるごと社会科中学・地理(下)』喜楽研

<板書例>

〈 菊とぶどうとレタス 〉

1　施設園芸農業

　　渥美半島－電照菊・メロン

　　　　　｜

　　豊川用水

2　甲府盆地のぶどう

　　扇状地（ 果樹園 ← 桑畑 ）

3　高原野菜 ← すずしい気候

　　ex野辺山原 － レタス・キャベツ

❖授業案〈 菊とブドウとレタス 〉について

　中部地方の農業では、3つを取り上げている。1つは、渥美半島での施設園芸農業として電照菊の抑制栽培である。2つ目は、甲府のぶどう栽培。そして3つ目には、野辺山原の高原野菜である。こうして、それぞれに特徴のある農業を知ると、中部地方として一括りにしては考えられないことがわかる。

　電照菊の抑制栽培では、照明のタイミング。ぶどう栽培では、その栽培方法のヨーロッパとの違い。高原野菜では、その出荷の時期。それぞれの気候条件に合わせた農業の特徴をつかめるような取り上げ方をしている。

　なお、補足資料に掲げた「外国人労働者に支えられる高原野菜」については、ここでは取り上げていないが、農業従事者の高齢化により大都市向けの野菜の大きな産地は、外国人労働者なしには維持できなくなってきている事実を読み取らせることができる。高原野菜のほか茨城県南部の野菜、栃木のイチゴ、夕張のメロンなども、「外国人労働者がいなくなったら食べられなくなる」と言われている。

補足資料：【 外国人労働者に支えられる高原野菜 】

　2020年12月、長野県南牧村を取材に訪れると、冠雪した八ケ岳の麓に雄大な農地が広がっていた。道を歩いていた外国人男性(38)に声を掛けると、「ベトナム人。農業で働いている。スーパーに行く」と片言の日本語が返ってきた。複数のベトナム人が行き来していた。

　「真面目に働くよ」。技能実習生としてベトナム人2人を雇っている農家の60代男性は評価する。同村はレタスやハクサイ、キャベツなど高原野菜の産地。男性は農業を営んで半世紀になるが、15年ほど前に中国人を雇い始め、3年前からベトナム人に切り替えた。自宅近くに住まわせる。

　「中国は国力が豊かになったからか、若い人が来てくれない。外国人がいなきゃ、この辺で農業なんかできない」。男性によると、ほとんどの農家が外国人を雇い入れているという。

　現在の村の人口は3179人。うち外国人は296人だが、野菜の出荷が最盛期の夏場は例年500人前後に。この際の人口比率は15%を上回り、群馬県の大泉町(19.0%)に近づく。村によると技能実習生は2004〜05年に迎え入れ始め、今は2019年に新設された在留資格「特定技能」を取る人もいる。

　住民の女性は「昔は日本人の大学生が帰ってきて手伝ったけど、今はいない。炎天下にさらされ、朝早く夜遅い仕事だしね」と話す。　　　　　　　　　　　　　　　（『上毛新聞』2020年12月17日）

地理 学習プリント 〈日本の諸地域：14 中部地方：3-1〉

■東海地方の農業では、どんなことがおこなわれているのか？ 中央高地では、どんな農業がおこなわれているのか？ 中部地方のそれぞれの農業の様子を見てみよう！

1：【 愛知県の農業 】

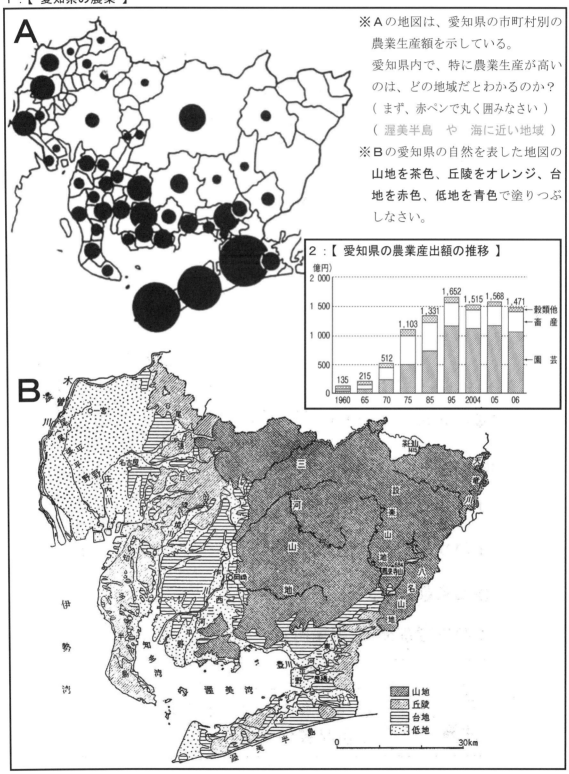

A

※Aの地図は、愛知県の市町村別の農業生産額を示している。
愛知県内で、特に農業生産が高いのは、どの地域だとわかるのか？
（ まず、赤ペンで丸く囲みなさい ）
（ 渥美半島 や 海に近い地域 ）

※Bの愛知県の自然を表した地図の山地を茶色、丘陵をオレンジ、台地を赤色、低地を青色で塗りつぶしなさい。

2：【 愛知県の農業産出額の推移 】

億円）

	1960	65	70	75	85	95	2004	05	06
	135	215	512	1,103	1,331	1,652	1,515	1,568	1,471

→穀類他
→畜産
→園芸

B

伊勢湾

知多半島

渥美湾

渥美半島

山地
丘陵
台地
低地

0　　　　　　30km

■中部地方では、どんな作物が栽培されているのか？　東海地方と中央高地では、気候条件も違っているため、それぞれ独自の作物が栽培されているが、どんなことがおこなわれているのか？

3:【 中部地方の作物の栽培 】

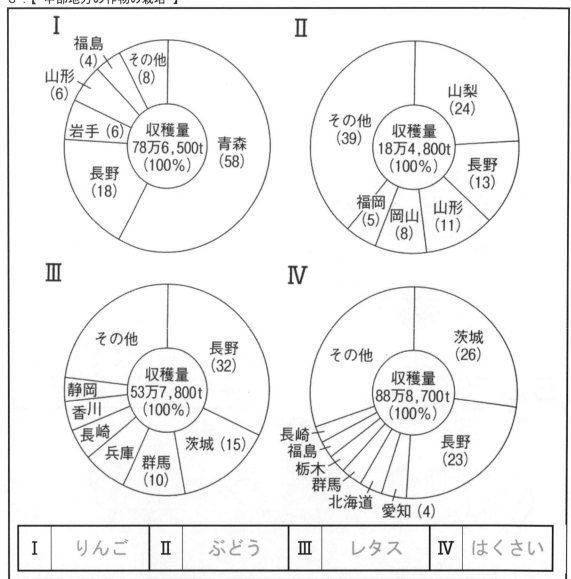

| Ⅰ | りんご | Ⅱ | ぶどう | Ⅲ | レタス | Ⅳ | はくさい |

4:【 葡萄の栽培 】

■AとBの葡萄の栽培方法の違いは、何なのか？

■日本での栽培に適した方法は、AとBのどっちなのか？

■日本の葡萄の栽培方法は、フランスとは違っている。中央高地での高冷地農業では野菜が作られ
ているが、そこにも地域の自然が関係している。どんな気候やどんな位置的な条件があるのか?

5 :【 野辺山原の夏と冬 】

6 :【 レタスの出荷時期 】

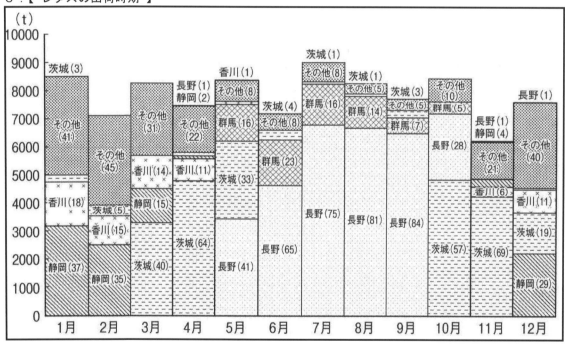

7 :【 ミカンとリンゴの栽培 】

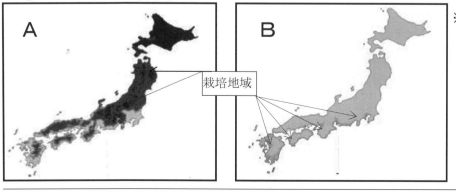

※左のA・Bの2つの地図は「ミカンの栽培地」と「リンゴの栽培地」をあらわしている。それぞれどっちの栽培地の地図か?

[46] 北陸の産業

◎雪国の生活について興味を持たせ、その自然環境の中での工夫をつかませる。また、新潟の米作りについては、越後平野の歴史から単作地帯の意味、地場産業を育てる必要性を理解させる。

1　雪国の生活には、どんな工夫があるのか？

①・〈 ３つの雨温図を提示して！ 〉この３つの雨温図（ Ａ・Ｂ・Ｃの ）中で、北陸の雨温図は、どれだった？

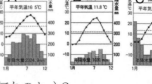

　　→Ｃ・・・

②・どうして「Ｃ」が、北陸の雨温図だと判断できるのか？

　　→冬の降水量が多い・・・

③・冬の降水量だから、空から降ってくるのは、雨ではなくて（ 何なのか ）？

　　→雪・・・

④・その大量の雪が、人々の生活や産業に大きな影響を与える地域を何と呼ぶのか？

　　⇨ 豪雪地

⑤・そんな豪雪地の様子を見てみよう！

　　▷【 冬の風景の写真 】

⑥・【資料：２】のＡに写っているのは、世界遺産の「白川郷」の春の景色。

　　・冬の景色は、こうなる！

　　▷【 白川郷の春の風景の写真 】→【 冬の風景の写真 】

※・白川郷は岐阜県にあるが、日本海で発生する雪雲が白山にぶつかって麓の白川郷に大雪を降らせる。

⑦・【資料：２】のＢに写っているのは、新潟県長岡の猿飛橋の秋の風景。

　　・それが、冬になると、こうなる！

　　▷【 猿飛橋の秋の風景の写真 】→【 冬の風景の写真 】

⑧・【資料：３】のＡに写っているのは、何だと思う？（ 夏の日差しを遮る歩道・・・？ ）

　　→・・・

⑨・同じ場面を、冬に写すと、こうなっている！

　　▷【 雁木の冬の風景の写真 】

⑩・つまり、これは何のための施設なのか（ わかる ）？

　　→雪よけ・・・

⑪・ 雁木 （ がんぎ ）と呼ばれている。

　　・〈 消雪パイプの写真を提示して！ 〉では、この小さな噴水(?)は、何のための施設なのか？

　　→・・・？

⑫・少し離れて見てみると、こうなっている！

　　▷【 消雪パイプが路上の雪を溶かしている写真 】

⑬・これは、 消雪パイプ と言って、雪が降り始めるとセンサーが感知して、暖かい地下水を噴出して雪を溶かす施設だ。

2　雪国の家には、どんな工夫があるのか？

①・では〈 スノーダンプの写真を提示して！ 〉、これは何の道具なのか？

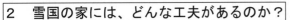

→雪かき・除雪・・・

② ・こうして使う！

▷【　雪下ろしの風景の写真　】

③ ・これは、スノーダンプ と言って、屋根の雪下ろしに使う道具。ときどき作業中に屋根から落ちて、怪我をする人が出るらしい。

そのため、家のつくりそのものにも工夫がされるようになった。

・次の（ A・B・C・Dの ）うち、最近、増えているのは、どの家の形なのか？

▷【　4つの家の形の図　】

※・横から見た図がわかりにくい場合には、立体で描いた図を提示する。

④ ・また、こんな工夫した家もある！

▷【　高床の家の写真　】

⑤ ・この家には、どんな工夫がしてあるのか？

→3階建てになっている・1階部分まで雪が降り積もっても大丈夫・・・

⑥ ・こうして大量の雪が、冬の積雪が多く、人々の生活や産業に大きな影響を与える地帯を、何地帯と呼ぶのか？

⇨ 豪雪地帯　　※・〈 冬の風景の写真を提示する！ 〉

⑦ ・〈 雪室の写真を提示して！ 〉 最後に、この施設を何というのか？

⇨ 雪室

⑧ ・これは、雪室（ ゆきむろ ）と言って、野菜や果物の天然の冷蔵庫として利用されている。電気冷蔵庫のように干からびることもなく、みずみずしく貯蔵ができ、雪国の人の昔からの知恵の賜物だ（ 最近では、貯雪室を設置した農産物用の倉庫も建てられている ）。

3　越後平野では、どうして米づくりが盛んなのか？

① ・そんな雪国でも、農業はおこなわれている。

・北陸の農業の特色は、何の占める割合が、とても高いことなのか？

⇨ 稲作

② ・稲作、つまり「米作り」が盛んだ。

・【資料：4】の①に入るのは、（ 中部地方の ）何県なのか？

→新潟県・・・

③ ・新潟は、特に「米作り」で有名な県だ。

・米といえば、〈「さがびより」の袋を提示して！ 〉 これは、何という米（ の銘柄 ）なのか？

→・・・さがびより・・・？

④ ・これは佐賀県の米だが、こうした産地や品種を登録した米を何というのか？

⇨ 銘柄米

⑤ ・（「ブランド米」とも言うが ）新潟で有名な「銘柄米」には、何があるのか？

⇨ コシヒカリ

⑥ ・【地図帳P104】を見ると、その「コシヒカリ」が作られている平野がわかる！

▷【　地図帳P104　】

⑦・新潟県に広がる平野は、何平野なのか？

　→　越後平野　・・・

⑧・その越後平野で米づくりが盛んな理由を、【地図帳Ｐ104】から読み取ってみると、２つの地理
　　的条件が整っていることがわかる。

　・越後平野で米づくりが盛んな２つの地理的条件とは、何と何があることなのか？

　→大きな川がある・広い平野がある・・・

⑨・佐賀県も同じように、「大きな川」と「広い平野」がある。

　・何川と何平野だった？

　→筑後川・嘉瀬川、筑紫平野・佐賀平野・・・

⑩・そのため、佐賀県と新潟県の水田を見比べてみても、ほぼ同じように見える。

　・〈　２枚ずつの写真を提示して！　〉どっちが

　　佐賀県で、どっちが新潟県だと思う？　

　→左＝新潟　　右＝佐賀

※・ほとんど同じ風景の写真であるため、区別ができなくても当然ではある。

4　越後平野が米づくりに向いていなかった理由は、どんなことだったのか？

①・ところが、越後平野でコシヒカリのような美味しい米が作られるようになったのは、今から60年程
　　前に過ぎない。それまでは、越後平野は、決していい米がたくさん取れる地域ではなかった。

　・その理由も、【地図帳Ｐ104】から地理的条件から読み取ることができる！

　▷【　地図帳Ｐ104　】

②・越後平野で米づくりが振るわなかった地理的理由とは、どんなことなのか（　わかった　）？

　→・・・？

③・〈　田植えの写真を提示し！　〉これは、越後平野での、現在の米づくりの様子を写した写真！　

　・何をしている写真なのか（　わかる　）？

　→田植え・・・

④・では、〈　かつての田植えの写真を提示し！　〉これは、何をしている写真なのか？

　→・・・？

⑤・これも、同じ「田植え」をしている場面だ。

　・でも、何が違うのか？

　→舟を使っている・機械を使っていない・・・

⑥・田植えをするのに、どうして「舟」を使っているのか？

　→・・・？

⑦・こっちの写真は、今から70年程前の越後平野での「田植え」の様子を撮った写真。

　・もう少し前は、こんな様子だった！　

　▷【　かつての田植えの写真　】

⑧・今の米づくりと、何が違っているのか？

　→田んぼが水浸し・体が田んぼに埋まっている・・・・

⑨・つまり、（　田んぼの中に　）何が多過ぎるのか？

　→水・・・

⑩・米作りには、水が必要。しかし、（　その水も　）あまりにもあり過ぎると、大変なことになる。

越後平野の場合、米作りに必要な水は、春に豊富に得ることができる。

・それは、何故なのか？

⇨ 大量の雪がとける

⑪・しかし、越後平野では、その雪どけ水が大量に流れ過ぎて、何が発生していたのか？

⇨ 洪水

⑫・つまり、かつての越後平野では米づくりが振るわなかった理由は、わかった？（何が多過ぎたのか？）

→雪どけ水が多過ぎた・・・

⑬・それだけではなく、（越後平野で米づくりが振るわなかったのは）、今では地図からはわかりにくくなったが、そもそも越後平野の成り立ちと大きく関係していた。

5 どうして水田単作地帯なのか？

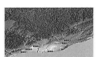

①・では、越後平野は、どうやってできたのか。

・【地図帳P104】から読み取ることができる？

→・・・？

②・越後平野は、こうなっている！

▷【 現在の越後平野の図 】

③・これを平安時代の地図と比較してみる！

▷【 平安時代の越後平野の図 】

④・点線で囲んでいる部分が、現在の越後平野。

・つまり、越後平野は、もともとは何だったのか？

→海・・・

⑤・その海が、「どのようにして陸地になったのか」と言うと、まず現在の海岸線にあたるところに長い砂丘ができたことが始まりだった。この砂丘は、信濃川と阿賀野川が運んできた土砂が、日本海の対馬海流に流されて細長く積み上がりつくられた。そして、砂丘の内側は、川の水と海水が混ざる湖＝「潟（かた）」となった（図の中で点線で囲まれた部分）。

・「潟」には土砂がたまり、次第に陸地になっていくのだが、ここは元々が海だった土地のため、水はけが悪かった。そのため、川が氾濫すると「新しい」「潟」や沼ができた。

・そうしたことから生まれた地名が、何だったのか？

→新潟・・・

⑥・「新潟」の地名の由来だ（新潟市には今も十数個の潟があり、シベリアから野鳥が飛来する）。

・この「潟」や沼を干拓して水田に変えることで、越後平野は「日本一」と言われる一大稲作地帯に作り上げられた。

・ただ、標高０メートルの土地も少なくない低地の上に、日本一長い信濃川が流れ込んでいるため、豪雨による川の氾濫には長い間悩まされてきた。ではそれを、どうやって克服したのか。

・これも【地図帳P104】から読み取ることができる・・・？

→・・・？

⑦・「大河津分水（おおこうづぶんすい）」を設けて、信濃川の水を途中で日本海に流すようにした。この工事は難しく、江戸時代の享保年間に計画されたが、結局、完成したのは1922年だった。しかし、その後もいろいろと問題が発生し、最終的に関係の工事が終わったのは、2011年だった。

・ところで、「雪が多い」と言うことは、「冬が長く厳しい」ことでもある。そのため、米作りはおこなわれているが、1年間に1種類の作物しか栽培されない。

・そんなやり方を何というのか？

⇨ 単作

⑧・佐賀平野も単作だった？

→違う・・・

⑨・佐賀平野では、「1年間に米と麦」といったように、2種類の作物が栽培されている。

・こうしたやり方を何といったのか？

→二毛作・・・

⑩・水田の風景だけを見ると、同じように見えても、佐賀と新潟では大きく違っている。

・ところで、「単作」ということは、米を作った後の水田では、何を作っているのか？

→何も作っていない・・・

⑪・「作っていない」と言うより、「何も作れない」（ そういう地域が少なくないのだが、正確に言えば海岸に近い地域ではチューリップなどが裏作として栽培されている ）。

・それは、どうしてなのか？

→豪雪地帯では積もった雪がとけない・寒くて作物が育ちにくい・・・

⑫・では、冬場は、何をしているのか？

→何もしていない・・・？

⑬・「何もしない」と収入がなく、生活できない。そのため、農業以外の副業がおこなわれることになり、その副業から地域の特産品が生まれた。

・そんな地域独特の特産品が全国的に、あるいは世界中に知られて、市場に出回るようになった産業を何というのか？

⇨ 地場産業

6 　ノーベル賞晩餐会で使用されている洋食器は、どこで作られているのか？

①・ここに1枚の写真がある！

▷【 ノーベル賞の晩餐会の写真 】

②・これは、毎年、世界の注目を集める晩餐会（ばんさんかい）の様子を写した写真だ。

・さて、これは、何の晩餐会なのか？

→・・・？

※・ヒントとして、木村智さん（ 生理学・医学賞：感染症研究 ）と梶田隆章さん（ 物理学賞 ）の写真を提示する。2015年の例だが、その後も同じ会社の洋食器が使用されている。
更に、アルフレッド・ノーベルの写真を提示する。

・木村智さんとスウェーデン首相夫人ヴァッラさん
・梶田隆章さんとシルヴィア国王妃

③・このノーベル賞の晩餐会で使われている食器は、どこの国で作られているのか？

| A：スウェーデン | B：フランス | C：アメリカ | D：日本 | E：中国 |

※・挙手による人数の確認をおこなう。

④・答えは、これだ！

▷【 ノーベル賞の晩餐会での洋食器・カトラリーの拡大写真 】

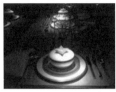

※・山中教授（ 2012年　ノーベル生理学・医学賞　受賞 ）とマデレーン王女の写真や「YAMAZAKI JAPAN」
　　と刻印された写真の説明をする。

⑤・では、日本のどこの県で作られているのか？

　　| Ａ：佐賀県　　Ｂ：愛知県　　Ｃ：新潟県　　Ｄ：東京都　　Ｅ：静岡県 |

※・挙手による人数の確認をおこなう。

⑥・新潟県の「燕市」で作られている。

　　・燕市には、現在、何を製造する工業が集まっているのか？

　⇨　洋食器

⑦・燕市が、どこにあるのか、【地図帳Ｐ95】で確認して、印をつけなさい！

　▷【　地図帳Ｐ95　】

⑧・このフォークは、何で作られているのか？（ 材料は何？ ）

　　→鉄・・・

⑨・「ステンレス」という錆びにくい金属で作られている。日本の洋食器の大部分は、燕市で作られ
　　ている。燕市は、ステンレス製の洋食器の生産を地場産業としている、世界的に有名な町だ。

　　・でも、どうして燕市でフォークなどが作られるようになったのか？

　　→・・・

| 7　燕市では、どんな努力を続けてきたのか？ |

①・「豪雪地帯では裏作ができないので、農業以外の副業がおこなわれるようになる」と言う話をし
　　たが、燕市は豪雪地帯であるばかりでなく、江戸時代までは、川が氾濫をくり返していて、米
　　づくりも満足にできない地域だった。

　　・では、その頃、燕の町で作られていたモノは何だったのか？

　　| Ａ：陶磁器　　Ｂ：釘　　Ｃ：瓦　　Ｄ：箸 |

※・挙手による人数の確認をおこなう

②・答えは、これだ！

　▷【 和釘の写真 】

③・日本刀と同じように、玉鋼（ 不純物の少ない鋼 ）から鍛金（ 金槌で打つ ）の技術でつくり上げ
　　る。用途に応じてさまざまな形につくられた。江戸時代は「火事」が多かったため、この釘は
　　結構売れた。

※・燕市の隣の三条市も古くから鍛冶職人の町だったが、三条には商人も多く住み、金物専門の商人と
　　して江戸で注文を取って売りさばいていた。現在、両市とも金属産業が盛んであるため、合わせて
　　「燕三条」と呼ばれている（ 上越新幹線の駅名になっている ）。

　　・ところが明治時代になり、洋釘が入ってきて、京浜や阪神で大量生産されるようになった。そ
　　のため、和釘は純和風にこだわる人や神社仏閣用の他には、売れなくなってしまった。

・では、燕の町では何をつくることに力を入れることにしたのか？

A：煙管 (きせる)	B：鋸 (のこぎり)	C：瓦 (かわら)	D：簪 (かんざし)	E：金槌 (かなづち)

※・挙手による人数の確認をおこなう

④・〈 煙管、または煙管の写真を提示しながら！ 〉答えは、これだ。燕の人々は、鍛金を中心にした金属加工技術を生かして江戸時代から煙管をつくっていた。これに力を入れて、さまざまな形の煙管を生産することで明治時代の終わり頃には、全国の煙管の８割を占めるまでになった。

しかし、その後、（ 現在のような ）紙巻煙草が主流となった。

・つまり、燕市での煙管の生産は（ どうなったのか ）？

→すたれた・・・

⑤・しかし、その後、燕市では、〈 洋食器のコピーを提示し！ 〉明治時代の終わり頃から生産していた洋食器の生産に力を入れ、世界に知られる生産地となった。その結果、ノーベル賞の晩餐会でも使われるようになったわけだ。ところが、あまりにも売れ過ぎたため、アメリカが輸出量を減らすように言ってきた。さらに、そこに円高の波が襲った。

・円高は、日本から輸出に、有利なのか？　不利なのか？

→不利・有利・・・？

⑥・輸出が35％も落ち込んだ。その上、アジアの国々が洋食器を売り出した。そのことで、ますます燕市の洋食器は・・・売れなくなった。国内でも、不況となった上に、中国産の安い製品が大量に輸入されるようになった。

・では、燕市では、現在、何をつくっているのか？

→・・・？

⑦・現在でも、「洋食器づくり」を続けている。ただ、今までと同じでは売れないため（ 金属加工技術を生かして ）、表面を硬くしてキズがつかないようにしたり、ナイフの刃先には切れ味の良い金属を溶接したりしている。

それとともに、食器の形にも、「ある工夫」をしている。

・その工夫のひとつが、これだ！

▷【 ユニバーサルデザインの食器の写真 】

⑧・どんな工夫がされているのか、わかる？

→ユニバーサルデザイン・ＵＤ・・・

⑨・お年寄りや「障がい」者にも使い易い「ユニバーサルデザイン」の製品を作ることで、燕の洋食器を使ってくれる人を増やし、現在の危機を乗り切ろうとしている。

<参考文献>
「中部地方の産業とくらし」羽田純一監修『まるごと社会科　中学・地理(下)』喜楽研
福田恵一「新潟平野は米どころではなかった！」若木久造ほか『明日の授業が楽しくなる　日本地理の授業』わかたけ出版
河原和之「洋食器生産地は今？」『中学授業のネタ　社会④地理』日本書籍
河原和之「洋食器生産地は今？」『100万人が受けたい「中学地理」』明治図書

<板書例>

〈 北陸の産業 〉

1　豪雪地

　　　冬の降水量が多い

3　新潟の**地場産業**

　　　洋食器（ 燕市 ）　⇨　ユニバーサルデザイン
　　　　　　　　　　↑
　　　　　　　煙　管
　　　　　　　　↑

2　越後平野の稲作

　　　銘柄米(ブランド米)

　　　単作

　　　　　　　和　釘

❖授業案 〈 北陸の産業 〉 について

　勤務校のある地域でも、かつては大変な積雪に見舞われることもあったが、最近ではほとんど見られなくなった。雪景色は、生徒にとっては馴染みが無いものになってきた。そのため、雪に覆われた風景の写真を提示すると、興味深く見入ってくる。そうして生徒の興味を引くことで、授業内容にも引き込むことができている。そこに、雪国にもかかわらず、佐賀県と同じように米づくりがおこなわれている事実を取り上げる。その米づくりも、全国的に生産が多いという事実は、さらに生徒の興味を引く。しかし、自然環境が違うのだから、そこには意外な苦労や工夫があり、そのことも生徒の興味を引くことになる。

　そして、意外と知られていないノーベル賞の晩餐会での洋食器の生産を紹介し、その歴史について目を向けさせていくように授業案をつくっている。こうして、雪国の暮らしをつかませていくように考えた。最後は、地場産業であっても、ユニバーサルデザインに見られるように、時代のニーズにあった取り組みが必要なことをつかませて終わっている。

　なお、家の造りなどの工夫を取り扱っている提言2は、省いてもよい。この授業案では提言の数が7つにもなっているため、テンポよく進めていかないと50分の時間内に授業を終わることが難しくなる可能性が高いからである。もっとも、逆に提言2の助言③で話し合い活動に時間をかけて、2時間扱いの授業にしてしまう方法もある。その場合には、提言6・7の選択肢付きの発問で話し合い活動を取り入れるなどの工夫をすれば、2時間目も活動のある授業にすることができる。

地理　学習プリント　〈日本の諸地域：15　中部地方：4-1〉

■「豪雪地帯」と呼ばれる北陸の冬は、どんなようすなのか？　また、そんな雪に覆われる冬の生活では、どんな工夫がされているのか？

1：【 中部地方の雨温図 】

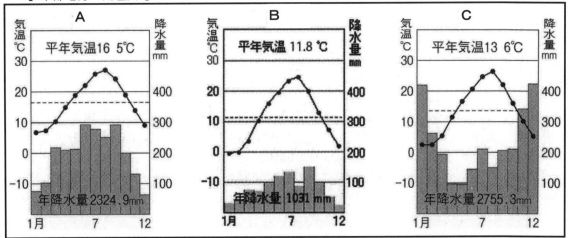

2：【 雪国の春と秋の風景 】　　A：白川郷（ 合掌造 ）の春　　　B：猿飛橋（ 長岡市 ）の秋

3：【 夏場の対策？ 】　　　　A：屋根付き歩道？　　　　　　　　B：小型噴水？

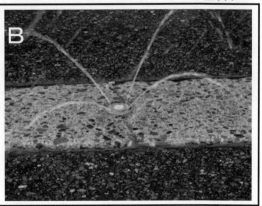

■米どころ新潟県。しかし、かつての新潟では現在ほど美味しい米が作られていたわけではない。

　それは、どうしてなのか？　また、単作地帯では、冬場の産業をどうしてきたのか？

4:【 全国の米の生産 】

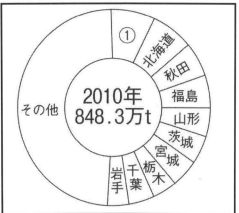

① 北海道　秋田　福島　山形　茨城　宮城　栃木　千葉　岩手

その他

2010年 848.3万t

5:【 銘柄米 】　　　　　　　　　　　どこの米？

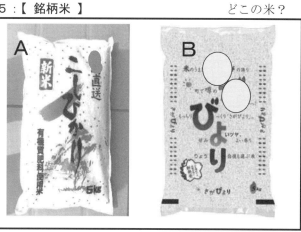

6:【 新潟の米づくり 】

7:【 釘と煙管と洋食器 】　　　　　　　　３つの共通点は何？

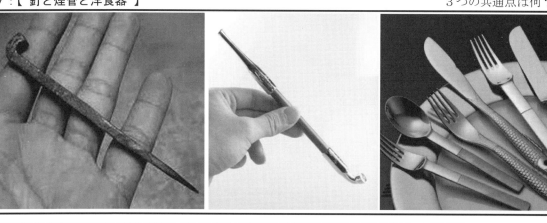

3. 日本の諸地域／全 21 時間

（5）関東地方／全 2 時間

[47] 人が集まる東京で

[48] 関東地方の農業と工業

[47] 人が集まる東京で

> ◎「関東」の名称の由来を導入に、現在の関東各都県の都県庁所在地・県章・写真をつかませる。
> 東京圏への一極集中は都市問題を激化させるほか、地方の衰退にもつながることをつかませる。

---

[1] 関東地方には、どんな都県があるのか?

①・今日から学ぶのは、関東地方。

　　・(関東地方を)なぜ「関東」地方と言うのか?

　　→・・・?

②・関東地方とは、 関 所の 東 側という意味で、もともとは中国にならった呼び方。古代の中国
　　では、都の東に築いた「万里の長城」の端に関所(＝山海関)が設置され、その関所より東側
　　を「関東」と呼んでいた。　　※・戦前の日本の陸軍部隊「関東軍」の名称は、これに由来する。

　　・日本でも律令制の時代、都の東に３つの関所(＝三関)が設置された。そのうち場所がわかってい
　　るのは、 不破関 だ。

　　・では、その「不破関」とは、どこにあるのか?

　　→・・・?

③・それは、1600年に、大きな戦いがあった場所だ。

　　・(「1600年の大きな戦い」とは)、何という戦いだったのか?

　　→関ヶ原の戦い・・・

④・岐阜県の関ヶ原町にあった不破関の東側を、かつては「関東」と呼んでいた。現在よりは範囲
　　が広く、中部地方も含まれ、東国や東日本に近い感じになる。

※・地図帳P99A2で「関ヶ原の戦い跡」「不破関跡」「関ヶ原町」を見つけさせ、そこから東との説明で
　　古代の関東の範囲のイメージは持たせやすい。
　　３つの関により人々の往来も制限されたため、３つの関を結んだ線が、日本の東と西の文化の違いの
　　境界線になっているという説もある。

　　・ところで、「関東」があるということは・・・、「関西」も、ある。

　　・では、この「関西」とは、どの地域をいうのか?

　　→近畿地方・畿内・大阪　奈良　京都・・・

⑤・現在は、近畿地方を関西と呼んでいるが、古代(の日本)には関西という呼び方はなかった。

※・関東とは、都を中心にした呼び方であり、関所の西側は守られるべき都がある内側になるからだ。
　　なお、古代中国には「関中」と「関西」もあったが、採用されなかった。

　　・それでは、「関西」という呼び方は、いつ生まれたのか?

　　→・・・?

⑥・鎌倉幕府が、東国の一部を統治し始めてからだ。源頼朝は鎌倉幕府を「関東方」と呼んだが、
　　それに対応して「関西」という呼び方が生まれたらしい[範囲は曖昧で、近畿地方から九州ま
　　で含むことがあり、西国や西日本に近い]。
　　いずれにしても、東西の国の中心を基にした呼び方であり、「関東」は鎌倉が中心になる。

　　・では、「関西」は(どこが中心だったのか)?

　　→京都・・・

⑦・ただし、現在の日本の中心(＝首都)は、東のどこなのか?

　　⇨ 東京

⑧・明治時代以降、日本の首都は東京に移り、今は関東地方というと、東京を中心とした周りの6県の範囲を指す（江戸時代に「関八州」と呼ばれた関東八ヶ国とほぼ重なる）。

・そこで今回は、関東地方のそれぞれの都県の県庁所在地の都市名と都章や県章と都や県の特徴を表している写真を選んで、【資料：1】を完成させてみよう！

	A	B	C	D	E	F	G
県章							

 ① 水戸黄門像　 ② 草津温泉　 ③ 日光東照宮　 ④ 東京スカイツリー　 ⑤ 東京ディズニーランド　 ⑥ 横浜みなとみらい21　 ⑦ トトロの森の舞台

▷【資料：1】への作業

※・班に挙手発言をさせる（班の挙手→班指名→ア～ケの中で答えられるものを答える）。挙手がなければ、指名発言で順番に班を当て答えさせる。正解であればそのまま、間違った場合には班全員を立たせていく。答えは、県庁所在地名、県章、写真の順番に発言させる。

※・ア＝前橋市（群馬県）・B：群の旧字体「羣」の図案化・②（草津温泉）
　　イ＝宇都宮市（栃木県）・G：栃木の「栃」の漢字の図案化・③（日光東照宮）
　　ウ＝水戸市（茨城県）・A：県花の「バラ」のつぼみの図案化・①（水戸黄門の像）
　　エ＝さいたま市（埼玉県）・C：埼玉の玉を勾玉に見立て円形に図案化・⑦（トトロの森の舞台）
　　オ＝新宿区（東京都）・D：日本の中心であることを図案化・④（東京スカイツリー）
　　カ＝横浜市（神奈川県）・E：「神」の漢字を左右対称に図案化・⑥（横浜みなとみらい）
　　キ＝千葉市（千葉県）・F：「チ」と「ハ」の図案化・⑤（浦安の東京ディズニーランド）
　　茨城県の県章は県名などから推測できず、また東京の都庁所在地は地図帳ではわからないためできれば最後方で答えさせるようにする（なお、都章は都道府県章では最古の歴史を持つが、現在ではTを図案化したシンボルマークが使われることが多い）。
　　県名と県庁所在地名が違う都道府県については、覚えておくように説明をしておく。

※・ここは、班毎にア～ケの空欄を指定して、答えさせるようにしてもよい。

2　千代田区には、どうして住んでいる人が少ないのか？

①・学習プリントの【資料：2】に小学校の入学式の写真が載せてある！

　▷【資料：2】

②・この写真は、広い日本の、どの地域での写真なのか？（大都会？　田舎？）

　→大都会・田舎・・・？

③・これは、大都会・東京の真ん中にある小学校の、30年程前の入学式の写真。

　・東京の小学校にもかかわらず、どうして新入生が3人しかいないのか？

　→子どもが少ない・人がいない・・・？

④・東京都の中心は、23区と言う特別区から成り立っている。

　・その中の、「千代田区」（南部）の人口に関する数字が【資料：3】に載せてある！

　▷【資料：3】

⑤・この【資料：3】から、千代田区についての何がわかるのか？

　→人口が少ない・人が住んでいない・・・

⑥・塩田町の人口と比較しても、明らかに人が少ない！

　▷【 塩田町の地区別の人口表 】

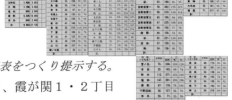

※・塩田町の人口についての説明も簡単におこなう。

　　塩田町の人口については、町のホームページを基に一覧表をつくり提示する。

⑦・（ 千代田区は人口が ）少ないどころか、大手町２丁目、霞が関１・２丁目

　　は、世帯数は０だ。

　・（「世帯数が０」）ということは、人が住んで・・・？

　→いない・・・

⑧・大都会・東京に、どうして人が住んでいないのか。

　・それは、人が（ 住みたくないから ）住まないからなのか？　人が（ 住みたいのに ）住めないか

　　らなのか？

　→（ 人が ）住めないから・住まないから・・・

⑨・「千代田区」とは、東京のどこにあるのか。

　・【資料：４】の「東京23区」の地図の中で、千代田区を赤く塗りなさい！

　▷【 資料：４ 】への色塗り作業

⑩・「千代田区」は、東京23区の中でも、どんな位置にあるのか？

　→だいたい真ん中ぐらい・・・

⑪・そんな東京の中心地とも言える場所にあるのに、どうして人が住んでいないのか？

　→・・・？

3　同じ住所なのに、郵便番号が違っている場所があるのは何故なのか？

①・人が住んでいる場所、つまり「住所」には、郵便番号がつけてある。

　・自分の住所の郵便番号は、当然、知っているね？（ 郵便番号を言ってみて！ ）

　→849-1311・・・

②・同じ住所には、同じ郵便番号がつけてある。ところが、東京には、同じ住所なのに、郵便番号

　　が違う場所がある。

　・さて、それは、どんな場所なのか？

　→・・・？

③・その答えを、東京の土地事情から考えてみる。

　・東京の中心部では、高度経済成長期に人口が集中した結果、何が上がったのか？

　⇨ 地価

④・その「地価」だけど、現在、佐賀県の１㎡の平均は、いくらぐらいだと思う？

　　→・・・

⑤・ ２万9,000円 程だ。

　　特に地価が上がっていた30数年前、東京都の１㎡の平均地価は 241万円 だった。ちなみに、

　　地価が一番高かったのは、中央区銀座５丁目にある（ 筆や御香を売る店 ）鳩居堂だった〈 写

　　真を提示！ 〉。

　・そのとき、鳩居堂の１㎡の地価は、いくらだったと思う？

　→250万円・500万円・・・

⑥・ 2,152万円 。

・地価が高いと、建物は、こうした形になる！

▷【 高層ビルの写真 】

⑦・東京の中心部に建ち並んでいる、この建物は何なのか？

　⇨ 高層ビル

⑧・（ 地価が高いと ）どうして建物は、高層のビルになるのか？

　→・・・

⑨・ビルを高層化すると、床面積は同じでも、土地面積は1/2 → 1/4と狭くできる！

　▷【 床面積の比較の図 】

⑩・でも、どうして土地面積を狭くする必要があるのか？

　→地価が高いから・・・

⑪・「高い」のは地価だけではない。地価が高いと、その土地にかかる「税金」も・・・？

　→高い・高くなる・・・

⑫・こうした東京の土地事情を考えると、「同じ住所なのに、違う郵便番号がある場所」とは、どんな場所なのか？（ そして、その理由は、どんなことなのか？ ）

　→高層ビル（ 高層ビルの場合、階によって郵便番号を変えないと不便だから・・・ ）・・・

⑬・千代田区には、階毎に郵便番号が違っているビルが11ある（ 2021年 ）。

　・それは、どんな理由からなのか（ わかる ）？

　→ビルが高いと階毎の配達が大変だから・・・

⑭・郵便番号は、郵便番号自動読み取り機が、もの凄いスピードで区分けしていく。高層ビルの場合、「住所」は同じでも、そこには階毎にたくさんの会社が入っている。にもかかわらず、「住所が同じ」だからと「同じ郵便番号」にすると、配達するとき、そのビルに着いてから、もう一度、郵便物を区分けしなければならなくなる。そのため高層ビルの場合、住所は同じでも、階毎に郵便番号は変えてある。

※・正確には、「30階以上」の高層ビルで、配達数が「1日＝1,000通以上」の場合、ビルの階毎に（ 末尾2桁で階層を表す ）郵便番号が付られている（ 霞が関ビルの最上階36階なら「100-6036」）。

4　都心での人口は、どうなっているのか？

①・地価の上昇で、ビルが高層化する状況から考えると、千代田区に人口が少ないのは、人が、住まないからなのか、住めないからなのか？

　→住めないから・・・

②・千代田区南部は、官公庁や高層化したオフィスビルが集積して人は住めなくなってきている。そんな土地事情にもかかわらず、千代田区の「ある場所」の周りは、ビルの背が低い。

　・さて、その「ある場所」とは、どこなのか？

　→・・・？

③・その場所の郵便番号は、 〒100－0001 となっている。

　・さて、この郵便番号がつけられている場所は、どこなのか？

　→・・・

④・その場所とは、ここだ！（ ここは、どこ？ ）

　▷【 皇居の写真 】

⑤・「皇居」とは、誰が住んでいる住居なのか？

　　→天皇・・・？

※・助言⑤は、生徒が皇居を知らない場合のみうつ。

⑥・でも、どうして「皇居」の周りだけビルの背が低いのか？

　　（　その理由は？　）

　　→・・・？

⑦・天皇陛下を見下ろすことになり、「失礼になる」との理由（　で、佐藤栄作首相が高層ビルの建設
　　に反対したから　）だと言われている。そのため、皇居の濠端（ほりばた）のビルの高さは、100メートルに制
　　限されている［　後方には、より高いビルが建てられている　］。

　　・それは、当然のことなのか？　おかしなことなのか？

　　→おかしい・当然・・・？

⑧・皇居周りのビルの高さ制限は、法律で定められているわけではない。しかし、美観の保護にもな
　　るため、行政や民間が参加している「まちづくり懇談会」でも合意されている。

　　・千代田区には、日本の中央駅と呼ばれる東京駅があり、官庁街に加えて大企業の本社が集積し
　　ている（　千代田区の面積の12％を皇居が占めている　）ので地価が高く、オフィスビルとして高
　　層ビルが次々に建設されている。

※・バブル期に、都心部で最も早くから恐喝的な地上げ屋（　立ち退かせて土地を買い上げる業者　）の攻勢
　　にさらされたのは神田地域だった。その結果、千代田区の古くからの店舗や住宅が業務用のオフィス
　　ビルに姿を変えた。

　　・オフィスビルが増えたということは、そこに住んで生活をしている人の数も・・・？

　　→減った・少ない・・・

⑨・「住んでいる人は、減って少ない」にもかかわらず、昼間、通りは人でいっぱいだ。

　　・では、どうして昼間は、人口が多いのか？

　　→千代田区に多くの人が働きに来ている・他所から働きに来ている・・・

⑩・では、（　千代田区では、昼間　）どれくらいの人が活動している［　働いている　］のか？

　　→・・・

⑪・2000年の調査では、千代田区の夜間の人口は、| 3万6,035人 |。

　　・昼間の人口は、何人なのか？| 1 |・| 2 |・| 5 |・| 5 |・| 7 |・| 8 |の6つの数字を並び替えると答えにな
　　る（　この6つの数字を並び替えて、答えを出そう　）！

　　→855,172人（　85万5,172人　）　※・黒板に貼った数字のカードを生徒に並び替えさせる。

⑫・昼間の人口は、夜間の「23倍以上」にもなる。千代田区の周りに住んでいる、それだけ多くの
　　人が、昼間は働きに来ているからだ。つまり、千代田区は、地価が高いため住んでいる人は少
　　ないが、その周りにはたくさんの人が住んでいる。

　　・このように、「中心部での人口は減り、その周辺部での人口が増える現象」を何と言うのか？

　　→| 人口のドーナツ化現象 |

| 5　人口のドーナツ化現象は、どうなっているのか？ |

①・近年、ドーナツ化現象は、大きくなっているのか？　そのままなのか？　小さくなっているの
　　か？

　　→大きくなっている・そのまま・・・

②・このグラフを見ると、答えがわかる！

　▷【 東京都心３区の人口推移の拡大コピー 】

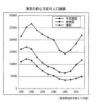

③・一度、落ち込んだ人口推移は、現在、どうなっている？

　→増えてきている・・・

④・2000年から2005年の全国の人口増加率で見ると、千代田区は11位。

　　つまり、人口はかなり増えている（ 都心部のドーナツ化現象は解消している ）。ちなみに、全国１位は、東京都中央区だ［ 港区も９位に入っている ］。

　・このように、都心部に「人口が戻ってきている現象」を（ ドーナツ化に対して ）、何と言うのか？

　　| Ａ：ハンバーガー化　Ｂ：アンパン化　Ｃ：たこ焼化　Ｄ：たい焼き化　Ｅ：おにぎり化 |

※・１つひとつ、挙手により人数を確認する。

⑤・ドーナツと違って、真ん中が詰まっているので、「アンパン化現象」と言うらしい。

　・でも、何故いま、都心部で人口が増えているのか？

　→・・・？

⑥・都心に人が住めなかった原因は何だったのか？（ 何が高過ぎたのか？ ）

　→地価が高過ぎる・・・

⑦・つまり、「人が住めるようになった」ということは、現在は、地価が・・・？（ どうなっているのか？ ）

　→安くなっている・・・

⑧・1991年のバブル経済の崩壊以降、地価は下落している。その結果、高層ビルも地代が安くなっている。そのため、それほど高額でない高層分譲（ あるいは賃貸 ）マンションを建てれば、そこに人が住むことも可能になってきた。

　・でも、その高層マンションを建てる「土地」が、都心にたくさんあるのか？（ ないのか？ ）

　→ない・ある・・・

⑨・これも、バブル経済の崩壊が関係している。企業が、借金返済のために駐車場や倉庫などを放出し、その土地が高層マンションなどの敷地になっている［ 更に、耐震技術の向上も高層マンション建設を促している ］。そのため、人が住むようになった。

※・「アンパン化現象」というのは、主に「都心に建てられた高層マンションに移り住む人が増えた」という話で、その後、この言葉はほとんど使われなくなった。

| 6　東京一極集中は何をもたらすか |

①・都心部にオフィスなどが増えていく動きは、その後も続いている。企業が集積すると、人やモノの移動コストなどが削減できるからだ。

　　この動きが続くと、やがて都心部を中心とする東京圏（ 広くは、東京・神奈川・千葉・埼玉 ）に、人・モノ・カネ・情報などが集中する現象が生まれた。

　・この現象を何と言うのか（ 知っている ）？

　→・・・？

②・| 東京一極集中 |と呼ばれている。

　・それにしても、日本の各地から東京に人が集まるのは、どんな理由からなのか？

　→日本の中心だから・大都会だから・憧れるから・・・

③ ・地方から東京23区に転入してくる人の半数は、20代の若者。その人たちが、今度は全国各地に転出すると、その知恵や経験を全国に広げることになる。若者が東京に転入し転出することには、こうした効果がある。この効果を、東京の ポンプ機能 と呼ぶ人もいる。

　ところが、最近は青年期に東京に転入したまま転出しない人が増えている。つまり、東京のポンプ機能は、失われてきている。

・でもそれは、どんな理由からなのか？

→地方には仕事が少ない・都会の生活が便利・・・

④ ・「東京一極集中」の流れができると、企業は東京で仕事をすることが増え、本社や業務機能を東京に移すようになった。その結果、企業の地方への設備投資が減少して、地方でできる仕事が減ってしまったことが大きい。東京一極集中は、 地方の衰退 を招くことにもなっている。

・では、「東京一極集中が続くことで、東京にとっての問題はないのか」というと、やはり、いろいろな問題が発生している。

・例えば、どんな問題が出てきているのか？

⇨ 交通渋滞や通勤ラッシュ ・ ゴミ問題

⑤ ・さらに、 住宅環境の悪化 ・ 子育て環境の悪化による少子化 ・ ヒートアイランド現象 ・ 災害リスクの増大 などの問題がある。

・こうした問題をまとめて、何（ 問題 ）というのか？

→ 都市問題

<参考文献>
「関東地方の自然」「首都・東京」羽田純一監修『まるごと社会科　中学地理（下）』喜楽研
河原和之「過密都市は今」『100万人が受けたい「中学地理」ウソ・ホント？』明治図書
『日本の地理7　東京』あゆみ出版

<板書例>

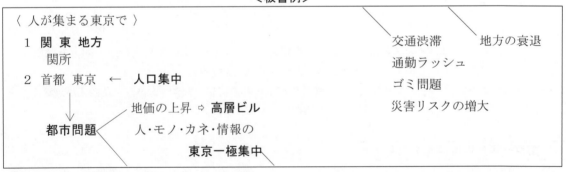

❖授業案〈 人が集まる東京で 〉について

　授業案には書いていないが、東京の人口の多さは、地元の塩田町の人口との比較で説明している。もっとも、嬉野市全体でも２万５千人程の人口であるため、どこと比較しても生徒は驚くのだが・・・。

　そんな東京の小学校の入学式に、新入生が３人とは驚きである（ 資料の写真は30年以上前のものなので、千代田区と塩田町の人口については、その後の資料を提示している ）。この数字は意外性があり、生徒の興味を引くことができる。郵便番号についても同じで、「同じ場所なのに郵便番号が違う」ことなども、生徒の住む塩田町では考えられない。「東京」といえば、人口が多く大都会で、華やかなイメージを持ちがちだが、地元とは違った問題が生まれることをつかむところからはじめる授業である。

地理 学習プリント〈日本の諸地域：16 関東地方：1-1〉

■日本の首都：東京のある関東地方。日本一広い関東平野が広がる関東地方。日本の中心地であり、
　山地が少なく平野が広いため、都市が広がる関東地方は、どんな特徴があるのか？

1：【 関東地方の各県 】

	県庁所在地の都市	県章	写真
ア	前橋市	B	②
イ	宇都宮市	G	③
ウ	水戸市	A	①
エ	さいたま市	C	⑦
オ	新宿区	D	④
カ	横浜市	E	⑥
キ	千葉市	F	⑤

（例）水戸市
甲府市
山梨県

① 水戸黄門像

② 草津温泉

③ 日光東照宮

④ 〇〇スカイツリー

⑤ 〇〇ディズニーランド

⑥ 〇〇みなとみらい21

⑦ トトロの森の舞台

	A	B	C	D	E	F	G
県章							

地理 学習プリント 〈日本の諸地域:16 関東地方:1-2〉

■日本の中心:東京! 東京にはたくさんの人が集まってくる。しかし、そのためにいろいろな問題が出てくる。その中でも深刻な人口の過密の問題やゴミ問題について考えてみよう!

2:【 入学式 】　↓新入生は(　3　)人 - 1988 年 -

3:【東京都千代田区町丁別世帯数及び人口】2015年1月

地 域	世帯	人 口		
（町丁別）	数	総数	男	女
丸の内一丁目	2	3	1	2
丸の内二丁目	1	1	0	1
丸の内三丁目	2	2	2	0
大手町一丁目	1	1	1	0
大手町二丁目	0	0	0	0
内幸町一丁目	3	4	3	1
内幸町二丁目	1	1	1	0
有楽町一丁目	15	20	10	10
有楽町二丁目	1	1	1	0
霞が関一丁目	0	0	0	0
霞が関二丁目	0	0	0	0
霞が関三丁目	3	3	2	1

⇧丸の内・大手町・霞が関での世帯数

人口の特徴は何なのか?

4:【 東京都心部 】

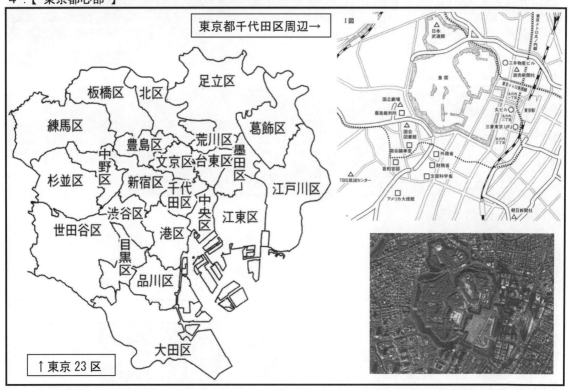

東京都千代田区周辺→

↑東京 23 区

[48] 関東地方の農業と工業

◎関東地方の農業は、大消費地東京を近くに持つ近郊農業であること、また、関東平野の成り立ちを基に畑作が中心であることをつかませる。工業については、京浜工業地帯と北関東工業地域のそれぞれの特徴を紹介し、今後どんな問題があるのか考えさせる。

1　関東地方では、どんな農業がおこなわれているのか？

①・関東地方の農業と工業のうち、はじめに「農業」についてみていく。

　　関東地方には、日本で最も広い平野がある。

　・それは、何平野なのか？

　　関東平野

②・その日本一広い関東平野では、何の生産が盛んなのか？

　　野菜

③・【資料：1】に載せてある農産物のグラフで、関東地方にある県を緑色で塗りなさい！

　　▷【 資料：1 】への色塗り作業

A：キャベツ（2009 年）　全国計 138.5

群馬17.4%	愛知17	千葉9.4	茨城6.8	神奈川	長野4.3				その他26.6

鹿児島3.3　熊本2.6
北海道4.1　兵庫2.5

B：キュウリ（2009 年）　全国計 263

宮崎10.5%	群馬9.5	福島8.7	埼玉8.5	千葉5.4	茨城5	高知4.2			その他40.9

岩手2.6
宮城2.8　山形2.6

C：ニワトリ（2009 年）　全国計 1億 7821

茨城7.1%	千葉7	愛知5.6	鹿児島5.4	広島4.9	岡山4.7	北海道3.8	新潟3.7		その他49.9

香川3.7　群馬3.7

※・関東地方合計
A：キャベツ
（合計：39.6%）
B：キュウリ
（合計：28.4%）
C：ニワトリ
（合計：17.8%）

④・つまり、関東平野では、具体的には、どんな農産物の生産が多いのか？

　　→キャベツ・キュウリ・ニワトリ　※・資料はやや古いが、その後もほとんど変化していない。

⑤・関東地方で、野菜の栽培や畜産が多いのは、近くに「大きな消費地」があるからだ。

　・では、その大消費地とは、どこなのか？

　　→東京

⑥・関東平野のように、消費地に近い地域で、野菜の生産や畜産をおこなう農業を何というのか？

　　近郊農業

⑦・【資料：2】には、その東京への野菜の出荷量のグラフが載せてある。

　・一番のＸに当てはまるのは、何県なのか？

X13.8%	茨城13.5	北海道12.6	群馬	長野6.3	千葉4.6			その他27.8

青森3.9　神奈川3.8
埼玉3.9　栃木2.3

　　→千葉県・・・

⑧・【資料：2】のグラフで、関東地方の県を緑色で塗りなさい！

　　▷【 資料：2 】への作業

⑨・関東地方の県を合計すると、何％になるのか？

　　→44.6%

⑩・つまり、東京に持ち込まれる野菜の半分近くは関東地方からであり、関東平野では、近郊農業がおこなわれていることがわかる。

・具体的には、【資料：３】のグラフから、東京に入荷するピーマンが、どこの県からのものなのかがわかる！

▷【 資料：３ 】

⑪・東京へ入荷するピーマンは、「茨城県」からが多い。

・その茨城県からの入荷量が少ない季節には、どこの県からの入荷が多くなっているのか？

　→宮崎県

⑫・宮崎県から入荷するピーマンが多いのは、宮崎県では、野菜の何がおこなわれているからだったのか？

　→促成栽培・・・

⑬・促成栽培は、高知県でもおこなわれていた。それは、「長距離輸送」や「保存技術」の発達により、遠くまで運べるようになったからでもあった。

・とは言っても、やはり野菜などが売れるためには、何が重視されるのか？

　⇨ 新鮮さ

⑭・そのため、大消費地・東京のある関東地方では、近郊農業として野菜や鶏卵の生産が多い。ただし、関東地方には「広い平野があり」「大きな川もある」。そのため、野菜作りより「米作り」に適しているようにも思える。

・関東平野を流れる、その大きな川とは、何川なのか？

　⇨ 利根川

⑮・実際に利根川流域の「水郷地帯」は、日本有数の水田地帯になっている（ 2019年茨城県の収穫量は全国７位。千葉県は９位 ）。

しかし、関東平野全体として見ると、米作りは、それほど盛んではない。

・それは、何故なのか？

　→・・・？

⑯・実は、関東平野の北部や西部は、地形的に「米作りに向いている」とは言えないからだ。

・でも、日本一広い平野なのに、なぜ「米づくりに向いていない」のか？

　→・・・？

⑰・「関東平野は日本一広い平野だ」と言ったが、真っ平らな地形ではなく、利根川などが運んだ土砂によってつくられた低地と、火山灰が積もってできた台地の２つからできている。

| ２ | 関東平野は周りを(火)山に囲まれているため、どんな特徴があるのか？ |

①・関東平野(の北部や西部)は、火山灰が積もってできた、何に覆われた台地なのか？

　⇨ 関東ローム

※・「関東ローム」の「ローム」とは、粘土のこと。

②・でも、どこに「火山」があるのか？

　→・・・？

③・地図帳Ｐ105〜106を開いて、火山を見つけて、○で囲みなさい！

▷【 地図帳Ｐ105〜106 】

※・少なくとも、④：富士山　⑤：八ケ岳　⑦：浅間山　⑪：赤城山などは見つけさせる。

④・いくつの「火山」があった？

　→・・・

※・全ての火山を探すのは不可能なため、答えは【資料：4】に書いてあることを説明する。

⑤・周りを火山に囲まれた関東平野には、風によって運ばれた「火山灰」が台地上に積もっている。
　　そのため、台地では「稲作」より「畑作」の方が向いている。

※・関東ロームは、粘土の他に砂（礫）を多く含むため、基本的に水はけが良く、水田づくりは難しい。
　　そのため、関東平野の北部と西部の台地では畑作がおこなわれている。なお、関東ロームの「水は
　　け」の程度は、地域によって異なる。

　・火山灰を運んだ風の１つは、偏西風（富士山の火山灰を関東平野に運んだ西風）。もう１つは、
　　北西から火山灰を運ぶ風がある。この風は、昔から人々の生活にも影響を与えてきた。

　・たとえば、【資料：5】の東京都の火災発生の表を見てみよう！

▷【資料：5】

出火月	1月	2月	3月	4月	5月	6月	7月	8月	9月	10月	11月	12月	合計
住宅火災件数	180	185	167	180	141	120	130	142	135	141	164	184	1869

⑥・【資料：5】の表から、東京都で火事の発生件数が180件を超えている（つまり、火事が多い）
　　季節は、いつだとわかるのか？

　→冬・春

⑦・冬に火事が多い理由は、何なのか？

　→火を多く使うから・・・

⑧・たしかに、冬は出火原因となるストーブなどを使用する。さらに火事の原因を、【資料：6】を
　　基に、自然条件から考えてみよう！

▷【資料：6】

	1月	2月	3月	4月	5月	6月	7月	8月	9月	10月	11月	12月
平均気温	5.2	5.7	8.7	13.9	18.2	21.4	25.0	26.4	22.8	17.5	12.1	7.6
降水量(mm)	52.3	56.1	117.5	124.5	137.8	167.7	153.5	168.2	209.9	197.8	92.5	51.0

⑨・【資料：6】の表から、東京都の気候の特色は、どんなことだと言えばいいのか？

　→夏に気温が高く降水量が多い・・・

⑩・「夏に降水量が多い」とは、逆に言えば、冬に降水量が・・・？

　→少ない・・・

⑪・「冬に降水量が少ない」と言うことは、「冬は乾燥している」ことでもある。

　・冬は「乾燥している」ため、何が発生しやすくなるのか？

　→火事・・・

⑫・こうして起きた冬の火事は、関東地方では大火事になることが多い。

　・それは、なぜなのか？

　→ からっ風 が吹いてくる・・・

⑬・冬には、 空っ風 とか 乾っ風 とも書かれるような、とても乾燥した季節風（北西風）が吹い
　　てくるからだ。

　・でもどうして、関東平野に吹く「冬の季節風」は、乾燥しているのか？

　→冬の北西風は、日本海側に雪を降らせてくるため・・・※右図を使って説明する。

※・最後に、「火事と喧嘩は江戸の華」と言われたほど、江戸で火事が多かったことと、中部地方の地場
　　産業として燕で「和釘づくり」が盛んだったことの関連を説明してもよい。
　　なお、4月に火災件数が多くなるのは、春先に強い南風（春一番）が吹くため。

3 京浜工業地帯の特徴は、何なのか?

① ・次に、工業についてみていこう。

・東京都と神奈川県(さらには千葉県北西部と埼玉県南部)に広がる日本有数の工業地帯を何というのか?

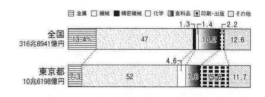

⇨ 京浜工業地帯

② ・どうして「京浜」というのか?

→東「京」と横「浜」に広がるから・・・

※ ・京浜工業地帯は、東京湾西岸を埋め立てた工業用地に製鉄所や発電所を建設するところから始まった。かつてはその湾岸地帯を指したが、今では千葉県北西部や埼玉県南部にまで範囲は広がっている。

③ ・その京浜工業地帯には、戦後、どんな工場が次々と建設されたのか?

⇨ 化学、鉄鋼、機械、自動車など

④ ・その中でも、特に生産が多いのは、どれなのか。

・【資料:8】のグラフを見ると・・・?

→機械・鉄鋼・出版・印刷・・・

⑤ ・全国と比較して、特に多いのは、何なのか?

⇨ 出版・印刷業

⑥ ・東京には、大きな出版社が多い。

・「出版社」といえば、どんな会社を知っている?

→小学館・集英社・講談社・・・?

⑦ ・次の出版社は、どこだかわかる?

▷【 出版社(小学館・集英社・講談社)の写真 】

⑧ ・これは、写真の出版社が出している「雑誌の創刊号」だ!

▷【 雑誌(少年サンデー・ジャンプ・マガジン)の表紙の写真 】

※ ・はじめに、それぞれの雑誌の「創刊号」の拡大コピーを提示し、何という雑誌の創刊号なのかを答えさせる。その後、現在の雑誌(の写真)を提示して答えさせる。

⑨ ・これで、何という出版社なのか、わかった?

→小学館・集英社・講談社

⑩ ・こうした雑誌社以外には、東京には朝日新聞社とか読売新聞社などの新聞社もある。

▷【 新聞社(朝日新聞・読売新聞)の写真 】

⑪ ・また、テレビドラマの「下町ロケット」でも有名になったが、大田区から川崎市にかけての地域には高度な技術を持った何が多いのか?

⇨ 中小企業

※ ・「下町ロケット」では架空の中小企業「佃製作所」だが、場所の設定は大田区になっている。

4 関東地方では、どんな工業がおこなわれているのか?

① ・この京浜工業地帯は、現在、どのようになっているのか。

・1960年～2008年にかけての変化が、【資料:7】の3つのグラフを比較するとわかる!

▷【 資料:7 】

② ・京浜工業地帯の出荷額は、次第にどうなっているのか?

→下がってきている・・・

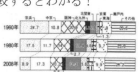

③・京浜工業地帯は減っているが、関東地方全体で見ると、増えている工業地域もある。それは近年、高層ビルなどを建設するために都心部の工場が閉鎖され、工場は東京から比較的近い地域に移転することが多くなったからでもある。

　　・でもそれは、どこの地域なのか？

　　⇨ 北関東

④・その北関東の地域にできた工業地域を、何というのか？

　　⇨ 北関東工業地域

⑤・「なぜ北関東に工場が移転したのか」というと、この北関東は、もともと工業が発達していた地域でもあったからだ。

　　・では（ 北関東では ）、もともとは何工業が盛んだったのか？

　　⇨ 繊維工業

⑥・北関東で「繊維工業」が盛んになったきっかけは、これだった！

　　▷【 富岡製糸場の拡大コピー 】

⑦・これは、何と呼ばれる工場なのか？

　　→ 富岡製糸場

⑧・では、「現在も、北関東工業地域では繊維工業が盛んなのか」というと、（ 安価な外国製品の流入もあって ）伝統的な結城紬などを含めても出荷額は多くない。

　　・では、現在、北関東工業地域では、何工業が盛んなのか？

　　⇨ 機械工業

※・戦前、空襲を避けるために北関東に軍需工場（ 宇都宮市の採石場の地下飛行機工場＝中島飛行機＝現 SUBARU など ）が設置されていたことも、戦後の機械工業隆盛の背景にある。

5　関東地方では、どんな工業がおこなわれているのか？

①・「機械工業」が盛んなのは、京浜工業地帯と同じだ（ もっとも、工場が移転してきているのだから、当然と言えば当然のことではある ）。高速道路が整備され、製品を短時間で東京や成田空港に運ぶことができるようになったことも北関東に工場が増えた理由だ。

　　・工場が増えるとともに増えるものがある。それは・・・、工場で働く「労働者」だ。しかし、北関東工業地域では、工場が急激に増えたため、日本人だけでは労働者が足りなくなった。

　　・そこで、どんな人が働くようになったのか？

　　⇨ 日系人　　※・日系人とは、外国に移住して外国籍や永住権を取得した日本人とその子孫のこと。

②・つまり、日系の外国人労働者が働いている。

　　・【資料：9】を見ると、日本における外国人労働者の数は、どうなってきていることがわかるのか？

　　→増えている・・・

③・【資料：10】の円グラフで、関東地方にある県を赤で塗りつぶしなさい！

　　▷【 資料：10 】への色塗り作業

④・東京・神奈川・埼玉・千葉・茨城を合計すると、何％になるのか？

　　→41.3％

⑤・つまり、【資料：9】と【資料：10】の2つのグラフからは外国人労働者が年々増加していて、その「半数近くは関東地方で働いている」ことがわかる。

・さらに、【資料：11】を見ると、（ その外国人労働者は ）どんな仕事をしている
　ことがわかるのか？

→製造業（ 39.9% ）

⑥・でも、どうして企業は、外国人労働者をたくさん雇っているのか？

→安い賃金で、非正規雇用で雇えるから・・・

⑦・そうしてたくさんの外国人が、労働者として日本で生活をするようになっている。そのため、
　共に生活をしていく上で、お互いが考えておかなければならないことも出てきた。

・それには、どんなことがあるのか？

→お互いを理解する・互いに尊重する・・・

⑧・今後、さらに「国際化」が進むと、そうしたことが、ますます大切になってくる。実際、塩田
　町やお隣の鹿島市や武雄市でもアジアを中心とした外国の労働者の人が増えてきているため、
　接する機会も多くなってきた。

<参考文献>

「関東地方の工業」羽田純一監修『まるごと社会科　中学・地理(下)』喜楽研

<板書例>

〈 関東地方の農業と工業 〉

1　関東平野
　　　┃→　近郊農業
　　関東ローム（ 火山灰 ）

2　京浜工業地帯
　　┌機械　　　　　　中小企業
　　└出版・印刷

3　北関東工業地域
　　　繊維　→　機械
　　　外国人労働者（ 日系人など ）

❖授業案〈 関東地方の農業と工業 〉について

　この授業案では、前半を関東地方の農業について、後半を工業について取り扱っている。前半の農
業については、「関東ローム」と「からっ風」という自然条件と首都圏という位置条件から、その特徴
をつかませようとしている。ただし、近郊農業については、農業に取り組む人たちを具体的に取り上
げるのではなく、グラフの読み取りを中心におこなっているに過ぎない。それは、工業についても言
えることであり、グラフの読み取りからは単に数字がわかるだけである。そこで、少しでも生徒の興
味を引くような内容として、関東ロームの成り立ちや火事の多さなどからからっ風の話を取り入れて
いる。

　工業では、出版社や出版されている雑誌など、生徒の興味を引きそうな内容を取り入れている。最
後は外国人労働者が多くなっていることをもとに、国際化について投げかけるような形で終わってい
るが、この点は今後深めていくようにもできるのではないかと考えている。そのため、補足資料を掲
げておく。

地理　学習プリント 〈日本の諸地域：17 関東地方：2-1〉

■関東地方では、どんな農業が盛んなのか？　キャベツやキュウリなどの野菜作りでは、どんな有
　利な条件があるのか？　野菜作りは宮崎や高知でも盛んにおこなわれているが、何が違うのか？

1：【 野菜・ニワトリ（ 採卵鶏 ）の県別生産高 】　　　「関東地方の県」を赤で塗りつぶしなさい

A：キャベツ (2009)　　　全国計 138.5 万トン　　　　　　　　鹿児島3.3 ┐　┌ 熊本2.6
　　　　　　　　　　　　　　　　　　　　　　　　北海道4.1 ┐│　│┌ 兵庫2.5

群馬17.4%	愛知17	千葉9.4	茨城6.8	神奈川6	長野4.3				その他26.6

B：キュウリ (2009)　　　全国計 263 万トン　　　　岩手2.6 ┐
　　　　　　　　　　　　　　　　　宮城2.8 ┐　┌ 山形2.6

宮崎10.5%	群馬9.5	福島8.7	埼玉8.5	千葉5.4	茨城5	高知4.2			その他40.9

C：ニワトリ (2009)　　　全国計 1 億 7821 羽
　　　　　　　　　　　　　　香川3.7 ┐　┌ 群馬3.7

茨城7.1%	千葉7	愛知5.6	鹿児島5.4	広島4.9	岡山4.7	北海道4.3	新潟3.7		その他49.9

2：【 東京都中央卸売市場の野菜の県別入荷割合 】　　　「Ｘ県」とは、どこなのか？

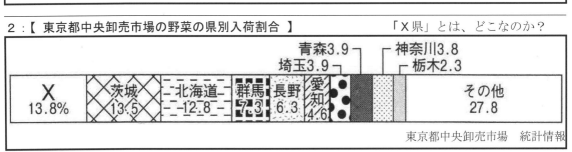

青森3.9 ┐　┌ 神奈川3.8
埼玉3.9 ┐│　│┌ 栃木2.3

X 13.8%	茨城13.5	北海道12.8	群馬7.3	長野6.3	愛知4.6			その他27.8

東京都中央卸売市場　統計情報

3：【 東京へ出荷されるピーマンの量と価格 】　　　　　　　　　　2010年

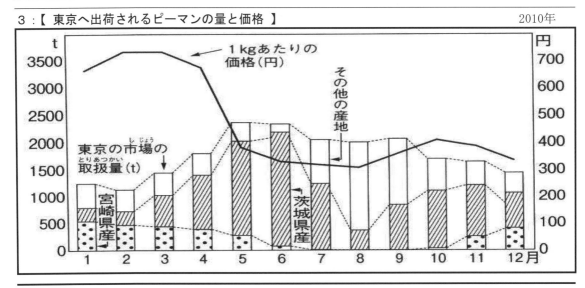

- 125 -

■関東地方には、日本一広い関東平野がある。この関東平野の農業では、何を作っているのか？
　どんな地形的な特徴があるのか？　大都市東京に近い条件を、どのように活かしているのか？

4 :【 関東平野周辺の山 】

⑲（ 三本槍岳 ）
⑱（ 那須岳 ）
（ 茶臼岳 ）
⑭（ 燧ヶ岳 ）　⑰（ 高原山 ）
（ 武尊山 ）⑬
（ 白根山 ）⑫　⑯（ 女峰山 ）
⑮　（ 男体山 ）
⑩（ 本白根山 ）　⑪（ 赤城山 ）
⑧（ 烏帽子岳 ）⑨（ 榛名山 ）
⑦（ 浅間山 ）
⑥（ 蓼科山 ）
⑤（ 八ヶ岳 ）
（ 赤岳 ）
④（ 富士山 ）
③（ 宝永山 ）
（ 愛鷹山 ）②　①（ 箱根山 ）
（ 越前岳 ）

5 :【 東京都の月別火災出火件数 】

出火月	1月	2月	3月	4月	5月	6月	7月	8月	9月	10月	11月	12月	合計
住宅火災件数	180	185	167	180	141	120	130	142	135	141	164	184	1869

6 :【 東京都の気候 】

	1月	2月	3月	4月	5月	6月	7月	8月	9月	10月	11月	12月
平均気温	5.2	5.7	8.7	13.9	18.2	21.4	25.0	26.4	22.8	17.5	12.1	7.6
降水量(mm)	52.3	56.1	117.5	124.5	137.8	167.7	153.5	168.2	209.9	197.8	92.5	51.0

地理 学習プリント 〈日本の諸地域：17 関東地方 ： 2-3〉

■関東地方の工業の特色には、どんなことがあるのか？ 京浜工業地帯では、どのような変化が
あるのか？ また、外国人労働者が増えてきているのには、どんな事情があるのだろうか？

7 :【 主な工業地帯(地域)の生産額割合 】京浜工業地帯の出荷額は、どんな変化をしているのか？

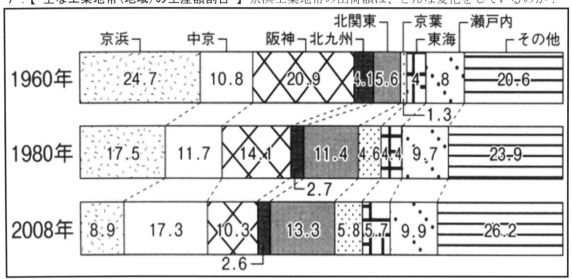

8 :【 東京都の工業製品出荷額割合 】

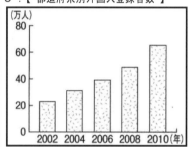

9 :【 都道府県別外国人登録者数 】

10 :【 外国人労働者数の推移 】

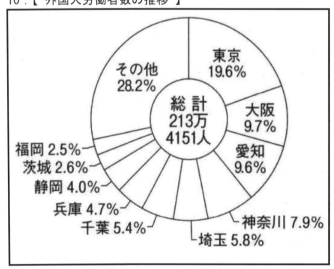

11 :【 外国人労働者の職種 】

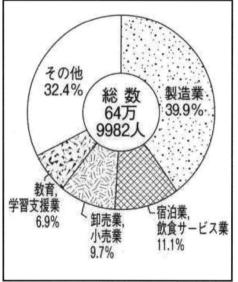

(資料 : 9・10・11は『日本国勢図会』による)

補足資料：【 群馬県大泉町のブラジル人学校 】

　群馬県大泉町は、人口に占めるブラジル人の割合が全国１位のブラジルタウンとして知られている。1990年、日系人に就労の門戸が開かれ、人材派遣会社が活動をはじめるようになると、来日するブラジル人の数が急増した。大泉町でブラジル人学校「日伯学園」の開設に尽力した高野祥子さんは次のように語る——

　ブラジル人の子どもが大泉町に来始めるのは1995年ごろで、それまではみなさん単身で、２〜３年間の「デカセギ」のつもりで働いていました。ところが、日本はブラジルよりも賃金は高い上、治安も良いので、いったんブラジルに戻り家族を連れてくるようになりました。大泉町に子どもたちの問題が出始めるのは、それからです。

　1991年から群馬県警で通訳をしていますが、ブラジル人の子どもたちによる犯罪が多かったのは事実です。ただ、凶悪犯罪はなく、窃盗が一番多かったです。日系人がブラジルで犯罪者になることはほとんどありません。ブラジルでは何も問題がないのに、日本へ来ると犯罪に走ってしまう。その原因は、やはり言葉の問題でした。窃盗容疑で逮捕されたある少年の通訳をしたとき、「俺、日本語分かるから通訳いらねえ」と言うんです。ところが、会話がかみ合っていないのです。少年が日本語を理解していないようなので、勝手に通訳して説明したら、少年はそのポルトガル語も理解できません。日本語もポルトガル語も、どちらも中途半端なまま育っていたのです。

　日本の学校や社会生活で差別されることの多いブラジル人の子どもにとって、ブラジル人学校は「自分とは何か」という問いを共有する場なのです。でも、母語が確立しないと思考力が伸びませんので、まずはポルトガル語を徹底的に鍛えます。その上で、日本語教育に力を入れています。

　2000年から始めたのが、日本の高校に通うブラジル人たちが、日伯学園の小学生に日本語を教えるクラス「先輩から学ぶ日本語」です。これは、小学生よりも高校生に刺激を与えました。人に教えるということは、まず何よりも自分が理解しないといけませんから。高校生たちは小学生から「先生、先生」と言われることで責任感が生まれ、自分たちが真剣に勉強するようになったのです。

　「両親が工場で働いていたから、自分も高校を出て工場で働くものだと思っていたけれど、子どもたちに先生と呼ばれて刺激を受けた。大学を出て、この子たちに何かしたいと思うようになった」と話す男子生徒もいました。

　最近ですが、日本の大学が変わってきたと感じています。これまでは、私たちが大学を訪問し生徒を進学させてほしいと頼んでも、「国内のブラジル人学校の生徒を受け入れる制度はない」と断られていましたが、2017年以降、大学側から日伯学園に来て「生徒をうちの大学に入れて下さい」と声を掛けてくるようになりました。子どもたちの「秀でた能力」として、ポルトガル語が認められるようになったのはとてもうれしいことです。

　ポルトガル語が理解できて、初めてブラジルの文化が分かります。自分の文化に誇りを持って、多様な日本社会を作っていってほしい、日本とブラジル両国に足場を築いて世界に羽ばたいていってもらいたい、そんな人材を育てるのが夢です。

　残念ながら、日本社会にはいじめや差別は多くあります。先月も公民館で太鼓の稽古をしていたら、「なんでおれたちの税金で建てた公民館を『ガイジン』に貸しているんだ」と悪態をつく男性に出会いました。それはもう仕方のないことかもしれません。日本人同士でも、大人の社会でもパワハラやいじめは蔓延しています。

　ただ、そうした差別やいじめにあったときに、強く立ち向かっていけるかどうか。ポルトガル語と日本語の両方ができ、自分に自信を持てれば、そういった場面でも乗り越えられるはずです。

　私が子どもたちに「あなたたちは、ポルトガル語と日本語両方ができて一人前になるの」と口を酸っぱくしていうのはそのためです。子どもたちには、堂々と自分の人生を歩んで欲しい。自信を持って生きていくためのツールが、ポルトガル語と日本語という二つの言葉なのです。

（ 平野雄吾「『日本語も母語も中途半端』そんな子どもたちのために。大泉の『ブラジル人学校』23年間の軌跡」
『ウェブマガジン・ニッポン複雑紀行』2019年５月９日より ）

3. 日本の諸地域／全21時間

（6）東北地方／全2時間

[49] 東北地方のリアス海岸
[50] 東北地方のリンゴと米

[49] 東北地方のリアス海岸

◎ 「東北」の名称の由来を導入に、現在の東北各県の県庁所在地・県章・写真を考えさせる。三陸
海岸の地形的な特色を基に、気仙沼の養殖漁業、東日本大震災での被害について考えさせる。

1 東北地方には、どんな県があるのか?

① ・東北地方は、都から遠く離れていたため、(何や)何と呼ばれていたのか?

▷ みちのく や 奥州

② ・ みちのく は、「みちのおく」が訛った言葉で、「みち」とは、古代の律令制で定められた行政
区画「五畿七道」の「道」のこと(具体的には「東山道の奥」という意味になる)。
その後、 陸奥国 と 出羽国 が設置されると、1文字ずつ取って、「みちのく」は 奥羽 と呼
ばれた。(鎌倉時代以降)東北地方を 奥州 と呼ぶこともあるが、元々は奥州とは陸奥国のこ
と(出羽国は羽州)。そんな昔の名称は、東北地方の中央部を走る山脈に残されている。

・それは、何という山脈なのか?

▷ 奥羽山脈

③ ・「東北」という呼び方は比較的新しく、江戸時代の末期に、東日本を指す言葉として使われた。
そして、明治時代に 西南 諸藩中心の藩閥政治に対抗する形で、奥羽地域で自由民権運動が活
発になると、民間で「東北」という呼び方が広がった(この呼称は、日本の地方区分の中で唯
一民間から生まれた)。そんな東北地方には、6つの県がある。

・そこで、それぞれの県の県庁所在地の都市名と県章・県の特徴を表している写真を選び、【資料
：1】を完成させなさい

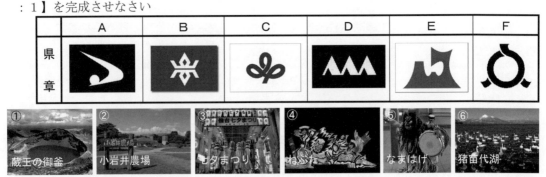

	A	B	C	D	E	F
県章						

① 蔵王の御釜　② 小岩井農場　③ 七夕まつり　④ ねぶた　⑤ なまはげ　⑥ 猪苗代湖

▷ 【 資料：1 】の記入作業

※ ・班に挙手発言をさせる(班の挙手→班指名→ア〜ケの中で答えられるものを答える)。挙手がなけ
れば、指名発言で順番に班を当て答えさせる。正解であればそのまま、間違った場合には班全員を
立たせていく。答えは、県庁所在地名、県章、写真の順番に発言させる。

※ ・ア＝青森市(青森県)・E：青森県の形の図案化・④(ねぶた祭)
イ＝秋田市(秋田県)・A：秋田の「ア」の文字の図案化・⑤(なまはげ)
ウ＝盛岡市(岩手県)・B：岩手の「岩」の漢字の図案化・②(小岩井牧場)
エ＝山形市(山形県)・D：山形の「山」と最上川を表現・①(蔵王の御釜)
オ＝仙台市(宮城県)・C：宮城の「み」の文字の図案化・③(仙台の七夕祭)
カ＝福島市(福島県)・F：福島の「ふ」の文字の図案化・⑥(猪苗代湖)
県名と県庁所在地名が違う都道府県については、覚えておくように説明をしておく。

※ ・ここは、班毎にア〜ケの空欄を指定して、答えさせるようにしてもよい。

④ ・【資料：2】の左の東北地方の写真を見ると、岩手県の海岸線に特徴があることがわかる!

▷【 資料：2 】の左の写真

⑤・この岩手県の太平洋側の海岸の名称は、何というのか?

　　⇨ 三陸海岸

⑥・その三陸海岸の南部には、何という地形が見られるのか?

　　⇨ リアス海岸

⑦・リアス海岸を拡大した写真が、【資料：2 】の真ん中の写真だ!

▷【 資料：2 】の真ん中の写真

⑧・さて、このリアス海岸は、どうやってできたのか?

> A：長年、太平洋の激しい波に削られてできた
> B：土地が沈み、そこに海が入り込んでできた
> C：昔、火山噴火により溶岩が流れ込んでできた

※・挙手により、予想を確認する。

⑨・答えはB（「山の中の谷間に海水が入り込んできた」ことを想像すればわかるだろうか）。

　・この地形を見ると、リアス海岸は「波が静かで、水深も深く、船が止めやすい」ため、（ 海の産業での ）何を造るのに適しているのか?

　　→漁港・・・

⑩・海岸の地形が「漁港」に適しているだけではなく、三陸沖の海も漁業に適している。それは、夏には暖流が北まで上がり、サバ、カツオ、マグロがやってくるからだ。

　・これらの魚を連れてくる、南からの暖流を何海流というのか?

　　→ 日本海流

⑪・更に、秋から冬にかけては寒流が勢いづくため、サンマ、タラ、イカなどが、かなり南の方で取れる。

　・これらの魚を連れてくる、北からの寒流を何海流というのか?

　　→ 千島海流

⑫・こうした暖流と寒流が出会う場所を 潮目 と呼ぶ。潮目では、暖流に住む魚と寒流に住む魚の両方が取れるため、いい「漁場」となる。三陸海岸には漁業が盛んになる条件が揃っている。

　・ところで、一口に「漁業」と言っても、大きくは3つに分けられる。

　・1つは、「その日のうちに戻らなくてはならない、小さな漁船で魚を取る漁業」だ。この漁業を 沿岸漁業 という[はい、一斉に]!

　　→沿岸漁業　※・一斉発言で確認させる。

⑬・2つ目が、「保存設備のある漁船で、少し離れた沖まで一週間位、魚を取りに行く漁業」だ。この漁業を 沖合漁業 という!

　　→沖合漁業　※・一斉発言で確認させる。

⑭・3つ目は、「大きな水産会社が、外国の沿岸近くまで行き、取れた魚を船の上で缶詰めなどに加工する漁業」だ。こうした漁業は数カ月も漁に出なければならず、遠洋漁業 という!

　　→遠洋漁業　※・一斉発言で確認させる。

2　漁師が植林をするのは、どうしてなのか?

①・【資料：3 】の写真で、山に木を植えている人たちの職業は、何だかわかる?

　　→林業・漁業・・・?

② ・「山に木を植えている」のだから・・・、「大漁旗を立てている」のだから・・・、この人たち
の職業は・・・、海の漁師だとわかる。
　・でも、「海の漁師が、山で木を植える仕事をする」のは、当たり前のことなのか？　それとも、
変なことなのか？
　→当たり前のこと・変なこと・・・？

③ ・どうして、「当たり前のこと」なのか？
　→・・・？

④ ・この漁師たちは、さっきの３つの漁業（ ＝沿岸漁業・沖合漁業・遠洋漁業 ）とは違う漁業をお
こなっている。
　・それは、どんな漁業なのか？
　→・・・？

⑤ ・答えは、これ〈 牡蠣殻を提示して！ 〉を取る漁業だ！
　▷【 牡蠣殻 】

⑥ ・【資料：３】の写真に写っている人たちは、カキの養殖漁業をやっている漁師たちだ。
　・【資料：４】に載っている筏（いかだ）が、その「カキの養殖」に使われている！
　▷【 養殖筏の写真 】

※ ・「養殖漁業」と似た用語に「栽培漁業」がある。前者は、出荷するまで養う漁業。
後者は、稚魚の間だけ育てて放流し、自然の中で大きくなったものを取って出荷する漁業のこと。

⑦ ・（ 0.3mmほどの ）カキの赤ちゃんは、岩などに付着して成長する。そのため、カキを養殖する場
合、ロープに結び付けた「ある物」に、カキの赤ちゃんを付着させて成長させる〈 付着して大
きくなった牡蠣のコピーを提示する 〉！
　・では、このロープに結び付けた「ある物」とは、次のうちのどれなのか？

| Ａ：牡蠣の殻 | Ｂ：小さな石 | Ｃ：プラスチックの板 | Ｄ：帆立の殻 |

※ ・挙手により、予想の確認をする。

⑧ ・カキは、梅雨明けになると産卵し受精する。卵からかえったカキの赤ちゃんは、３
週間ほど海を漂っている。宮城県では、松島湾などでカキの赤ちゃんの出現調査と
通報が実施されているため、通報のあった浜では、ホタテの殻（ 70枚ほど ）を針金
でつないで、投入する。すると、１枚のホタテの殻に、カキの赤ちゃんが50個体ほ
どくっついてくる（ ホタテは扇形で20cmほどの大きさがあるため、牡蠣の殻や石よ
りも扱いやすい。また、プラスチックの板ではあまり付着しない ）。
　・そんな、カキの赤ちゃんは、何を食べて成長していくのか？
　→プランクトン・・・

⑨ ・山の木の落ち葉を食べて育つ微生物やミミズなどの糞や死骸が、 腐葉土 を作る。その腐葉土
の養分（ 栄養塩 ）は、川によって海に運ばれ、海では 植物プランクトン が育つ。その植物プ
ランクトンを食べて、 動物プランクトン が育つ。しかし山が荒れて、腐葉土の養分が流れて
こなくなると、プランクトンも育たなくなる。つまり、カキの赤ちゃんの食べ物も無くなる。
　・そのカキの養殖がおこなわれている「気仙沼港の変化」がわかる２枚の地図が、【資料：５】に
ある！
　▷【 資料：５ 】【 拡大・着色した地図 】

※ ・変化がわかりやすいように、拡大地図は水田を緑で、住宅地を

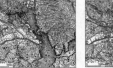

赤で、港（埋立）をオレンジ色などで濃く塗っておく。

⑩・こうした新旧の地図（戦前と高度成長末期）を比較する場合、「何が減って、何が増えたのか」と言う変化に注目する。

・では（この２枚の新旧の地図を比較してみた場合）、「減ったもの（なくなったもの）」は、何なのか？

　→田んぼ・・・

⑪・そこ（＝なくなった田んぼ）に「増えたもの」は（何なのか）？

　→住宅・・・

⑫・海を埋め立てて「港」も造られている。その近くには、水産加工の「工場」もできている。その結果、家庭や工場からの「排水」が海に流れ込むようになった［ 高度成長期には、排水規制が緩かった ］。そして、気仙沼の海が「赤く」なってしまうことが、たびたびあった。

・つまり、何が発生するようになったのか？

　→ 赤潮 ・・・

⑬・「赤潮」は、赤いプランクトンが異常に増えることで発生する。「赤潮」になると、海水が酸素不足になり、魚や貝は死んでしまう。そのため「赤潮」は、漁師たちに大変恐れられている。

・でも、どうして「赤潮」が発生するようになったのか？

　→家庭や工場からの排水が増えた・・・

⑭・「赤潮」の原因は、第１に、埋め立てなどで（魚介類が育つ）環境が破壊され、プランクトンを食べる魚や貝などが少なくなってきたことがある。第２に、家庭や工場からの排水により、プランクトンの栄養になる窒素やリンなどが増え過ぎてしまったこと（富栄養化）がある。

・つまり、漁師たちが、「当たり前のこと」として山に木を植えていたのは、何のためなのか？

　→海に自然の栄養を与えるため・海をきれいにするため・・・

⑮・戦後、木材が不足したため、各地で植林事業が取り組まれた。ところが、高度成長期の住宅建設には、輸入が自由化された安価な外国材が使われたため、植林した山は放置され、荒れてしまった。

・そのため、気仙沼の漁師たちは「山に木を植える活動」を始めた。すると、森の恵みが海に届くようになった。その結果、山と川と海、それと川の流域に住む人々の命と暮らしは、全てがつながっていることを、気仙沼の人たちは実感するようになってきた。

３ 東日本大震災は、どんな被害を出したのか？

①・ところが、こうした活動の成果を一気に押し流すような打撃が、 2011年３月11日２時46分 に起きた。

・このとき、何が起きたのか？

　→東日本大震災

②・そのときの状況をＤＶＤで観てみよう！

　　▷【 被災地から伝えたい　テレビカメラが見た　東日本大震災 】

※・06:33 ～ 16:54（気仙沼）＝津波の被害の大きさがわかる。

・54:25 ～ 1:02:33（女川町）＝リアス海岸での被害についての説明がある。

※・１時間扱いの授業の場合には、「気仙沼」の津波被害の状況を見せるだけでも時間は不足するため、「女川町」の状況を見せるためには、２時間扱いにしなければならない。視聴後、質問を受ける。

③・2016年、こんな本〈『つなみ』（文藝春秋・別冊）〉が出版された。

・「東日本大震災から『5年目』」と書かれているが、「震災」とは、何の略称？

→地震災害・・・

④・では、（表紙に書かれた）「東日本大『地震による災害』」は、もう終わって「5年目になる」と言うことなのか？

→違う・まだ続いている・・・

⑤・東北地方での「震災」は、まだ続いている（これは、「戦後70年目」などの表現とは明らかに違う）。そのことは、この本に書かれている作文を読むと痛いほどに伝わってくる。こうした被害の他に、以前、勉強したように、大事故を起こした福島第1原発の放射線の被害もあり、未だに自分の家に帰れない人が大勢いる状況にある。

・では、こうした状況になって、山に木を植えていた漁師たちは、どうしただろうか？

→・・・

⑥・活動の中心を担っていた畠山重篤さんは、震災で母親を亡くし、漁船も養殖筏も失ってしまったが、次のように語っている。

「森が元気なら、海は蘇ります。そして、3万5千ある日本の川が、河口から中流、上流、源流までちゃんとしていれば、何があってもニッポンは大丈夫です」と・・・。

<参考文献>

「東北地方の自然」「東日本大震災と東北のくらし」羽田純一監修『まるごと社会科　中学・地理（下）』喜楽研

大谷猛夫「三陸の漁業」『中学校地理の板書』地歴社

春名政弘「岩手県・宮城県を探る」『地理授業プリント（上）』地歴社

DVD『被災地から伝えたい　テレビカメラが見た東日本大震災』扶桑社

『つなみ』文藝春秋2016年4月臨時増刊号

<板書例>

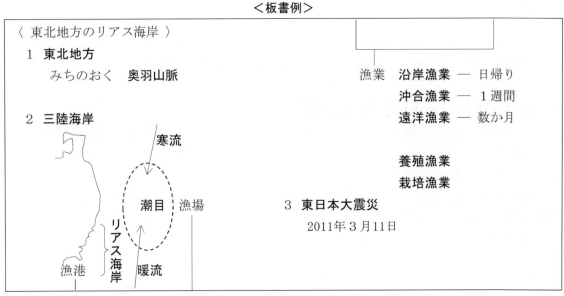

❖授業案〈 東北地方のリアス海岸 〉について

　この東北地方までが、九州地方から各地方の１時間の授業でくり返してきた県庁所在地・県章・特徴を写した写真を当てる問題の最後となる（ 北海道地方は、同じ方法での取り扱いはできない ）。この県章当ての問題も、東北地方までで６回目にもなるため、解き方に慣れてきて正解する生徒も増えてくる。そうすると時間的な余裕が少しできて、授業内容を増やすことができるようにもなる。

　この授業案に出てくる「山への植林」も「カキの養殖」についても、これまでの授業で一度は簡単に取り扱っている（〈 日本を支える産業 〉と〈 中国・四国の農漁業 〉のタイトルの授業 ）。そのため、少し深める程度の取り扱いにして、授業後半の東日本大震災に話を進めることを中心に考えている。ところが実際は、授業が上手く流れないことには、その構想の実現は難しくなる。

　東日本大震災については、すでに記憶に残っていない生徒も多くなってきている。そのため、映像を見せることにより、東日本大震災の被害の大きさを実感させたいと考えている。幸い、授業では県章当ての問題などにはあまり時間をかけずに済むようにはなってくるため、できるだけ前半部分を急いで進めるようにすれば、映像を見せる時間を確保することはできる。ただし、その時間が十分に確保できなかった場合には、２時間扱いにして、もう１時間の授業をおこなうことを考えている。その場合に用いるのが、学習プリントの【資料：６】〜【資料：８】の資料となる。

　授業が１時間で終わりそうな場合でも、映像を見せた後に生徒から質問があったり、生徒からの質問がなくても、授業での反応を見ながら教師から質問を投げかけるなどして、２時間扱いにすることもある。学習プリントの【資料：６】〜【資料：８】は、そうした授業をおこなう場合を考えて配っている資料である。これらの資料を基に、「東日本大震災では、どこが被害を受けたのか？」「特に被害が大きかったのは、どこだったのか？」「どうして、東北地方で大地震が起きたのか？」「どんな被害があったのか？」「東日本大震災による被害は、自然災害なのか？（ 人的災害なのか？ ）」「地震と津波による被害とは、具体的にはどんなことがあったのか？」「どうして、未だに自宅に帰れない人がいるのか？」「現在は、どんな状況なのか？」「政府としては、何をしておくべきだったのか？」「政府としては、今後何をすべきなのか？」などの助言（ ＝発問 ）をうちながら、事前に新しい情報を調べておき授業をおこなうことになる。

　なお、この東北地方の単元の授業は、年度の終わり近くにおこなうことが多い。その場合には、１時間の授業の進み方や生徒の反応だけではなく、年間計画での授業の進度状況により学習内容の取り扱いを変えなければならないことがある（ 残りの授業時数が少ない場合には、先に進まなければならないからだ ）。そうしたことも考えて学習プリントはつくっているため、学習プリントに載せている資料の全てを扱えない場合もある。

　【資料：５】の「気仙沼の変化（ 拡大 ）」の２枚の学習プリントも、一応は学習プリント〈 東北地方：１−１〉〈 東北地方：１−２ 〉の裏に印刷して配ってはいるが、実際は教師が準備した貼りもの資料での説明で済ませることが多い。その場合には、生徒に変化をつかませやすいように水田や住宅地などは色分けをしている。古い地図を資料として載せても、文字や記号などがつぶれていたりして読み取りが難しい場合が多いからである。

■東北地方には、どんな県があるのか？　地形的にはどんな特色があるのか？　九州からは離れているために、意外と知らないことがたくさんありそうな東北地方について学んでいこう！

1：【 東北地方の各県 】

	県庁所在地の都市	県章	写真
ア	青　森　市	E	④
イ	秋　田　市	A	⑤
ウ	盛　岡　市	B	②
エ	山　形　市	D	①
オ	仙　台　市	C	③
カ	福　島　市	F	⑥

① 蔵王の御釜

② 小岩井農場

③ 七夕まつり

④ ねぷた

⑤ なまはげ

⑥ 猪苗代湖

県章	A	B	C	D	E	F

■東北地方の太平洋側は、特徴的な地形の入り江が多い。それはどんな特徴があるのか？　この地形
を何というのか？　また、こうした地形を利用して、どんなことがおこなわれてきたのか？

2：【 三陸海岸 】
三陸海岸の地形的特徴は何か？

3：【 山での植林作業 】

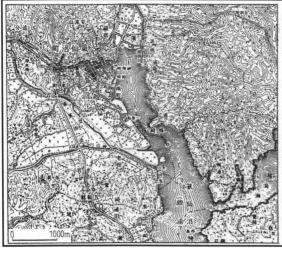

■山に木を植えている人たち
は、どんな人たちなのか？

4：【 海に浮かぶイカダ 】

5：【 気仙沼の変化 】
↓1933年
↓1973年

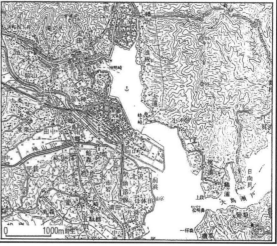

■東北地方の太平洋側は、特徴的な地形の入り江が多い。それはどんな特徴があるのか？　この地形
　を何というのか？　また、こうした地形を利用して、どんなことがおこなわれてきたのか？

5：【　気仙沼の変化（　拡大　）　】　　　　　　　　　　　　　　　↓1933 年

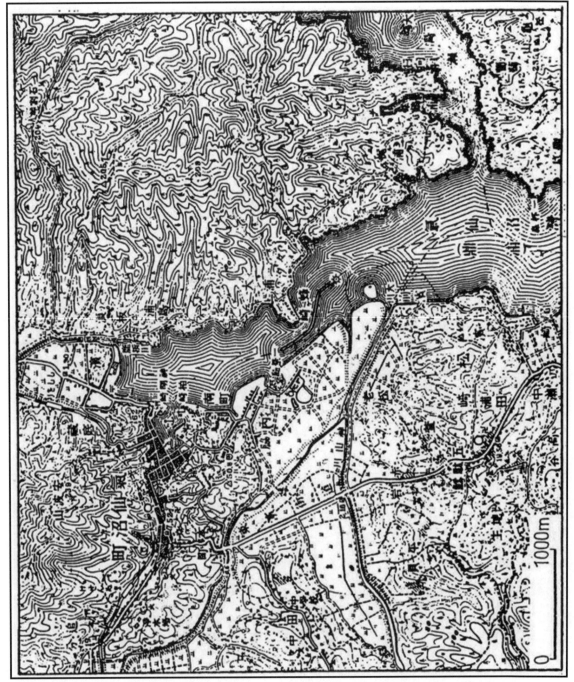

1000m

0

■東北地方の太平洋側は、特徴的な地形の入り江が多い。それはどんな特徴があるのか？　この地形
を何というのか？　また、こうした地形を利用して、どんなことがおこなわれてきたのか？

5：【 気仙沼の変化（ 拡大 ） 】　　　　　　　　　　　　　　　　　　　　　　　↓1973 年

6：【 東北地方太平洋沖地震 】

A	東　通
B	六ヶ所
C	女　川
D	福島第一
E	福島第二
1	宮古 市
2	釜石 市
3	大船渡市
4	陸前高田市
5	気仙沼市
6	石巻 市
7	東松島市
8	仙台 市
9	名取 市
10	南相馬市

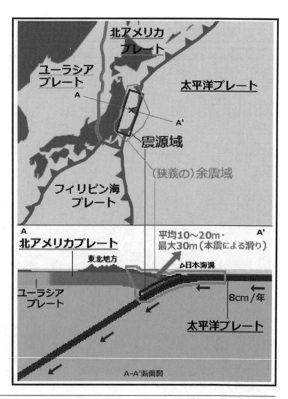

7：【 放射線分布図 】　　　　2011 年

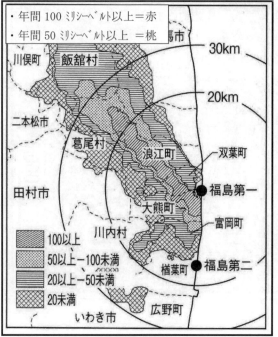

8：【 福島県飯舘村 】

　福島県飯舘村は、たびたび冷害に襲われる土地でした。長年の努力で肉牛のブランド飯舘牛を育て、「までいな暮らし」をキーワードに、自然と共存した村づくりをコツコツと進めてきました。

　村は福島第一原発から北西に 30 km以上離れ原発の交付金も受けていませんでしたが、地形・事故直後の風向きが原因で、高濃度の放射線に汚染されました。しかし当初、政府は公表せず、「計画的避難区域」として 1 ヶ月以内に全村民を避難させるよう指示されたのは 4 月 22 日でした。村では、米・野菜など全ての農作物の作付ができなくなり、畜産農家は廃業。ほとんど全ての人が避難しました。仕事・暮らしを全て失い、家族や地域はバラバラにされました。村の土からはセシウム、更にプルトニウムも検出されています。

　こうした状況の中で、村の人々は「愛する飯舘村を還せプロジェクト 負けねど飯舘」をつくり行動していこうと呼び掛けています。

[50] 東北地方のリンゴと米

◎リンゴ栽培については、種類や栽培方法などを基にリンゴ農家の工夫や努力をつかませ、その収入が見合ったものなのかを考えさせる。米作りについては、東北地方ならではの栽培方法や工夫をつかませ、これからの日本の米作りについて投げかける。

1 リンゴの生産が多いのは、どこなのか？

①・青森県では、山の斜面を利用して涼しい気候を活かした何の栽培が盛んなのか？

　☞ りんご

②・〈【岩木山麓のリンゴ畑の写真】を提示して！〉つまり、青森県の岩木山(いわきさん)を望む津軽平野の写真に写っているのは、何の木なのか？

　→リンゴ・・・

③・近寄って見ると、やはりリンゴの木だ！

　▷【 リンゴの木・実の写真 】

④・ところで、リンゴの生産は、世界的には、どこに多いのか？

　→アメリカ・ロシア・ヨーロッパ・・・

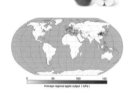

⑤・リンゴの生産の分布図を見ると、こうなっている！

　▷【 リンゴの生産の世界地図（ 分布図 ）】

⑥・特に、色が濃くなっている、つまりリンゴの生産が多いのは、どこになっているのか？

　→中国・ヨーロッパ・・・

⑦・（ 中国に次いで ）ヨーロッパが多い。〈 分布図を示しながら！〉カザフスタンあたりが「リンゴの原産地」とされている。それが、日本や中国、ヨーロッパで栽培されるようになった。なお、ヨーロッパのリンゴは、日本のリンゴよりも「酸っぱい」。

　・そのため、ヨーロッパでは、リンゴをどうやって食べているのか？

　→リンゴジャム・・・

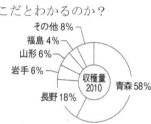

⑧・同じリンゴでも、そのまま食べたり、加工するなど国により扱いは違っている。

　・そんなリンゴの日本での生産が１位の県は、【資料：１】から、どこだとわかるのか？

　→青森県

⑨・青森県以外では（ リンゴの生産は ）、どこの県で多いのか？

　→長野（18％）・岩手（６％）・山形（６％）・福島（４％）

※・東北地方の合計は74％で、長野県を加えると92％の生産となる。

⑩・つまり、リンゴは、どんな気候で育つ果物なのか？

　→寒い気候・・・

⑪・日本列島全体で見ると、東日本ではリンゴの生産が多い。

　・そんな東日本に対して、西日本で生産の多い果物は（ 何なのか ）？

　→ミカン・・・

その他 8%
福島 4%
山形 6%
岩手 6%
長野 18%
収穫量 2010
青森 58%

2 リンゴには、どんな種類があるのか？

①・西日本のミカンに対して、東日本はリンゴの生産が多くなっている。その中でもリンゴは、東北地方で多く栽培されている。

　・そんなリンゴの味の特徴は、何なのか？

→酸っぱい・甘酸っぱい・甘い・・・

② ・色の特徴は（　何　）？

　　→赤・・・

③ ・現在、リンゴの代表的品種は、国光・デリシャス・ふじの３種類だ！

　　▷【 国光・デリシャス・ふじの写真と名称カード 】　※・可能であれば３種類のリンゴを用意。

④ ・どれも同じよう（ なリンゴ ）に見えるが、「青森県では、小学生でも『リンゴの種類当て』ができる」と、「秘密のケンミンＳＨＯＷ」で放送されていた。そして、３つのリンゴは、売れ行きも違っていることが説明されていた。

　　・では、〈 折れ線グラフを示しながら！ 〉だんだん売れ行きが落ちているＡのリンゴは、（ ３つのうちの ）どれなのか？

　　→国光・・・

⑤ ・次に売れ行きが落ちているＢのリンゴは（ どれなのか ）？

　　→デリシャス・・・

⑥ ・今、いちばん売れているＣ（ のリンゴ ）は？

　　→ふじ・・・※・「ふじ」は、国光とデリシャスを交配して青森県で誕生。

品種名	味	保存性
国光	酸味が強い	長持ちする
デリシャス	甘みが強い	長持ちしにくい
ふじ	甘みが強い 果汁が豊富	長持ちする

⑦ ・「ふじ」が売れている理由は、何なのか？（ 表から考えられることは？ ）

　　→甘みが強いから・・・

⑧ ・「味の違い」が、売れ行きの違いに関係しているらしい。しかし、「甘ければ売れる」と言うのであれば、それはリンゴ以外の果物にも当てはまる。リンゴで売れるのは、やはり「丸くて」、「大きくて」、『赤い』ことにあるらしい。

　　・でもどうして、リンゴは「赤い」のか？

　　→・・・？

⑨ ・もともとのリンゴの色は、赤くない。現在のリンゴは、赤くなるように栽培しているから「赤い」。では、どうやって赤くしているのか、リンゴの栽培の様子から考えてみよう。

3　どうやってリンゴを赤くしているのか？

① ・【資料：４】に載せてある、「リンゴづくりの１年」のイラストの、①〜⑩までの（　）に当てはまる言葉を選んで書き入れなさい！

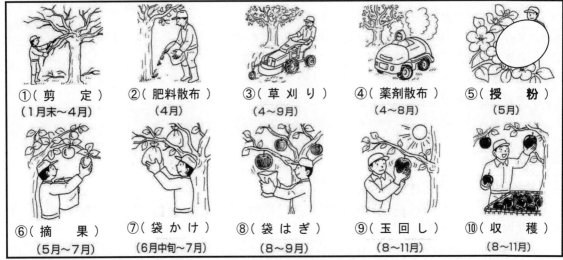

①（ 剪　定 ）
（１月末〜４月）

②（ 肥料散布 ）
（４月）

③（ 草刈り ）
（４〜９月）

④（ 薬剤散布 ）
（４〜８月）

⑤（ 授　粉 ）
（５月）

⑥（ 摘　果 ）
（５月〜７月）

⑦（ 袋かけ ）
（６月中旬〜７月）

⑧（ 袋はぎ ）
（８〜９月）

⑨（ 玉回し ）
（８〜11月）

⑩（ 収　穫 ）
（８〜11月）

▷【 資料：4 】への記入作業

※・①〜⑩の拡大した絵を提示しながら、答えを説明していく。

②・では、リンゴ栽培の作業が理解できたのかを確認します。はじめに、⑤の「授粉」について。
〈 リンゴの花の写真を提示しながら！ 〉これがリンゴの花だが、この花のおしべとめしべが
「授粉」することにより、リンゴの実がなる。

・では、その授粉は、どんな方法でおこなっているのか？

> A：噴霧器を使い、一斉に授粉させる
> B：綿棒で１つ１つ手作業で授粉させる
> C：ハチを放して、ハチに授粉させる

授 粉
（5月）

※・Aから、挙手により人数確認をおこなう（ あと同じ要領 ）。
※・かつてはBだったが、今ではCに。

③・青森県のリンゴ農家が70年ほど前に考案したマメコバチという蜂を使う方法でやっている。

・でも、どうしてマメコバチを使っているのか？

> A：人を刺さないから
> B：蜜蜂より活発に行動するから
> C：年間１ヶ月程の世話でいいから

※・Aから、挙手により人数確認をおこなう（ あと同じ要領 ）。

④・では、次に【資料：5】のA〜Dの作業は、【資料：4】の中のどの作業を説明している文章なのか。

・（　　　）の中に当てはまる適切な作業名を書きなさい！

> A：リンゴの実全体に日光を当て、色が奇麗に出るように１つ１つおこなうが、上手にやらない
> 　　と実が落ちてしまう。　　　　　　　　　　　　　　　　　　　　　　　（　玉回し　）
> B：以前は、実を病害虫から守るためにおこなわれていたが、現在では着色と日持ちを良くする
> 　　ためにおこなっている。この作業をしないリンゴも多く作られている。　（　袋かけ　）
> C：できた実を全て育てると小さなリンゴになり、品質も低下するので、いらない実を取って、
> 　　育てるリンゴの数を減らす。　　　　　　　　　　　　　　　　　　　　（　摘　果　）
> D：木の中まで日光が入るようにして、木の形を整える。「千本しなければ一人前にはなれない」
> 　　とも言われる難しい作業。　　　　　　　　　　　　　　　　　　　　　（　剪　定　）

⑤・【資料：5】のA〜Dの中で、リンゴを「赤く」するため必要な作業は、どれなのか？

　→A：玉回し

⑥・玉回し以外には、「反射シートを地面に敷く」「葉っぱを取る」などの作業をしている。

・こうした作業の共通点は、何なのか（ わかる ）？

　→リンゴの実に日光を当てる・・・

⑦・つまり、リンゴを「赤く」するためには、日光をまんべんなく当てることが必要になる。

・と言うことは、リンゴを「赤く」するための作業があるが、それは、【資料：4】のどの作業なのか？

　→⑧（ 袋はぎ ）・⑨（ 玉回し ）・・・？

⑧・リンゴを「赤く」するための作業で大事なのは、「袋かけ」だ。とは言っても、「袋
かけ」の段階では、リンゴは赤くはならない。赤くなるのは、⑧の「袋はぎ」の段階だ。でも
袋を取ると「赤くなる」のであれば、最初から袋をかける必要はないようにも思える。

・そのことは、どうなのか？（ 袋かけの必要は、あるのか？　ないのか？ ）

　→確かに必要ない・それでも必要だ・・・？

⑨・袋は、２重３重になっている。まず曇りの日を選んで外の袋をはずす。すると４～５日で薄っすらと赤みを増してくる。その段階で全ての袋をはずす。これは、夏の暑い日に、数日家の中に閉じこもり、急に海水浴に行ったら、肌が真っ赤に焼けるのと同じ理屈だ。

・このようにリンゴ栽培は、そのほとんどは手作業でおこなわれている。そのため、リンゴ農家では、多くのリンゴの木を栽培することはできない。１人で作業できるのは、せいぜい150～200本のリンゴの木だからだ。

・それも（【資料：４】からもわかるように ）、１年中休みはない！

▷【 資料：４ 】

⑩・そうやって働いて得るリンゴ農家の年収は、どれくらいなのか？

→・・・

４ リンゴ農家の年収は、多いのか少ないのか？

①・そもそも、リンゴ１個、いくらぐらいするのか？（ 知っている？ ）

→・・・

②・リンゴは時期によって価格が異なるが、安い時期だとリンゴ１個＝100円。１本の木から、250個くらいのリンゴが獲れる。

・そうすると、リンゴ１個100円で売れたとすると、リンゴの木１本から、合計いくらの「年収」になるのか？

→ ２万５千円くらい（ ＝100円×250個 ）

③・リンゴ農家では、200～500本くらいのリンゴの木を栽培している（ 最近は、木を低くして密に植える「わい化栽培」と言う方法が増えて、1,000本くらい栽培している農家もある。ただし、木の寿命が短くなるなどの短所がある ）。

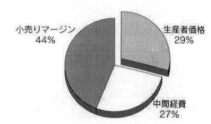

・では、200本の栽培で、「年収」はいくらになるのか？

→ 500万円（ ＝25,000円×200本 ）

④・1,000本栽培していると（ いくらの年収になるのか ）？

→ 2,500万円くらい（ ＝25,000円×1,000本 ）

⑤・リンゴ農家は、本当に、それだけの収入があるのか？

→ある・ない・・・

⑥・〈 【リンゴの小売価格の内訳】のフリップを提示して！ 〉この資料を見ると、生産者価格（ 割合 ）は29％だとわかる。 ※・内訳を公開しているリンゴ農家も少なくない。

・つまり、リンゴ１個100円で売れた場合、リンゴ農家には、いくらの収入になるのか？

→29円（ ＝100円×29％ ）

⑦・と言うことは、１本のリンゴの木（ 250個のリンゴ ）からは、 7,250円 になる。

・では、200本栽培している場合には（ いくらになる ）？

→ 145万円（ ＝7,250円×200本 ）

⑧・これは、年収として多いのか？ 少ないのか？

→少ない・・・

⑨・これが1,000本栽培していると（ いくらになる ）？

→ 725万円（ ＝7,250円×1,000本 ）

⑩・これは、年収として多いのか？ 少ないのか？

→少ない・多い・・・

⑪・これまで学んだように、リンゴ栽培には大変手間がかかり、一人で作業できるのは、150〜200
　　本ほどだ。

　　・1,000本栽培するためには、当然何人も必要になることから考えると、リンゴ農家の収入は、多
　　　いのか？　少ないのか？

　　→少ない・・・

⑫・最近は、手間をかけてきれいに色づいたリンゴも、それほど高い価格で買い取られるわけでは
　　ないため、「赤くない」リンゴの栽培も広くおこなわれるようになってきた。さらに、リンゴ農
　　家の高齢化も進んでいる。

5　東北地方では、どのように米づくりがおこなわれているのか？

①・東北地方の有名な三大祭りには、こんな祭りがある！

　　▷【 ねぶた（ 青森 ）・竿燈（ 秋田 ）・七夕（ 宮城 ）の写真 】

②・さて、それぞれ何祭りなのか？

　　→Ａ：ねぶた・Ｂ：竿燈・Ｃ：七夕

③・7月、8月のお祭りだが、この中でＢの竿燈は、何をあらわしているのか？

　　→稲穂・・・

④・竿燈は、豊作を祈っておこなわれている祭りだ。「北国」の印象のある東北地方だが、実は生産
　　の多い農作物に「米」がある。

　　・【資料：7】の円グラフで、東北地方にある県を赤く塗ってみなさい！

　　▷【 資料：7 】への色塗り作業

円グラフ：848万3000t（2010）　新潟7.3%　北海道7.1%　秋田5.8%　福島5.3%　山形4.8%　茨城4.8%　宮城4.7%　栃木4.0%　千葉3.9%　岩手3.7%　青森3.4%　その他45.2%

⑤・県別にみると新潟県が1位となっている。しかし、これを地方別に見るとどうなるのか。

　　・東北地方の合計は、何％になる？

　　→27.7%

⑥・それに対して、関東地方：12.7％、中部地方：7.3％、北海道：7.1％。つまり、地方別に見る
　　と、東北地方が全国1位となる。しかし、もともと米（＝稲 ）は、熱帯性の作物だ。

　　・そのため、東北地方の太平洋岸では、何と言う自然災害に見舞われることがあるのか？

　　⇨ 冷害

⑦・その「冷害」を引き起こす風を何と言うのか？

　　⇨ やませ

⑧・そんな不利な条件の中で、どうやって米づくりをおこなっているのか。

Ａ：完熟堆肥（ 発酵した家畜の糞など ）を施して、土の中の微生物や稲の根を活性化させて　土の温度を上げる。
Ｂ：窒素肥料を減らして、寒さに強い稲にする。
Ｃ：水田の水位を高くして、水温が急に下がらないようにする。
Ｄ：寒さに強い品種を開発する。

　　※・Ａから、挙手により人数確認をおこなってもよい。

　　・Ａ・Ｂ・Ｃ・Ｄは、全て東北地方でおこなわれている冷害対策。この他、青森県には、水田を
　　　守る「防風林」もある。

※・なお、冷夏をもたらす「やませ」ではあるが、奥羽山脈を越えると暖かくかわいた風になって吹きおりる。稲の成長に適しているため、秋田県では「宝風」とよぶ地域もある。

⑨・（ 冷害対策のCについて説明すると ）水田の水位を高くして、つまり水田に張る（ ＝ためる ）水の量を増やすと、水温は下がりにくくなる（ 水は比熱が大きい ）。

・水田では田植えの前に「代かき」をおこなっているが、これは何のためなのか？

※・「代」とは、泥のこと。

> A：土を軟らかくして、稲が根を張りやすくなるようにするため
> B：土をかきならして平らにし、水が漏れないようにするため
> C：泥水をかき混ぜて、酸素を多く含ませるため

※・Aから、挙手により人数確認をおこなう（ あと同じ要領 ）。

⑩・「代かき」は、水田にためた水が漏れなくなるようにおこなう。水が漏れると、新たに冷たい水を入れなければならないため、ていねいにおこなわれる。

※・なお、代かきは、田植え作業をしやすくするためでもある。また、田植え直前の代かきは、雑草の発芽を防ぐためにおこなわれている。

・水田に植える苗をどう育てるかは、昔から「苗半作」と言って、収穫の半分を左右する重要な農作業でさまざまな工夫がおこなわれてきた。今は、ビニルハウスで育てることが多い。

・ところで、良い米を作るためには「良い苗」が必要になり、良い苗を育てるためには「良い種もみ」が必要になる。

・では、中身の充実した「良い種もみを選ぶための方法」は、次のうちのどれなのか？

> A：精密な重量計ではかり、重い種もみを選び出す
> B：水に入れて、浮いてきた種もみを選ぶ
> C：塩水に入れて、沈む種もみを選び出す

※・Aから、挙手により人数確認をおこなう（ あと同じ要領 ）。

⑪・種もみを塩水に入れると、中身の充実した種もみは沈み、未熟な種もみは浮かぶ。これは明治時代に日本の農学者によって考案された「塩水選」と呼ばれる選別法で、今も使われている。

※・種もみ1つから生まれる米は、未熟なものも含めると1,000粒にもなると言われている。農家では、未熟な種もみも捨てられることなく、肥料として土に戻されて循環している。

・東北地方では、こうした栽培方法や技術を工夫したり、寒さに強い品種の開発をおこなってきた。その結果、東北地方は、米の一大産地となっていった。

---

6 東北地方（ 日本全体 ）の米作りは、どうなっていくのか？

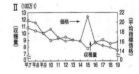

①・ところが、現在、日本での米作りは、どうなっているのか。

・【資料：9】を見ると、米の消費量・生産量は、どうなってきていることがわかる？

→共に減ってきている・・・

②・こうした動きは、1970年代の食生活の変化に伴って大きくなっている。

・その1970年代の食生活の変化により、何が減ったのか？

⇨ 米の消費量

③・その結果、米が余るようになっていった。

そのため政府は、「米の生産量を減らす政策」を始めた。

・その（ 政府の ）政策を、何と言ったのか？

⇨ 減反政策

④・こうした動きに伴って、米の価格も変わってきている。

・【資料：10】からは、米の価格は、現在どうなっていることがわかるのか？

→下がっている・下落している・・・

⑤・しかし、米の価格の変化や冷害に対しても、東北の人々は何を開発して乗り越えてきたのか？

⇨ 銘柄米

⑥・では、【資料：6】に書かれている銘柄米は、それぞれどこの県のものなのか？

▷【 資料：6 】への記入作業

※・たとえば、『あきたこまち』は、どこの県の銘柄米なのか？　→秋田県」などの問答により答えを確認していってもよい。

⑦・しかし、そうした努力や現状に「追い打ちをかけるのではないか」と心配されているのが、ＴＰＰ加入だ。でも、「ＴＰＰ加入」とは、どう言うことなのか。

・【資料：12】の（　　　）の中に、予想する数字を書き入れてみなさい！

→米の関税が（ ０ ）％・生産量の（ 10 ）％の米のみ残る

⑧・もしそのことが現実になったら、今後、東北地方どころか、日本の米作りは、どうなっていくのだろうか？

→・・・

<参考文献>

河原紀彦「りんごは赤くてなぜ大きい」授業のネタ研究会中学部会編『授業がおもしろくなる　21授業のネタ　社会②　日本地理』日本書籍

「東北地方の農業・りんごの生産」「東北地方の農業と日本の米づくり」羽田純一監修『まるごと社会科中学・地理(下)』喜楽研

<板書例>

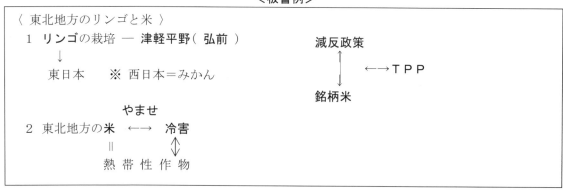

❖授業案〈 東北地方のリンゴと米 〉について

　九州の佐賀に住む生徒にとっては、ミカンは馴染みがあっても、リンゴについてはあまり知らない。そのため、具体的なリンゴ栽培のようすについてわかるようにと、イラストやクイズを使って考えさせたり話し合わせたりしている。

　米づくりについては、米づくり農家の生徒もいるため、九州との違いをもとに考えさせてみようとした。交渉が続いているＴＰＰについては全国的な問題として考えさせていきたい。

■明治8（1875）年春に3本のリンゴの苗が政府から青森県庁に配布されたのが、青森県のリンゴ栽培
の始まり。その後リンゴの栽培は、どうなったのか？　リンゴはどうやって育てているのか？

1：【 リンゴの都道府県別収穫割合 】

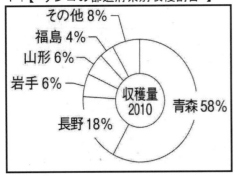

その他 8%
福島 4%
山形 6%
岩手 6%
長野 18%
収穫量 2010
青森 58%

2：【 リンゴの生産量とバナナの輸入量 】

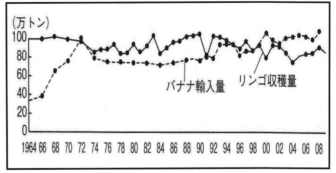

（万トン）
バナナ輸入量　　リンゴ収穫量
1964 66 68 70 72 74 76 78 80 82 84 86 88 90 92 94 96 98 00 02 04 06 08

3：【 青森県の主力品種の結果樹面積 】

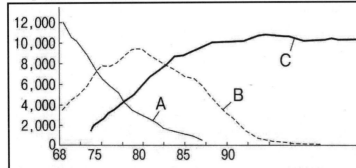

ア　イ

ウ

品種名	味	保存性
国光（こっこう）	酸味が強い	長持ちする
デリシャス	甘みが強い	長持ちしにくい
ふ　じ	甘みが強い 果汁が豊富	長持ちする

A：(国光)ア　B：(デリシャス)イ　C：(ふじ)ウ

※資料4：【りんごづくりの1年】
の①〜⑩に入る言葉を下から
選んで書き入れなさい。
剪定（せんてい） 摘果（てきか） 袋かけ 収穫（しゅうかく）
肥料散布 薬剤散布 授粉
袋はぎ 玉回し 草刈り

4：【 リンゴづくりの1年 】

①(剪　　定)
（1月末〜4月）

②(肥料散布)
（4月）

③(草刈り)
（4〜9月）

④(薬剤散布)
（4〜8月）

⑤(授　粉)
（5月）

⑥(摘　果)
（5月〜7月）

⑦(袋かけ)
（6月中旬〜7月）

⑧(袋はぎ)
（8〜9月）

⑨(玉回し)
（8〜11月）

⑩(収　穫)
（8〜11月）

（つづく）

■東北地方には、いろいろな銘柄米がある。どこの県で、何という銘柄米の生産が多いのか？ そもそも
熱帯の作物が、東北地方で生産が多いのは、どうしてなのか？

5:【 リンゴづくりの作業 】（つづき）　　　　　　　剪定・摘果・袋かけ・玉回しのうちのどの作業？

A：リンゴの実全体に日光を当て、色が奇麗に出るように1つ1つおこなうが、上手にやらないと実
　　が落ちてしまう。　　　　　　　　　　　　　　　　　　　　　　　　（　玉回し　）

B：以前は実を病害虫から守るためにおこなわれていたが、現在では着色と日持ちを良くするために
　　おこなっている。この作業をしないリンゴも多く作られている。　　　（　袋かけ　）

C：できた実を全て育てると小さなリンゴになり、品質も低下するので、いらない実を取って、育て
　　るリンゴの数を減らす。　　　　　　　　　　　　　　　　　　　　　（　摘　果　）

D：木の中まで日光が入るようにして、木の形を整える。「千本しなければ一人前にはなれない」とも
　　言われる難しい作業。　　　　　　　　　　　　　　　　　　　　　　（　剪　定　）

6:【 銘柄米いろいろ 】　　　　　　　A～Gまでに当てはまる銘柄米は、次の中のどれか？

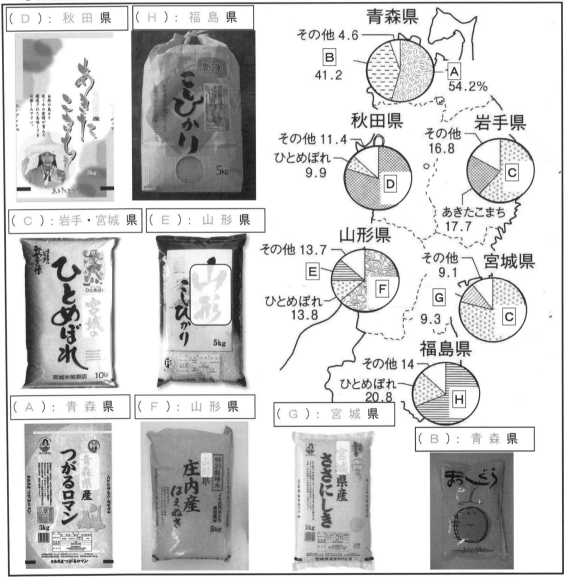

■稲の栽培技術の工夫や品種改良、八郎潟の干拓までおこなって米の生産をあげてきた東北地方。
　しかし、食生活の変化や減反政策により米の消費や生産が減るようになってくると・・・？

7：【 米（ 水稲 ）の収穫量 】

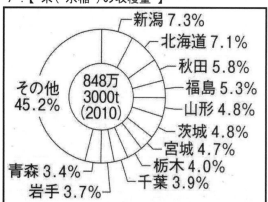

その他 45.2%
848万3000t（2010）
新潟 7.3%
北海道 7.1%
秋田 5.8%
福島 5.3%
山形 4.8%
茨城 4.8%
宮城 4.7%
栃木 4.0%
千葉 3.9%
青森 3.4%
岩手 3.7%

8：【 八郎潟の変化 】

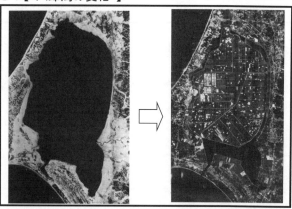

9：【 苗作りの工夫 】

10：【 米の消費量と生産量 】

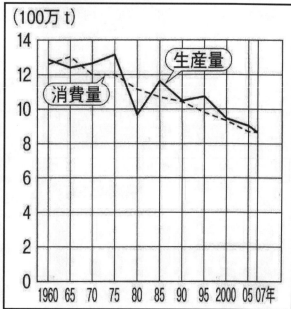

（100万 t）
生産量
消費量
1960 65 70 75 80 85 90 95 2000 05 07年

11：【 米の価格と収穫量 】

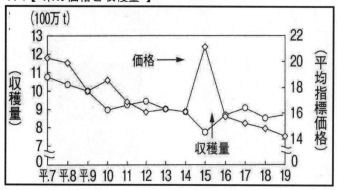

（100万 t）
価格 →
収穫量
（収穫量）
（平均指標価格）
平.7 平.8 平.9 10 11 12 13 14 15 16 17 18 19

12：【 ＴＰＰ参加とは？ 】

■ＴＰＰに日本が参加すると輸入農産物にかかる税が（ 0 ）％になります。外国産の安い米が多く輸入されることになり、農林水産省は「国産米のほとんどが外国産米に置き換わり、生産量の約（ 10 ）％の米（ ブランド米等 ）のみ残る」と推測されています。

3. 日本の諸地域／全 21 時間

（7）北海道地方／全 2 時間

[51] 北海道はでっかいどう

[52] 北海道の農業

[51] 北海道はでっかいどう

> ◎北海道の気候の特色を導入に、道章や地名の由来などについて考えさせる。そして、北海道の歴史については、明治時代以降の開拓の歴史を中心に、佐賀県とのかかわりについても理解させる。

1　北海道は、どれだけ寒いのか？

①・日本で一番面積の大きい都道府県は、どこ（だか知っている）？

　　→北海道・・・

②・日本一の面積を持つ北海道は、「でっかいどう」。では、どれくらい「でっかい」のか。

　　・【資料：1】に載せてある4つの「佐賀県」と比較してみると、A～Dのどれが一番近いのか？

　　→C・・・

③・北海道は、佐賀県の約38倍もの面積がある（「でっかい」はずだ）。

　　その北海道の気候をあらわすため、【資料：2】にA・B、2つの雨温図を載せている。

　　・北海道の雨温図は、どれなのか？

　　→A・B・・・

④・「どっちも北海道の雨温図だ」と、どこでわかるのか？

　　→冬の気温がマイナス・最寒月気温がマイナス・・・

⑤・日本の他の6つの地方には、ここまで寒くなる場所はない。北海道は、日本列島の中で北に位置しているため、冬は大変に寒くなる「亜寒帯」の気候だ。

　　・記録では、最寒月気温はマイナス何度までなったことがあると思う？

　　→－30℃・－40℃・・・

⑥・【資料：2】にある「1978年2月17日の幌加内町母子里」の記録は、　－41.2℃　となっている。

※・【資料：2】の母子里の最低気温を記入させる！　この気温は、北海道大学研究林で観測されたものだが、気象庁は旭川の気象官署が1902年に観測した　－41.0℃　を公式の最低気温としている。そのため、幌加内町は「母子里の－41.2度は、誰もが認める日本一の最低気温」と主張している。記念施設「クリスタルパーク」がつくられ、「日本最寒地到達証明書」が発行されている。

⑦・そんな寒い北海道の道章は、【資料：3】のA～Fの中の、どれなのか？

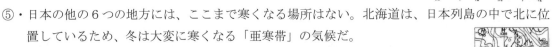

	A	B	C	D	E	F
道章						

　　→C（A=道章候補案、B=開拓使の徽章（北極星）、D=ダビデの星、E=東京都章、F=佐賀県章）

⑧・北海道の様子を写した写真は、①～⑤の中のどれなのか？

①ケンとメリーの木　②マイルドセブンの丘　③哲学の木　④幸福駅　⑤未納島ビーチ

　　→⑤以外全て

※・①・②は、コマーシャルで知られる。③は、傾斜面とは逆に傾いたポプラの木で、「哲学の木」と呼ばれていた（現在は倒されて、見ることはできない）。④の幸福駅は、1987年に国鉄広尾線の廃線で廃駅になった。

⑨・北海道の道庁は、どこにあるのか？

　　→札幌

⑩・札幌があるのは、【資料：3】の白地図のア〜オの、どこの場所なのか？

　　→エ

2　蝦夷地には、どんな歴史があるのか？

①・【資料：3】の⑤にあるように、「札幌」とは「乾いた大きい川」と言う意味からつけられた地名だ。

※・札幌を流れる豊平川は、洪水や土砂災害を引き起こす暴れ川として知られた。かつての豊平川は、広大な扇状地の上に無数の細い支流に別れ、雨が少なければ、すぐさま地中に吸い込まれてしまう川だったと言われる。

　　では、【資料：3】にある残りの①〜④は、何という地名なのか。

　・【地図帳P137】を見て、答えを、漢字で書きなさい！

　▷　①＝稚内・イ、②＝知床・ア、③＝登別・オ、④＝利尻・ウ

②・これらの地名の元になったのは、この人たちの言葉だった！

　▷【　アイヌの人たちの写真　】

③・この人たちは、誰なのか？

　　→アイヌ

④・では、「アイヌ」とは、どんな意味なのか？

A：神々	B：人間	C：英雄	D：仲間	E：尊敬

※・挙手により、予想を確認する。

⑤・アイヌの人たちは、古くから現在の北海道に住み、独自の文化を持って暮らしていた。しかし江戸時代になると、その様子が変わってきた。もっとも、その頃は「北海道」とは呼ばれていなかった。

　・では、何と呼ばれていたのか？

　　→ 蝦夷地

⑥・その蝦夷地を、江戸時代に統治していた藩は、何藩だったのか（覚えている）？

A：対馬藩	B：津軽藩	C：南部藩	D：松前藩	E：肥前藩

※・挙手により、予想を確認する。

⑦・その松前藩の家老蠣崎波響（かきざきはきょう）が描いたアイヌの首長たちの肖像画が、これだった！

　▷【　ツキノエの絵　】

⑧・（歴史の授業でも勉強したが）明らかにおかしな描き方がされているが、アイヌの人たちを、どうしてこんな姿に描いたのか（覚えている）？

　　→・・・

※・この発問の答えは、歴史の授業で説明している（覚えていなければ、そのままにして先に進む）。

⑨・1枚の肖像画からも、松前藩とアイヌの人たちの関係がわかる。

3　北海道の開拓は、どうやって進められたのか？

①・その蝦夷地は、明治時代になると、日本人により本格的な開拓が始められた。そのため、1873年から北方の警備と開拓のために兵士が置かれた。

　・では、この兵士のことを、何といったのか？

A：開拓兵	B：海援隊	C：軽騎兵隊	D：騎兵隊	E：屯田兵

※・挙手により、予想を確認する（ただし、教科書に答えが書かれている場合には一斉発言にする）。

②・屯田兵や各地からやって来た人々により、北海道の開拓は進められていった。

　　そして開拓が進むにつれて、北海道には〈稚内～札幌までのカードを指しながら！〉

　　いろいろな（名前の）町がつくられていった。

　　・そんな町の中で、北海道にないのは、次のうちの、どの名前の町なのか？

A：北広島（広島県）　　B：岐阜（岐阜県）　　C：新十津川（奈良県）
D：小京都（京都府）　　E：白石（宮城県）

※・挙手により、予想を確認する。

③・どうして、他の県と同じ名前の町が北海道にあるのか？

　　→その県から（その町から）北海道の開拓にきた・・・

④・そんな北海道の開拓を本格的に進めるために、明治政府が置いた役所は何だったのか？

　　⇨開拓使

⑤・現在、残されている北海道開拓使本庁舎が、これだ！

　　▷【北海道開拓使本庁舎の写真】

⑥・では、この北海道開拓使本庁舎が置かれた町は、どこだったのか？

A：函館　　B：室蘭　　C：苫小牧　　D：小樽　　E：札幌

※・挙手により、予想を確認する。

※・【地図帳 P 125】で、それぞれの町の位置を確認させてもよい。

⑦・北海道の開拓使本庁舎は「札幌」に置かれた。

　　・そして現在、その札幌市の大通りは、こうなっている！

　　▷【札幌大通り（夏）の風景写真】

⑧・冬には、こんな景色になる！

　　▷【札幌大通り（冬）の風景写真】

⑨・ここ（札幌大通り）で、毎年2月上旬に開催されている祭が、何祭なのか？

　　⇨さっぽろ雪まつり〈【さっぽろ雪まつりの写真】を提示！〉

⑩・この「札幌」は、どこの町を手本につくられたのか？

A：長崎　　B：大阪　　C：京都　　D：名古屋　　E：江戸

※・挙手により、予想を確認する。

⑪・どこを見ると、（京都を手本にしたことが）わかるのか？

　　→直線の道路・計画的都市づくり・・・

⑫・そんなふうに「札幌の町づくり」を進めたのは、誰だったのか（知っている）？

　　→・・・（投げかけのみ）

4　北海道の開拓には、どんなお雇い外国人が関わっていたのか？

①・ところで、どうして「北海道」と呼ばれるようになったのか？

　　→・・・

②・北海道の名前の元になったのは、北加伊道だった。この名称を提案したのは、

　　松浦武四郎で、樺太や択捉まで蝦夷地をくまなく探検して、地図の製作などにあ

　　たった人物だった。

　　・では、この北加伊道の「加伊」とは、（アイヌ語で）どんな意味なのか？

A：自然豊かな土地	B：この国に生まれた者	C：湖や川の多い土地
D：知恵と勇気のある者	E：寒さの厳しい土地	

※・挙手により、予想を確認する。

③・のちに、この「北加伊道」が、「北海道」となった。

　・「北加伊」が「北海」という漢字に変わったのは、どうしてだったのか？

　→・・・

④・日本には、古くから 東海道 ・ 西海道 ・ 南海道 などの名称（＝○○道）があったことが、この漢字（＝北海）を当てるようになった理由らしい。こうして北海道の開拓には、いろいろな人がかかわっていた。

　・では、その北海道の開拓に、関係のない人は、次のうちの誰なのか？

A：鍋島直正　　　　　B：ウィリアム・スミス・クラーク　　　　　C：ホーレス・ケプロン
D：マシュー・カルブレイス・ペリー　　　　　E：エドウィン・ダン

※・挙手により、予想を確認する。また、それぞれの顔がわかるようにA4サイズのコピーも貼る。

※・B・C・Eは、お雇い外国人として北海道の開拓の指導をおこなった人たち。

⑤・A・B・C・Eの中で、知っている人物は
　（誰か）いる誰？

　→・・・

⑥・Bの「クラーク」は、アメリカの教育者で、
　札幌農学校の初代教頭となった人物。

　日本を去るときに、 Boys, be ambitious. と言う言葉を残したことで有名だ。

　・「Boys, be ambitious.」とは、日本語に訳すと、どんな意味になるのか？

　→「少年よ大志を抱け」

⑦・「さっぽろ羊ヶ丘展望台」には、その言葉を刻んだクラークの像が立っている！

　▷【 クラークの像の写真 】

⑧・Cの「ケプロン」は、クラークが来た札幌農学校の開学までをお世話した人物。また、北海道は寒くて稲が育たないため、「麦」をつくることを奨励した人物でもある。

　・では、そのことにより、後に造られるようになった工場は、次のうちのどれなのか？

A：澱粉工場	B：砂糖工場	C：ビール工場
D：ポップコーン工場	E：ラーメン工場	

※・挙手により、予想を確認する。

⑨・ 開拓使麦酒醸造所 、のちのサッポロビール工場だ〈 写真を提示！ 〉。

　（ ケプロンは ）他には、道路建設や工業や農業、水産業に渡り、いろいろな仕事をした人物でもあった。

　・Eの「エドウィン・ダン」は、「獣医師」で、北海道の畜産業の発展に大きく貢献した人物。

　・と言うことは、ダンが北海道に導入した「家畜」は、何だったのか？

　→羊（ 札幌西部に牧羊場 ）・牛（ 真駒内牧牛場 ）

⑩・（ クラーク、ケプロン、エドウィン・ダンの ）3人とも、「お雇い外国人」とも言われ、北海道の開拓のために外国から雇われた人たちだった。

　・では最後に、この中の日本人・鍋島直正は、北海道でどんなことをした人物だったのか？

　→・・・？

5 北海道の開拓と佐賀県は、どんな関係があったのか?

① ・そもそも、Aの鍋島直正とは、どこの藩の大名だったのか?

　→肥前国・鍋島藩・・・

② ・肥前国、現在の佐賀県の大名だった人物が、北海道の開拓と、何の関係があるのか?

　→・・・?

③ ・鍋島直正は、北海道開拓使の初代長官だった。

　・その後を継いだ東久世通禧（ひがしくぜ みちとみ）に同行し、主席判官としてやってきたのが、(鍋島
　　直正と同じ)肥前国(佐賀)の 島義勇 だった!

　▷【 島義勇（しまよしたけ）の写真 】

④ ・この島義勇の像が、現在、札幌市役所のロビーに飾られている!

　▷【 島義勇の像の写真 】

⑤ ・どうして、島義勇の像が、札幌市役所に飾られているのか?

　→(投げかけのみ)

⑥ ・実は、もう1体、島義勇の像が札幌にはある。

　・それは、札幌のどこなのか?

　→・・・?

⑦ ・〈 開拓神社のコピーを提示して 〉ここにある!

　▷【 開拓神社と島義勇の像の写真 】

⑧ ・どうして、「[開拓]神社」に、島義勇の像があるのか?

　→・・・?

⑨ ・島義勇は、 北海道開拓の神 として、この開拓神社に祭られているからだ。
　　京都や佐賀の町を手本に、「札幌の町づくり」を進めたのは、島義勇だった。

　・その開拓神社を参拝している「ある人」の記事が、最近の新聞に載っていた!

　▷【 産経新聞の記事の写真 】

⑩ ・開拓神社を参拝している、この人物は、誰だか知っているよね?

　→・・・?

⑪ ・ 山口祥義（よしのり） さんだ。

　・でも、山口祥義（よしのり）さんって、誰なのか?

　→・・・

⑫ ・山口さんは、佐賀県の県知事だ。記事には、「北海道で大事にされているのにもかかわらず、佐
　　賀では知られていない。郷里の偉人を学び、誇りを持ってもらうようにしたい」と山口知事の
　　言葉が書かれていた。北海道と佐賀は、実は大きなつながりがあることは、知っておいてもよ
　　いだろう。

＜参考文献＞

春名政弘「東北・北海道を知る」『地理授業シナリオ(上)』地歴社
「北海道地方の自然」「北海道地方の歴史と産業」羽田純一監修『まるごと社会科　中学・地理(下)』
　喜楽研

<板書例>

```
〈 北海道はでっかいどう 〉
 1  北海道（ 亜寒帯 ）                    3  北海道開拓の神 ＝ 島義勇
      ↑
 2  蝦夷地の開拓
      アイヌ
        屯田兵・開拓民
      お雇い外国人
```

❖授業案 〈 北海道はでっかいどう 〉について

　北海道に対しては、「大きい（ ＝でっかい ）」「寒い」というイメージがある。特に九州（ 佐賀県 ）の人間にとっては、「北の国」という感覚なのではないかと思う。そのため、そんなイメージから授業を始めている。「大きな北の国」というイメージである。その大きさは、佐賀県の「約38倍の面積」と言う表現だけではつかみにくいため、具体的に面積を佐賀県の地図と比較させて、その大きさを実感させようとしてみた。そして、北の国については、雨温図の読み取りからつかませようとしてみた。雨温図は、これまでも何回となく授業で取り扱っているため、その読み取りも無理なくできるようになっている。

　これまでの授業では、各地方の１時間目には県庁所在地（ 北海道は道庁 ）と県章（ 北海道は道章 ）と特徴を写した写真を考えさせてきた。しかし、北海道は１つしかないため、「（ 道章の ）本物は、どれだ？」との取り扱いにした。その後の授業の流れは、クイズ形式で、「正解は、どれだ？」との取り扱いでテンポよく進めていき、最後は佐賀県とのつながりが深いことでまとめとした。具体的な例として、私の住む塩田町の隣の武雄市は、北海道の雄武町とは（ 町の名前に使われている漢字が逆さまとの縁で ）交流をおこなっていることを紹介することもある。

　北海道の授業では、貼りもの資料も準備をしていたが、電子黒板を使ってみた。次の〈 北海道の農業 〉でも同様なのだが、北海道の景色の素晴らしさを伝えるためには大きな画面の方がいいだろうとの判断である。写真の大きさや色の鮮やかさなどは、貼りもの資料の写真では見せることができない演出となった。

　授業の最後は、たまたま佐賀県知事が北海道を訪れたときの新聞記事を見つけたため、使用してみた。それは、自分の県の知事の名前を知らない生徒も多いためでもあった。そんな自分の県の知事が開拓神社の場面で登場する意外性は、佐賀県と北海道のつながりを理解させるいい教材になったようだ。

地理 学習プリント 〈日本の諸地域：20 北海道地方：1-1〉

■都道府県の中で、日本で一番大きな面積の北海道。そして一番北にある北海道。そこは、どんな
　気候で、どんな歴史があるのか？　九州〜本州とは違った歩みを持つ北海道について学ぼう。

1：【 北海道の大きさ 】

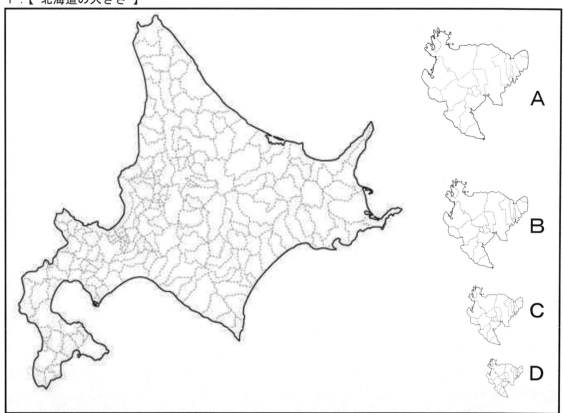

A

B

C

D

2：【 北海道の寒さ 】

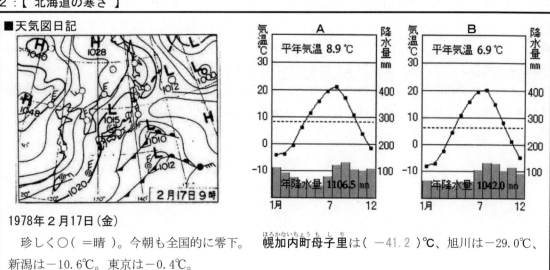

■天気図日記

2月17日9時

1978年2月17日（金）

　珍しく○（ ＝晴 ）。今朝も全国的に零下。
新潟は−10.6℃。東京は−0.4℃。

幌加内町母子里は（ −41.2 ）℃、旭川は−29.0℃、

A　平年気温 8.9℃
年降水量 1106.5 mm

B　平年気温 6.9℃
年降水量 1042.0 mm

地理 学習プリント 〈日本の諸地域：20 北海道地方：1-2〉

■北海道には、どんな地形があるのか？　佐賀県の面積と比較すると、どれくらいの広さなのか？
また、佐賀県とは、どんなつながりがあるのか？　地形や歴史的なつながりを考えてみよう！

3：【 北海道の地名 】

	意　味（発　音）	地　名	記号
①	冷たい水 の 川 （ ヤムワッカ　ナイ ）	稚　内	イ
②	大地の先端 （ シリ　エトク ）	知　床	ア
③	色の濃い 川 （ ヌプル　ペツ ）	登　別	オ
④	高い島 （ リ　シリ ）	利　尻	ウ
⑤	乾いた大きい 川 （ サッポロ　ペツ ）	札　幌	エ

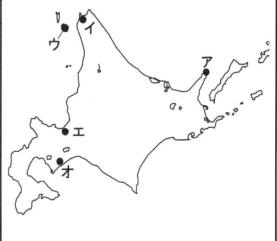

※北海道庁がある町はどこ（ ①〜⑤の何番 ）？

ケンとメリーの木

マイルドセブンの丘

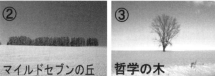
哲学の木

幸福駅

未納島ビーチ

道章	A	B	C	D	E	F
	★	★	✳	✡	✺	⌘

4：【 北海道の地形 】

A	オホーツク　海		
B	知　床　半島	H	富良野　盆地
C	渡　島　半島	I	石　狩　川
D	日　高　山脈	J	宗　谷　岬
E	石　狩　平野	K	摩　周　湖
F	十　勝　平野	L	阿　寒　湖
G	根　釧　台地	M	大　雪　山

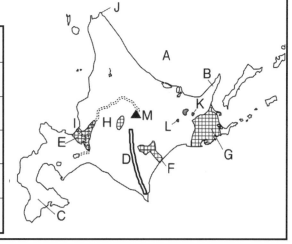

- 159 -

[52] 北海道の農業

◎十勝平野を例に、北海道の畑作についてつかませる。また、酪農については、具体的な仕事を紹介し、地域の写真と比較することなどから経営規模の大きさを実感させる。

1　北海道は、どれだけ寒いのか？

①・〈 ２枚の平野の写真を提示して！ 〉ここに、十勝平野と筑紫平野の写真がある！

　　▷【 十勝平野と筑紫平野の写真 】

②・どっちが、どっち（ の写真なのか ）？

　　→Ａが十勝平野・Ｂが筑紫平野・・・

③・そのことを、（ 写真の ）どこで判断したのか？

　　→畑の形・色が違う・・・

④・十勝平野と筑紫平野では、同じ「平野」と言っても違いがある。その違いにより（ どっちがどっちなのかは ）判断できる。

　・では、十勝平野と筑紫平野では、何が違うのか？

　　→・・・

⑤・一番の違いは、作っている農作物だ。

　・筑紫平野で作っている農作物は何なのか？

　　→稲・米・・・

⑥・十勝平野では、さまざまな農作物を育てているが、それは「稲」ではない。十勝平野で作られている作物は、主に「畑」の作物。

　・十勝平野は、日本有数の何地帯なのか？

　⇨ 畑作地帯

⑦・その作物の植える時期や収穫時期が違うために、畑の色が違っている。

　・そんな農家の１つを取り上げて【資料：２】に載せてある！

　　▷【 十勝平野の農家の規模を示した図 】

⑧・この農家が持っている耕地は、どれくらいの広さなのか？

　　→40ha・・・

⑨・それは、北海道の農家の持っている耕地面積の平均ぐらいなのか？　それよりも、広いのか？狭いのか？

　　→広い・平均ぐらい・狭い・・・

⑩・北海道全体での耕地面積の平均は、「26ha」だ。

　・と言うことは、十勝平野のこの農家の耕地面積は、北海道でも、広い方に、（なる、ならない）？

　　→広い方・・・

⑪・十勝平野の農家の平均耕地面積は、この農家の耕地面積と同じ広さで「40ha」もある。

　・ちなみに、北海道を除く日本の農家の平均の耕地面積は、どれくらいなのか（ 知っている ）？

　　→１ha未満・知らない・・・

⑫・２ha（ ≒141m×141m ）。　※・ちなみに、フランスやドイツは「30ha」。

　　都府県の農家の規模は、まだ１ha未満が多い。しかし、北海道は20ha以上の規模は、普通になってきた。十勝平野では、最近は、その数倍の規模の農家が多くなっている。この数字からも

十勝平野の農家は、大規模経営をおこなっていることがわかる。

※・最近経営規模が拡大しているのは、高齢化した農家の耕地を比較的若い農家が引き受けているため。

・【資料：２】に描かれているのは、そんな十勝平野での平均的な農家の様子！

・この図から、十勝平野の農家には、どんな特徴があることが読み取れるのか？

→四角に区切られている・木が植えてある・輪作してある・・・

※・木が植えてあるのは、風を防ぎ、他の人の畑に種が飛んでいかないようにするため。

2 十勝平野では、どんな作物が作られているのか？

①・十勝平野を、四季を通して見てみると、こんなに色が違っている！

▷【 十勝平野の四季いろいろな写真 】

②・「どうして色が違っているのか」と言えば、さっき説明した以外では、植えている作物自体が違っているからだ。

・では、十勝平野には、寒さに強いどんな作物が、主に栽培されているのか？

⇨ 小麦・てんさい・じゃがいも・豆類

③・豆類には、「小豆（あずき）」と「大豆」があり、その他には、「とうもろこし」や「ひまわり」などがある。

・写真で見ると、こんな様子になる！

▷【 小豆・大豆・小麦・じゃがいも・とうもろこし・ひまわり・ビートの各畑の写真 】

※・「ひまわり」の種は油を取ったり、ペットのエサになる。

④・この中で、「ビート」とは、どんな作物なのか？

→・・・？

⑤・ビートを写真で見ると、こんな作物だ！

▷【 ビートの写真 】

⑥・この作物、何という野菜に似ているのか？

→大根・・・

⑦・（ ビートの別名は ）「てんさい」とか、「砂糖大根」とか言われている。

・つまり、ビートからは何が取れるのか？

→砂糖・・・

⑧・同じように、砂糖の原料になる作物が、南の方で取れることを以前勉強した。

・その作物とは、何だったのか？

→さとうきび

※・日本の砂糖の自給率は約３割。その内、約８割が北海道産のてんさいを原料にしている。てんさい糖は「オリゴ糖を含むので、体に良い」とも言われている。

①・〈 北海道の東端、知床半島の近くにある別海町(べつかいちょう)の酪農家の拡大コピーを提示して！ 〉これは

　　北海道 別海町 にある農家の写真だが、十勝平野の農家とは違っている。

　　・何が違うのか？

　　→畑がない・四角に区切られていない・・・

②・近くによって見ると、こんな様子がわかる！

　　▷【 酪農家・サイロ・牧場の写真 】

③・この別海町の農家は、約50haの牧草地を持ち、約85頭の牛を飼っている。つまり、 酪農 をお

　　こなっている。

　　・この「酪農」とは、どんな農業なのか？

　　→・・・

④・農家で飼われている牛には、2種類ある。

　　・〈 肉牛の写真！ 〉この牛と 〈 乳牛の写真！ 〉この牛の違いは、何だかわかる？

　　→肉牛と乳牛・・・　※・左はホルスタイン種の肉牛(雄)。

⑤・別海町で飼われているのは「乳牛」だ。

　　・と言うことは、ここで飼われている牛は、次のうちのどれなのか？

A：オスだけ	B：オスが半分以上	C：オスとメスが約半々
D：メスが半分以上	E：メスだけ	

※・挙手により、予想を確認する。

※・提示した放牧の写真を指して、「この写真を、よ〜く見ると答えはわかる」などと

　　ヒントを出すと、余計に予想がわかれる(実際は、よく見てもわからないが)。

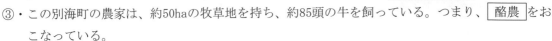

⑥・どうして、メスだけしかいないのか？

　　→・・・

⑦・ここの牛は、何を取るために飼われているのか？

　　→牛乳・牛の乳・・・

⑧・オスは乳を出さない(出せない)ため、飼われている牛は、当然メスだけ。この牛

　　は「ホルスタイン」という品種の牛で、「よく乳が出る」と言われている。

　　・乳牛から牛乳を搾り取ることを 搾乳 という。

※・メス牛でも子どもを産まないと乳は出ないため、人工授精をおこなう。そして、子牛が産まれると10

　　か月搾乳できる。3〜4回出産し、その後は廃牛となり、5〜6年の生涯を終えて牛肉になる。

①・ところで、牛1頭が1年間に出す牛乳の量は、〈 200mℓ入る牛乳瓶を提示しながら！ 〉牛乳ビ

　　ンにして何本ぐらいになるのか？

A：400本	B：4,000本	C：40,000本

※・挙手により、予想を確認する。

※・「品種改良」によって、肉牛の8倍という驚くべき乳量になっている。

②・酪農家としては、当然、できるだけたくさんの牛乳を出す牛が欲しい。

　　・では、たくさんの牛乳を出す牛なのかどうかを、酪農家の人は、何で見分けているのか？

A：あくびをよくする	B：よだれをよく垂れる	C：尿をよく出す
D：糞をたくさんする	E：ガスをよくする	

※・挙手により、予想を確認する。

③・牛には胃が４つあり、食べた草を反芻（はんすう）している。

※・口で咀嚼（そしゃく）して胃袋に、そして胃袋から戻して、また口で咀嚼することを「反芻」という。牛の胃には微生物がたくさんいて、草から脂肪酸をつくっている。ほっておくと、その酸で微生物は死んでしまうため、反芻して尿素を含むアルカリ性のよだれを混ぜている（そのため、牛の尿には尿素が少ない）。微生物は、その尿素を栄養にして牛のタンパク源になる。

・この「反芻」の時間が長い牛ほど、牛乳をよく出す（１日11時間以上、反芻をしている牛もいる）。反芻をすると「よだれ」が出るので、「よだれをよく出す牛ほど、牛乳もよく出る」。つまり、よだれの出方で、牛乳をよく出す牛を選んで育てている。

※・このほか、「体型が丸く、胸底が広い牛」が牛乳をよく出す牛だとされている。

・ちなみに、搾乳は（手作業ではなく）、現在は機械でおこなわれている！

▷【ミルカーによる搾乳の写真】 ※・最近は、搾乳ロボットも導入されている。

④・こうして搾乳した牛乳は、 ミルク缶 に入れる。 ※・最近はパイプラインも導入されている。

・その「ミルク缶」って、どんな形をしているのかは、知っているね？

→・・・？

⑤・ここに描かれているのが、「ミルク缶」だ！

▷【ローソンのロゴマーク】

⑥・ローソンは、アメリカで80年程前、牛乳屋を営んでいたローソンと言う人が（牛乳・肉製品や日用品を扱う）販売店チェーン・ローソンミルク社を設立したことに始まる。

・日本では、50年程前（1975年）、このローソンミルク社の販売方法を採り入れて、「ローソン１号店」が大阪にできた。しかし、その後、アメリカの店舗は別のチェーン店に統合されて、アメリカでローソンを名乗る店舗はなくなってしまった（現在、日本のローソンは三菱商事の子会社になっている）。

5 酪農とは、どんな農業なのか？

①・搾乳は、１日に何回おこなっているのか？

→朝・夕２回・・・

②・この仕事を１日でも休むと、牛は乳房炎という病気になってしまうから、休みが取りにくい。そのため大農場でも家族経営でがんばっているところが多い。搾乳した生の牛乳はミルクローリー車で乳業メーカーに運ばれる。

・そしてその後、どうなるのか？

→牛乳として売る・バターやチーズに加工する・・・

③・牛乳は腐敗しやすいから、脂肪分などを取りだしてバターにしたり、乳酸菌で発酵させてチーズやヨーグルトに加工することが古代からおこなわれていた。酪農の「酪」とは、発酵させた乳製品のことだ。

・牛を育てるには、エサになる「牧草」が必要になる。（牧草だけを飼料とした場合）「１頭の牛を育てるのに１ha（＝100m×100m）の牧草地が必要」とされている。

・と言うことは、別海町の酪農家は、１戸当たり平均160頭の牛を飼っているので、どれくらいの広さの牧草地が必要になるのか？

→160ha・・・

④・160haとは、どれくらいの面積になるのか？

　　→・・・？

⑤・およそ、これくらいの面積になる！

　　▷【　中学校周辺の写真　】

※・グーグルアースで学校周辺の写真を探し、そこに160haの広さの枠を書き入れることで牧草地の広さを実感させる。

⑥・こうした広さの牧草地で、牛が飼われている。

　　▷【　牧草地の写真　】

⑦・ところで、この牧草って、どうやって育っているのか？（自然に育っているのか？　人が育てているのか？）

　　→人が育てている・・・

⑧・ 牧草地 は、 採草地 と 放牧地 にわかれている。

　　・「採草地」は、【資料：7】の写真A・Bのうち、どっちなのか？

　　→A・・・

⑨・では、Bは何なのか？

　　→放牧地・・・

⑩・「放牧地」では、牛を放して牧草を食べさせている。一方、「牧草地」では、クローバーやチモニー、オーチャードグラスなどのマメ科やイネ科の牧草を育てている！

　　▷【　牧草の写真　】

⑪・柔らかく、繊維の長い牧草を食べさせないと、乳牛はたくさんの乳を出してくれない。だからそんな牧草を育てて牛に食べさせている。

　　・つまり、牧草地とは、牧草を育てる何なのか？

　　→畑・・・

⑫・牧草づくりは、農作物を育てる農作業と同じこと。

　　・そうして育てた牧草は、刈り取った後、どうしているのか？

　　→保管・・・

⑬・かつては、こんな建物に入れて保管していた！

　　▷【　サイロの写真　】

⑭・この建物を何というのか（知っている人）？

　　→サイロ・・・

⑮・ところが、塔の形をしたサイロは倒れてしまうことが多いうえ、サイロ内で牧草を発酵させているから作業中に酸欠事故も起こりやすい。そのため、最近はあまり使われなくなった。

　　・では、刈り取った後の牧草は、今はどうしているのか？

　　→・・・

⑯・〈拡大コピーを提示して！〉このように、牧草を大型機械で直径2メートルほどの円筒形にして、ビニールに包んで採草地に置いて発酵させている（牧草を発酵させるのは、長期保存するため）。放牧地の草が無くなった時期、牛はそれを食べている。

※・この後、時間があれば、学習プリントの【資料：10】に描かれている白地図に、指示に従って色塗り作業をさせて、北海道の農業地帯の分布を確認させてもよい。

<参考文献>

若木久造「乳牛は何本の牛乳を出すのか？」「大根から作られる砂糖って何？」『明日の授業が楽しくなる
　日本地理の授業』わかたけ出版
「北海道地方の歴史と産業」羽田純一監修『まるごと社会科　中学・地理（下）』喜楽研

<板書例>

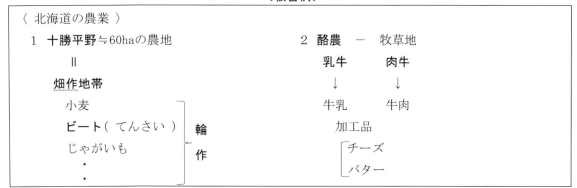

❖授業案〈 北海道の農業 〉について

　この授業でも電子黒板を使用した。北海道の季節毎の畑の風景の移り変わりを実感させるには、大
きな画面の電子黒板は大変有効だった。また、牧場の広さについても中学校を中心に写された写真を
電子黒板に映し出すことで、生徒の理解を容易にしたようだ。その後も画像をもとに具体的な作物や
酪農のようすをつかませていった。

■北にある北海道の石狩平野を上空から見ると、色とりどりの農地が広がっている。どうして、緑
　一色ではないのだろうか？　この風景から、北海道の農業のどんな特徴がわかるのか？

1 :【 十勝平野の風景 】

2 :【 ある農家の見取り図 】

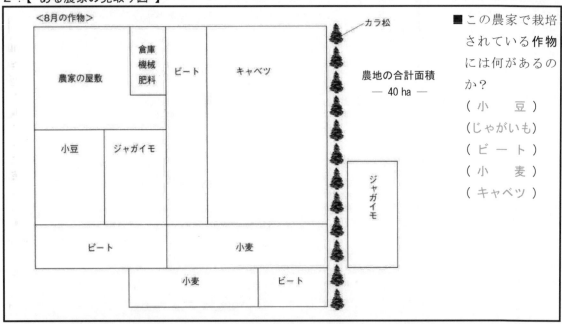

■この農家で栽培
されている**作物**
には何があるの
か？
（ 小　　豆 ）
（ じゃがいも ）
（ ビ ー ト ）
（ 小　　麦 ）
（ キャベツ ）

3 :【 畑や農家の周辺の風景 】

■北海道では、酪農も盛んにおこなわれている。どんな家畜が、どのような農場で飼われているのか？　そもそも面積の広い北海道では、どれくらいの規模で酪農がおこなわれているのか？

4：【 別海町の風景 】

※この風景から別海町の農業の何が見えるのか？

5：【 酪農 】

←この牛は何牛？

→この牛は何牛？

6：【 塩田中学校の広さ 】

1ク㎞(＝100m×100m)とは、どれくらいの広さになるのか？

※1㎢は、中学校の正門から三宝寺までを1辺とした正方形と同じ位の面積になる

三宝寺

塩田中学校

校舎

■家畜のエサとなる牧草は、どのように手に入れているのか？ 牧草地は、放牧地と採草地に分か
れるが、どのように違うのか？ また、現在では、どのようなことが変わってきているのか？

7：【 牧草地（ ＝放牧地＋採草地 ）】　　　　　　　どっちが「放牧地」？ 「採草地」？

→（採草地）
←（放牧地）

8：【 少し前の酪農家の家 】

9：【 農産物の出荷額の比較 】

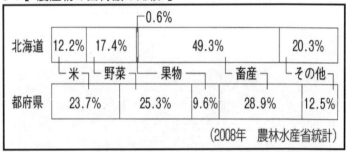

	米	野菜	果物	畜産	その他
北海道	12.2%	17.4%	0.6%	49.3%	20.3%
都府県	23.7%	25.3%	9.6%	28.9%	12.5%

（2008年 農林水産省統計）

10：【 北海道の農業地帯 】　　　　・米作＝緑色　・畑作＝黄色　・酪農＝青色で色を塗りなさい

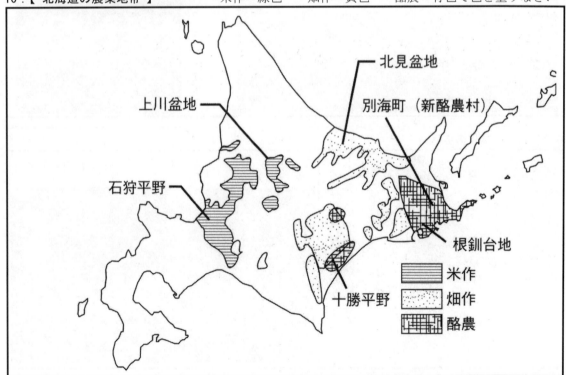

付論 社会科授業の方法と技術

（ 続き ）

1　はじめに

　ここでは、〈 中華民国の登場 〉の授業を取り上げている。この授業を取り上げたのは、この授業が定年退職による最後の授業となったためである。本来の授業計画では、中学校社会科教師の最後の授業は〈 大日本主義か、小日本主義か 〉で近代の日本の進んできた道をふり返り、その後、進むべき道をどうするのかを考えさせて、3年生への歴史学習へとつなげていく予定だった。ところが、新型コロナウィルス感染拡大防止による、突然の全国一斉休校が実施されたため、この〈 中華民国の登場 〉が、私の中学校社会科教師としての最後の授業となってしまった（ もっとも、現在も再任用で勤務しているため、正確には最後の授業ではなくなったのだが・・・ ）。

2　授業タイトル

　一斉問答が終わると、その日の授業に入る。授業は、「では、今日の授業のタイトルを（ ノートに ）書きなさい！」「時間は（ 15秒～ ）20秒です！」との指示で、その日のタイトルをノートに書かせることから始める（ このとき、持ってきた置時計で20秒を計るか、20数える ）。20秒（ 程 ）たったら、「はい、筆記用具を置いて、ヘソを前に（ 向けなさい ）！」と指示を出す。生徒は筆記用具を置いて、ヘソを（ ＝体全体を ）前に向ける。

　授業のタイトルを書く時間は、15～20秒程しか取っていない。授業タイトルは短い文なので、書くためにはそれほど時間は必要ないからだ。また、ノートを速く書き取る習慣をつけさせるためでもある。こうして時間を設定して書かせることにより、生徒もダラダラとすることはできにくくなる。

3　忘れもの対策

　次に、「（ 忘れものをした人がいるので ）はじめに、その人（ たち ）に質問です！」と、立っている生徒たちに問題を出す。忘れものをした生徒は、号令（「起立」→「礼」→「着席」）の後、席に座ることなく、そのまま立っておくように指示を出している。生徒には、「忘れものをした場合、他の生徒より学ぶ場面を多くする」との説明をおこない、忘れものをした生徒限定の問題に答えさせている。

　忘れもので多いのは、宿題忘れである（ つまり、問題プリントをしてこないことである ）。問題プリントをやってきているのかどうかについては、授業準備のために学習班を組んでいるときや、「問題プリントの答えの確認」をさせているときに、各班をざっと見て回って確認をしている。そのため生徒は誤魔化すことなく、忘れものをした場合には正直に立っている。

　発問する内容は、「前時の授業のおさらいの質問」、あるいは「授業案の最初の内容からの質問」にしている。授業案の最初の内容から質問する場合には、その日の授業は授業案に書いている流れとは少し違う形になる（ なお、大きな出来事があったときなどには、時事問題を出すようにしている ）。

4　物語るように話す

　授業で話す速さは、少し速めに、物語る（ ＝生徒に語りかける ）感じになることを心掛けている（ 最近は、講談調の雰囲気を意識して話すようにもしている＝勢いよく・テンポよく ）。

　授業を進める速さは、授業案に書いている予定より進み過ぎるくらいがよい（ 授業案は1つの助言を

１分以内という目安で書いているが、それより早く進める感じになる）。特に話し合い活動を計画している場合には、予定より速く進むことにより、その分の時間を話し合い活動にあてることができる。そのため、予定よりも進み過ぎることは都合がよい。

声の高さは、ある程度は教室に響くくらいを意識する。そのためには、腹式呼吸ができた方がよい（私は大学が教育学部の小学校課程だったため、声楽の授業で腹式呼吸を身につけさせられた）。

教師の視線は、教室の後方（＝後ろの班の中央あたり）、教師からすると前方を向いていることが多い。しかし、生徒の発言状況によっては、発言者の方を向いたり（逆に発言者から遠い方を向いたり、または、そこまで移動して発言者の方を向いたり）と違ってくる。ときには、意図的に全体を見回すようにすることもある。ただし、授業中どこを見るのかは、教師の癖のようなものもあるため、自分がやりやすい方法でおこなう方がよいとも言える。

5　問答で進める

授業は、問答で進めることを基本にしている。そのために指導言では説明を少なくして、発問を多くしている（授業案では、発問を多くつくるようにする）。問答により教師の発問に対して発言をさせる行為は、生徒の授業参加の場面を多くすることにもつながる。

一斉問答では、答え（＝教科書の記述内容）を確認させる。そのため、授業では復習よりは予習をさせることになる。学習内容の定着の面から考えると、復習の方が大切になるようにも思えるが、生徒の授業参加の面から考えると、復習よりは予習の方がよい。

全体問答では、自由発言をさせることで、生徒に自分から授業に参加する姿勢をつくらせることにもなる。

一斉問答や教師の説明において予めわかっている語句（事柄）については、カードに書いておく。語句を書いた貼りもの資料（＝カード）を使用することにより、板書を少なくすることができるからである。板書を少なくすることは、授業の流れを止める回数を減らすことにつながる。また、板書することにより、教師の視線が生徒から離れることを防ぐことにもなる。

6　聴かせ方の指導

問答を成立させるには、教師の発問をきちんと「聴かせる」必要がある。つまり、生徒に発言させるためには、まず「聴かせる指導」が大切になる。生徒に聴く姿勢をつくらせるための指導としては、「ヘソを前の黒板中央に向けなさい！」と言う指示を出している。これは慣れてくると、「ヘソを前に！」と省略形になる。

また、聴かせる指導では、「メシ・クソしない！」と言う表現で、聴くことに集中するように指示を出している。これは、「メシ食うこととクソすることを一緒にしない！」の省略形の言い方である。表現がやや下品であるが、これは「一時に一事」を徹底させるために使っている。

「みんなの中で、メシ食いながらクソしている人っていますか？」「（そんな人は）いないだろう。」だから、「飯を食うときには飯を食べ、糞をするときには糞をする。」「（２つのことを）同時にはしないように。」「（授業中も）メシ・クソはしないように！」との説明をしている。

「メシクソしない！」が言いにくい場合には、指示としては「一時に一事！」でもよい。しかし、下品な表現だからこそ、生徒に指示が通っている面もあるようだ。

「一時に一事」とは、「聴くときには、聴くことに集中をすること」「書くときには、書くことに（集

中すること ）」「はなしあうときには、はなしあうことに」、「作業をするときには、作業することに」集中すること。つまり、「一つの時に一つの事をおこなうこと」である。このことは、生徒にあれこれ一緒にはおこなわないことの要求でもある。このことが徹底していると、行動にメリハリがついて、きちんと「聴く」、「発言する」などの行動ができるようになっていく。とは言っても、「発言させるための指導が必要ない」と言うことではない。

　ここで紹介している方法は、教師の指導言を生徒に聞かせる場合のやり方である。討論などをおこなう場合には、それとは別に、生徒の発言を生徒に聞かせるための指導も必要になる（ そのことについては、後の方で述べているが、発言者の方に体を向けて聞かせることが基本となる ）。

7　ノートを取らせる

　生徒に板書内容をノートに書かせる場合は、「一時に一事」に沿って、書く時間を設定している。そのときまでは授業タイトルを書かせても、それ以外の板書をノートを取らせることはしない（ そのため筆記用具を持っている生徒がいた場合には、その筆記用具を置くように指示をしている ）。

　板書内容は、ある程度は授業が始まる前に書くようにしている。しかし、全てを書くことはできない場合が多いため、書けなかった分については、生徒がノートを取るのと同時に書き足しをしていく。

　生徒がノートを取る時間は、３分間を基本としている（ そのため、生徒が３分以内で書き終わる量の板書しかできず、あまり詳しい構造的な板書はおこなっていない ）。

　生徒がノートを取る時間の３分は、砂時計を使って計っている。そのため、授業の道具の１つとして砂時計を持っていっている。砂時計は、１分計・３分計・５分計の３つが付いたものを使っている。

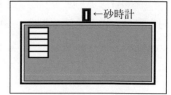

　普通の使用では３分計１つだけでもいいのだが、場合によっては、ノートを取る時間や話し合い活動の時間を延長することもある。ただ、延長と言っても１分や２分程度なので、１分延長では新たに１分計の面を提示する、２分延長では続けて５分計の面に変えて提示するだけのことである。こうした対応がしやすいため、３つの時間が計れる砂時計を使っている。

　砂時計を生徒に提示する場合には、（ 図のように ）黒板の中央の上に見えやすいように置いている。

8　ノートを取らせるタイミング

　生徒にノートを取らせるタイミングは、提言の切れ目を基本に考えている。しかし、その日の授業の雰囲気や流れにより、「このタイミングでノートかな？」などと判断して書かせることも多い。特に、「ここで書かせなければならない」と決まっているわけではないので、その日の生徒の様子で判断していることが多い。そのため、テンポよく授業が進んだときにはノートを取る時間の設定を忘れることもある。問答でドンドン進んでいき、そのまま話し合い活動に入ったりする場合などには、その流れを中断させたくはない意識が働き、ノートを取る時間の設定ができない（ 忘れる ）ことがある。

9　ノートを終わらせるタイミング

　ノートを取る時間の３分間を計るには、デジタルタイマーを使うやり方もある。しかし、あえて砂時計を使っているのは、きっちりと計らないためである。デジタルタイマーで計ると誤魔化しがきかない。３分なら３分が、きちんと表示されるからだ。

ところが砂時計を使うと、時間になる前に黒板の上から下ろして、「あと 20 秒程で時間になるぞ！」などと声で時間を知らせることができる。砂時計を生徒から見えなくして、教師の指示により時間を伝えるようにすると、時間の調整ができる。実際、ノートを取っている生徒の様子を見て、15秒で終わらせたり 40 秒にしたりと、多少長くしたり短くしたり時間調整をおこなっている。こうしたことは、デジタルタイマーを使った場合には難しい（ 砂時計の使い方は、話し合い活動のときも同じである ）。

10　授業案：〈 中華民国の登場 〉
　2020 年の２月におこなった〈 中華民国の登場 〉の授業案を紹介する（ この授業案は、『討論する歴史の授業④』に掲載しているが、その改訂版となる ）。
　本時の目標は、「列強の侵略の下で、中国民衆のようすはどうであったのか？　その中から、どのようにして清を倒し、新しい共和国がつくられていったのかをとらえさせる。日本としては、新しい中国に対して、どのようにつき合うべきなのか考えさせる。」とした。

| 1 　清をめぐる情勢は、どうなっていたのか？ |

　①・【資料：１】の絵を見てみよう！
　　▷【 資料：１ 】＆フリップを黒板に提示
　②・この絵の中には、いろいろな動物が描かれている。よく見ると、絵の真ん中で、くたばりかけているような動物(?)に、ＣＨＩＮＡと書かれている。
　　・と言うことは、この動物(?)は、どこの国をあらわしているのか？
　　→清・中国・・・　＜ 自由発言 ＞
　③・この絵には、そんな状態の「清（ 中国 ）」に、いろんな動物が群がって、食い物にしようとしている様子が描かれている。
　　・この中で、クマやライオン・タカなどは、それぞれどこの国をあらわしているのか？
　　→クマ＝ロシア　　ライオン＝イギリス　　タカ＝アメリカ　＜ 自由発言 ＞
　④・更に、この絵を見ると、クマとライオン（ ロシアとイギリス ）は、どんな関係にあることがわかる？
　　→対立関係・敵対関係・・・　＜ 自由発言 ＞
　⑤・また良く見ると、絵の左下の方からナイフをくわえて、ジワジワと近づいている小さな動物がいる。
　　・これは、どこの国なのか？
　　→日本・・・　＜ 自由発言 ＞
　⑥・これらは外国人が見た、当時の清の様子だ。
　　・同じような内容を描いた、こんな絵もある！
　　▷【 中国分割の風刺画 】
　⑦・ここには「ＣＨＩＮＥ」と書かれたパイを５人の人物が切り分けようとしている様子が描かれている。
　※・Chine はフランス語で中国のこと。
　　・５人の人物は、それぞれどこの国をあらわしているのか？
　　→イギリス・ドイツ・ロシア・フランス・日本・・・　＜ 自由発言 ＞

⑧・そんな人物たちの後ろで、手を挙げている人物が（ どこの国なのか ）・・・？

　→**清・中国**・・・　＜ 自由発言 ＞

⑨・清の人は、「やったぁ〜」と喜んでいるのか？　　「やめてくれ〜」と慌てているのか？

　→**「やめてくれ〜」**・・・　＜ 自由発言 ＞

⑩・なかなか面白くユニークに描かれている。しかし清の人たちにとっては、この絵を見て「面
　　白がったり悲しんだりしている」だけでは済まされない。

　・では、こんな状況に、清の人たちは、どう取り組んでいったのか？

　→・・・？　＜ 自由発言 ＞

2　どのようにして清は倒され、中華民国ができたのか？

①・清の人たちは、1899年に義和団事件を起こし外国の侵略に立ち向かった。
　　しかし、列強８ヵ国がこれをおさえてしまった。

　・その後の（ 清の ）国内の様子を描いたのが【資料：2】の絵だ！

　▷【 資料：2 】＆拡大コピー

②・ものすごい荷物を背負わされている「やせ細った男」は、誰をあらわしているのか？

　→**清の国民**・・・　＜ 自由発言 ＞

③・その清の国民は、ものすごい「荷物」を背負わされている。

　・では、この荷物は、何をあらわしているのか？

　→・・・　＜ 自由発言 ＞

④・荷物には、 外債・賠償および一切の税金 と書かれている。「外国からの借金や賠償金」の
　　支払いは「税金」として、全て国民におっかぶせられていた。

　・と言うことは、この大きな荷物の上に、ちょこんと乗っかっている「小さな人物」は、何を
　　あらわしているのか？

　→**清の政府**・・・　＜ 自由発言 ＞　※・ここでは、発言がないことが多い。

⑤・清の国民と政府の立場をよくあらわしている。しかし、「いつまでもそのまま」と言うこと
　　ではなかった。国民の間では、組織的に革命運動を進めるための新しい動きが始まっていた。

　・そんな革命運動の中心となった人物で、日本に亡命していた人の中には、誰がいたのか？

　⇨ 孫文 　＜ 一斉発言 ＞〈 写真を提示！ 〉

⑥・孫文は、1905年、東京で、どんなことをするための運動を始めたのか？

　⇨ 清をたおすための運動 　＜ 一斉発言 ＞

⑦・このとき、孫文は何を唱えて革命を指導したのか？

　⇨ 三民主義 　＜ 一斉発言 ＞

⑧・「三民主義」の「3つの民」とは、何のことなのか。

　・【資料：4】を読んでみよう！

　→ 民族主義 　 民権主義 　 民生主義 　＜ 自由発言 ＞

⑨・この3つは、とも「これからの中国をどうするのか」と言う方向を示していた。そして孫文
　　たちは中国同盟会［ 後の国民党 ］をつくり、「革命により、めざすべき方針」を示した。

　・それが、【資料：5】の6つの内容だ！

　▷【 資料：5 】

⑩・これらのことが実現すると、【資料：1】【資料：2】の絵のような状況は、なくなる？

　→なくなる・・・　＜　自由発言　＞

⑪・革命は、「清朝政府のある北京を直接攻撃する」のではなく、地方毎に

　　「清朝の支配を打ち砕く」形で始まった。

　・革命は 1911 年の、どこでの反乱をきっかけに始められたのか？

　⇨ 武昌（ 現在の武漢 ）　＜　一斉発言　＞

※・時間があれば「武漢」の場所を地図帳（ P245 ）で確認させる。

⑫・武昌での勝利は大きく、たちまちのうちに革命は中国全土に波及していった。24 省のうち 15

　　省までが独立を宣言して、清朝から離れていった。

　・こうして革命派は、1912 年に、何という国の成立を宣言したのか？

　⇨ 中華民国　＜　一斉発言　＞

⑬・このとき、孫文は国王を置かずに、何になったのか？

　⇨ 臨時大総統　＜　一斉発言　＞

⑭・1912 年、「約 300 年続いた清の支配を倒した」この一連の革命は、中国風の年代の言い方を

　　取って、何革命と言われているのか？

　⇨ 辛亥革命　＜　一斉発言　＞

⑮・この辛亥革命は、日本の明治維新のように、それまでの政府を倒して、「新しい国をつくる」

　　と言うものだった。

　・では、この革命に対して、（ 清を狙っていた ）日本は、どうすべきなのか？

　　Ａ：中国の新しい国づくりのため革命を援助する

　　Ｂ：義和団事件の時のように革命を抑えるため兵を出す

　　Ｃ：中国のことだから何もしない

　・どうすべきなのか、班ではなしあい［　3 分間　］！

　▷班内でのはなしあい

　※・ここから班内でのはなしあい　→　学級全体での討論へとつなげる。

　※・実際は、日本政府は武昌蜂起の後すぐに「清朝政府支援のため、総額 270 億円にものぼる武器を

　　　与える」ことを約束した（ つまり「どうしたのか？」との論題であれば、答えは「Ｂ」となる ）。

　　この授業をおこなった 2020 年 2 月には、すでに地理の授業は終わっていて、3 月の授業は全て歴史に充てることができる状況になっていた。そのため、授業の進み具合から判断して（ 急いで授業を進めなくても、次の【 現代の始まり 】の単元も終わることはできるだろうとも考えて ）、ここまでを 1 時間の授業とした。そして、この後（ 後半 ）を 2 時間目とする 2 時間扱いの授業に変更した。その方が、この授業での内容を深く考えさせることができると判断したからでもあった。

　　ここで選択肢を 3 つにしたのは、Ａは、明治維新を経験した日本として、中国の新しい国づくりを援助する立場から考えさせることができ、Ｂは、朝鮮や中国への侵出の機会とする立場から考えさせることができ、Ｃは、内政干渉の立場から考えさせることができると考えたからである。この 3 つの中のどの立場を取るのかで、その後の日本の進むべき道も異なってくる。実際は、Ｂ（ 義和団事件の時のように革命を抑えるため兵を出す ）の立場で、清朝政府を支援することをおこなったわけではあるが、ここでの生徒の選択により、その後の単元（【 現代の始まり 】・【 15 年戦争 】）の授業へのつながりも異なっていくことになる。そのため、ここで時間をかけて生徒に考えさせておこうと判断した。

なお、2021 年（再任用 1 年目）の授業では、この 2020 年の討論の結果を受けて、日本政府の取った行動については以下のような指導言を付け加えて、後半の授業につなげるようにした。

---

⑯ ・日本政府は、清朝政府を支援するために総額 270 億円にものぼる武器を与える約束をした。
　　つまり、「清朝政府に味方して、革命を抑える行動を取った」わけだ。
　・でもはたして、日本の行動は、それで、よかったのか？　（それは）まずかったのか？
　→よかった・まずかった・・・　＜自由発言＞

　授業案では、次の提言 3 からが 2 時間目の授業となる。提言 4 で、日本の進むべき道についての討論をさせることを予定しているため、実際の授業では、まず初めに 1 時間目の授業内容を 3 秒ルールによる班毎の指名発言でおさらいをして、本時（2 時間目）の授業内容に入っていった。

3　日露戦争後の日本は、アジアではどんな存在だったのか？

①・ところで、中国人の孫文が、どうして日本にいたのか。
　・「強制されて日本にいた」のか？　それとも、「自分から日本に来ていた」のか？
　→強制されて・自分から・・・　＜自由発言＞
②・実は、日清戦争が終わって間もない 1895 年 11 月、孫文は広州で革命に立ち上がっていた。
　・その結果は（どうなったのか）・・・？　　※・日清戦争＝1894 年 7 月　下関条約＝1895 年
　→失敗・成功・・・　＜自由発言＞
③・たちまちのうちに［清の政府に］敗れて、（孫文は）懸賞金つきの「お尋ね者」になってしまった。そのため孫文は、国外逃亡をはかった。
　・どこ（の国）に［逃亡を図ったのか］？
　→日本・・・　＜自由発言＞
④・つまり、（孫文が）日本にいたのは（強制されて？　自分から？）？
　→自分から　＜自由発言＞
⑤・（孫文には、そんな事情があったが）一時期、日本には、清からは 1 万人を越える程の留学生が来ていた。
　・でも、どうして留学先が「日本」だったのか？
　→・・・？　＜自由発言＞
⑥・それは日本が（清だけではなく）、アジア全体に「大きな希望」を与えていたからだった。
　・欧米列強の植民地支配に苦しむアジアの人々に、独立への希望と自信を与えたのは、何だったのか？
　　日本が日露戦争に勝利したこと　＜一斉発言＞
⑦・日露戦争では、「日本がロシアを打ち破った」ようにアジアの人々には見えた。そして、そのことが、アジアからヨーロッパの支配を追い出す「希望の光」に見えた。
　・では（同じアジアの一員である）日本の行動は、アジアの希望となるものだったのか？
　→違う・反対だった・・・　＜自由発言＞
⑧・それでも、日本に対する「期待」は大きかった。
　・そのことがわかるのは、さっきの【資料：4】の何番目？
　→5 番目・・・　＜自由発言＞

4 日本の取るべき道は、西洋覇道の鷹犬か？ 東洋王道の干城か？

①・当時、日本には取るべき２つの道[＝進むべき道]があった。１つは、福沢諭吉の主張[＝
脱亜論]にもあったように、Ａ：「遅れたアジアの国々は切り捨てて、ヨーロッパ列強のあ
とに続こう」と言う道。もう１つが、Ｂ：「[遅れているからこそ]アジアの国々で手を組
んで一丸となり、ヨーロッパ列強に対抗していこう」と言う道だった。日本としては、どっ
ちの道を取るべきだったのか。

・Ａ：遅れたアジアの国々は切り捨ててヨーロッパ列強に続く道だったと思う人[挙手]！

▷〈 挙手による人数の確認のみ 〉

・Ｂ：アジアの国で一丸となりヨーロッパ列強に対抗していく道だったと思う人[挙手]！

▷〈 挙手による人数の確認のみ 〉

②・1924 年 11 月、孫文は、神戸で日本最後の講演をおこなっている。このとき孫文は、 西洋覇
道の鷹犬か？ 東洋王道の干城か？ と訴えた。

※・鷹犬＝悪の手先 干城＝守る（ 武士・騎士 ）

これは、日本は「ヨーロッパの帝国主義の手先に成り下がるのか」、それとも、「アジアの指
導者として武士のように生きるのか」と言う日本国民に対する強い訴えだった。

・日本に訴えたのは、日清・日露戦争の勝利で、何が高まっていたからだったのか？

⇨ 日本の国際的な地位 ＜ 一斉発言 ＞

③・日清・日露戦争で、日本の実力は国際的にも認められつつあった。だからこそ、「アジアの
支配者としてではなく、指導者として生きていくべきだ」と孫文は訴えた。

・では、日本としての進むべき道は、どうすべきなのか。Ａ：アジアの国々のことは考えず、
ヨーロッパと同じ道を進むべきなのか？ Ｂ：アジアの国々を守り、共にヨーロッパに対抗
していく道を進むべきなのか？

・Ａ：アジアの国々のことは考えずヨーロッパと同じ道を進むべきだと思う人[挙手]！

▷〈 挙手による人数の確認 〉

・Ｂ：アジアの国々と手を組んで共にヨーロッパに対抗していくべきだと思う人[挙手]！

▷〈 挙手による人数の確認 〉

・さて、どうすべきなのか、班ではなしあい[３分間]！

▷班内でのはなしあい

※・ここから班内でのはなしあい → 学級全体での討論へとつなげる。

5 革命後の中国は、どうなっていくのか？

①・その後、孫文は「革命いまだ成功せず」と言い残して、1925 年３月、59 歳で亡くなった。
日本を去って、わずか数ヵ月後のことだった。

・このとき孫文は、日本の行動を知り、一体どんな思いだったのだろうか？

→・・・ ＜ 自由発言 ＞

②・ところで、「『革命いまだ成功せず』と言い残した」と言うことは、その後の辛亥革命は、ど
うなったのか？

→失敗・うまくいかなかった・・・ ＜ 自由発言 ＞

③・どうして、うまくいかなかったのか？

→・・・　　＜　自由発言　＞

④・革命は進んだが、それでも「清朝の実権」は残っていた。清朝の実力を完全に無くすには、
　　皇帝を退位させなければいけなかった。しかし、そのためには、軍の力が必要だった。

　　・でも当時、北京で実権を握っていた軍人は、誰だったのか？

　　⇨　袁世凱　　＜　一斉発言　＞

⑤・そこで、革命派は「袁世凱が、共和制（ つまり「清朝の廃止」・「皇帝の退位」 ）
　　に賛成するのであれば、中華民国の大統領として迎え入れる」と申し入れた。

　　・袁世凱は、この申し入れをどうしたのか？（ 受け入れたのか？　はねつけたのか？ ）

　　→受け入れた・受け入れなかった・・・　　＜　自由発言　＞

⑥・袁世凱は、この申し入れを・・・受け入れた。そして、孫文に代わって大総統になった。そ
　　の後、清の皇帝は退位させられ、清朝は滅んだ。

　　・このときの清朝の「皇帝」の写真が、【資料：7】に載せてある！

　　▷【 資料：7 】＆拡大写真

⑦・「皇帝」とは言っても、まだ小さな子どもだった。この子どもが皇帝の地位についたのは、
　　わずか3歳のときだった。即位式で寒くて泣いていると、「泣くんじゃないよ、もうすぐ終
　　わるから」と言われた。ところが、その4年後には、「清朝」そのものが終わってしまった。

※・右の写真を提示しながら、「このとき幼かった清朝最後の皇帝（ ラストエンペラー ）溥儀

　　は、後に日本と大きく関わりが出てくる（ 満州国皇帝 ）が、それは3年生の授業で・・・」
　　との説明をしておいてもよい。

　　・これで完全に新しい中華民国がスタートすることになった・・・と思ったら、袁世凱が・・・
　　大変な「実力者」ぶりを発揮した。

　　・憲法や議会を無視して、何をおこなったのか？

　　⇨　独裁政治　　＜　一斉発言　＞

⑧・そして、袁世凱は、独裁政治を進めるために援助を受けた。

　　・どこから援助を受けたのか？

　　→ヨーロッパの国々・・・　　＜　自由発言　＞

⑨・袁世凱はヨーロッパの国々から援助を受けながら、中華民国の政治を押し進めていった。

　　・そうすると、孫文が唱えた「三民主義」の6つの方針は、どうなっていくのか？

　　→なくなる・踏みつぶされる・・・　　＜　自由発言　＞

⑩・また、このままヨーロッパ諸国から援助を受けていくと、中華民国は、革命前に戻ってしま
　　うのか？　それでもあまり変わらないのか？　それとも、更に悪くなっていくのか？

　　→・・・〈　投げかけのみ　〉

　　提言5についても、2021年の授業では助言⑩で、次ページのような変更をおこなった。これは、日本
が支持した清朝政府は辛亥革命でなくなり、今度は清朝皇帝を退位させた袁世凱と革命政府との対立と
なると言う状況の変化の中で、「日本としては、どうすべきだったのか」を生徒に考えさせようとした
からだった。またそれは、その後の歴史を考えさせていく上で大切になると判断したからでもあった。
　　なお、はじめは助言⑪には、「C：中国のことだから何もしない」という内政不干渉の立場からの選
択肢も設定していた。それは、提言2の助言⑮と同じ形にした方が、生徒には考えやすいだろうと判断
したからだった。しかし1クラス目で授業をすると、予想に反して生徒は考えが絞れなかったため、選

択肢Ｃは削除して、２択に変更した。

> ⑩・それでは孫文たち革命派が目指した民主的な国づくりはできなくなる。そのため、孫文たち
>   は袁世凱の政府に対し、第二次の革命のため武力蜂起をおこなった。
>   ・結果は(どうなったのか)？
>   **→失敗・袁世凱に鎮圧された・・・ ＜ 自由発言 ＞**
> ⑪・清朝は無くなり、代わりに新しい国がつくられた。しかし、その国は孫文たち革命派が目指
>   した国とは違っていた。そのため、革命運動は続き、中国国内では北の新しい国と南の孫文
>   たちの革命派勢力が衝突する事態となった。
>   ・ではこのとき、その後の中国との関係を考えた場合に、日本としては、どうすべきなのか。
>   ・Ａ：袁世凱の新しい国を支持すべきだと思う人[挙手]！
>   ▷〈 挙手による人数の確認 〉
>   ・Ｂ：孫文たち革命派を支持すべきだと思う人[挙手]！
>   ▷〈 挙手による人数の確認 〉
>   ・さて、どうすべきなのか、班ではなしあい[３分間]！
>   ▷**班内でのはなしあい**
> ※・ここから班内でのはなしあい → 学級全体での討論へとつなげる。

　2021 年の授業では、電子黒板を使用してみた。そのため、それまで貼りもの資料で提示してきた資料をパワーポイントのスライドに変更した。スライドは、それまでの貼りもの資料を基につくったため、はじめはそれほど大変な作業にはならなかった。しかし、生徒の理解をしやすくするために、それまで使っていた貼りもの資料以外にも新たにスライド資料をつくりはじめると、かなりの時間がかかってしまった。そのため、実際は、この授業案に書いている貼りもの資料よりも提示する資料は増えていった。しかし、「増えた」とは言っても、資料を黒板に貼る作業はなくなり、授業はリモコン操作でスライドを提示していくことでスムーズに進めることができた。このときの授業では、「電子黒板を使うと、こうした利点がある」ことを実感することにもなった。

６ 授業で発言させる

１ 発言のさせ方の指導（ その１ ）

（1） 発言の向きを意識させる

　発言する生徒には、「人数の多い方にヘソを向けなさい！」との指示を出す。発言者の発言する向きについて指導をしないと、生徒は教室の前（ 黒板または教師 ）に向かって発言をし始める。

　発言する場合には、「聴いてもらいたい人の方を向く」が原則である。そのため、教師と生徒の間の問答である一斉問答・全体問答では、教室の前（ ＝教師 ）に向かっておこなわせるが、その他の個人問答・からみ問答や話し合い活動では、発言者の生徒に「発言するときの向き」を意識させる必要がある。

　また、生徒が発言する場合、その発言を聴く生徒の向きも意識させなければならない。発言を聴く生徒も何も指導をしないと、教室の前（ 黒板 ）に向かって聞いていることがほとんどである（ 発言者を意識しないからである ）。そのため、「発言している生徒の方を向きなさい！」「発言者にヘソを向けなさ

い！」などの指示が必要になる。

　そうした体の動きができていない場合には、「発言を無視している人がいる。」「人を無視するような人間になってもらっては困る。」「きちんと発言者の方にヘソを向けなさい！」と、多少強めの、それも感情に訴えかけるような指示もおこなう（もっと簡単に、「発言を無視しないよ！」と言うこともある）。ただし、こうした感情的な言い方は、授業の初期の段階ではあまり使わない。ある程度、授業が進んで教師と生徒の関係ができた時期から使うようにしている。

（2）　3秒ルールの発言で勢いをつける

　ときどき「3秒ルール」を使って、発言指導をすることがある。「3秒ルール」とは発言指導の1つで、主に「おさらい用」に使っている。たとえば、2時間続きの授業になった場合には、前時の授業のおさらいをさせるが、そのときに授業内容についての発問は「班指名」でおこなう。班指名とは、班からの発言を引き出す授業方法である。このとき、指名されてから3秒以内に班からの正解発言がないと（間違ったり、答えられなかったりした場合）、班の生徒全員がその場に立つことになる。

　教師は、発問してから、「1、2、3！」と指を折りながら3秒数え、班の中の誰か一人でいいので答えさせる。その回答が正解であればよいが、「間違っていたり、3秒以内に答えられなければ、その場に班の全員が立たなければならない」と言うルールにしている。

　たとえば、「まず1班から！」「日清戦争に敗れた清に対して、勢力を伸ばしてきた国には、どこがあった？」「1、2、」　→　『イギリス。』＜指名発言＞。「他には（どこの国があった）、2班！」「1、・・」→　『ロシア。』＜指名発言＞。「そんな外国の侵略に立ち向かう事件が、1899年に起きた。」〈3班を指しながら〉「それは、何という事件だった？」「1、2、3！」　→　「・・・」＜指名発言が出てこない＞。「はい、3班、全員起立！」「では、4班、同じ質問！」「1、2・」　→　『義和団事件』＜指名発言＞と、授業案に沿って前時の授業内容を思い出させるように発問をしていく。

　ここでは、テンポが大事になる。誰かが答えなければならないため、知識のある生徒（＝前時の授業内容を覚えているような生徒）が答えることが多い。つまり、3秒ルールでの発言は、テストで点数を取れるような生徒の活躍の場にもなっている。正解してくれれば、班の生徒たちは立たなくてよくなるため、発言をしてくれた生徒は感謝もされる。またこのとき、意外な生徒が正解を答えたりすると、「お～（すごい）！」などの声が上がり、授業が盛り上がっていくこともある。こうして半分遊び気分で、どんどん進めていき勢いをつくり、たのしい雰囲気でその日の授業に入っていくようにしている。

2　発言のさせ方の指導（その2）

（1）　一斉問答

　一斉問答は、①授業前段での一斉に発言をさせる場面と、②授業中に一斉に発言をさせる場面でおこなっている。一斉問答での発問は、問題プリントから出題している。つまり、教科書に書かれている基礎的知識を問う問答が一斉問答である。そのため、「答えを発言させる」と言うよりは、実質は「答え（＝発言内容）を確認させる」問答となっている。

　一斉問答では、生徒に一斉発言で答えさせる。つまり、必ず生徒全員に発言をさせる。生徒全員が発言するためには、全員の生徒が発言する答えを知っていなければならない。表現を変えると、発問に対する答えを生徒全員が知っているから全員の生徒が発言できるわけである（全員が答えを知っているから発言することを要求できるわけである）。そのため、全員の発言がないと、全員で発言するように

やり直しも要求をする。そうして発言させることにより、生徒が授業に参加する場面をつくっていき、「授業では発言をするのが当然」と言う雰囲気もつくっていく。

(2) 全体問答
1) 自由発言

授業では、発言したい生徒もいるため（ と言うか、自分から「発言したい。」という生徒を増やすことが大切になる ）、そんな生徒の活躍の場面も設定しておかなければならない。

自由発言は、生徒全員に発問を投げかける全体問答の場面と、話し合い活動の中で各班からの意見に対しての個人の意見（ 主に反論 ）を求める絡み問答につなげる場面の2つでおこなっている。

全体問答では生徒全体に発問を投げかけるため、必ずしも自由発言が返ってくることは想定していないことが多い（ 発言がない場合には、そのまま先に授業を進めればよいだけである ）。

2) つぶやき

自由発言に似た言葉に「つぶやき」がある。教師の発問に対して、学級全体には聞こえなくても、その場で、生徒が思わず声に出すのが「つぶやき」である。つぶやきが出た場合には、できるだけ拾うことを心掛けている。特に、普段おとなしい生徒やあまり点数が取れない生徒がつぶやいたときには、積極的に拾うようにしている。そのためには、生徒の声に常に耳を傾けていなければならない。

「へぇ～よく知っているね。」「いま言ったのは、こういうこと？」「えっ？ 何？ もう一度言ってみて。」や、生徒の発言をオーム返しするなど、生徒のつぶやきに応じて教師が返す言葉も違ってくる。何気なく思わず漏らした生徒の発言を、学級全体に広げることは、自由発言を引き出すことにもつながるため、つぶやきにも耳を傾けておくことは大切になる。

ただし、つぶやきに対して教師が声をかけても、つぶやいた生徒から必ず発言が引き出せるわけではない。そのため、たとえ発言を引き出せなかったとしても、しつこく発言を要求してはいけない。「今は言えないようだね。」「じゃぁ、次できるときやってもらおうかな？」と、さらっと流す方がよい。そもそも、単につぶやいた言葉を拾っているわけだから、「そのうち発言できるようになれれば幸いである」くらいの感じでよいのである。

(3) 話し合い活動
1) はなしあいと討論

話し合い活動には、グループと班での「はなしあい」、そして学級全体での「討論」がある。

グループでのはなしあいにしろ、班でのはなしあいにしろ、意見を出し合うのは班内のA・Bの3人編成のグループである。「はなしあい」とは単純な「意見の出し合い」である。それに対して、「討論」とは「意見のつぶし合い」となる。

2) はなしあい

はなしあいは意見の出し合いであるため、そこでは多数決を取ったり、グループや班内の生徒に結論を決めさせることはしていない（ 時間も1分以内しか設定しないため、実際にそこまではできない ）。はなしあいは、各グループにいるガイドが進行を務める。

話し合い活動で、まず初めに意見を述べるのが、ガイドの仕事である。ガイドは、グループの中で一

番はじめに論題に対しての結論と理由を述べる。ガイドは自分の意見を述べると次に、隣の生徒に、自分が出した意見に対して、「今の意見について、どうですか？」と訊ねる。訊ねられた生徒は、まずガイドが出した意見に対して賛成か反対かの結論を述べ、その後にその理由を述べる。そうしてグループの中の2人目の意見が出たら、ガイドは、その2人目の意見について「どうですか？」と、3人目の生徒に訊ねる。3人目の生徒も同じように、まず結論、そして理由を述べる。意見の出し合いだから、そこで終わりである。はなしあい後の各班からの発表では、そのグループでのはなしあいの中で出された意見のどれかを発言することになる。

　グループからの発言では、発言する生徒の判断で、どの意見を述べるのかを決めさせている。つまり、自分自身が述べた意見になるのか、他の生徒の意見になるのかは、発言者の判断に任せている。

　班からの代表意見は、代表である代表ガイドの判断で、（論題に対する）結論とその理由（＝意見）を決めさせている。そして、その代表ガイドが決めた意見を、代表発言者に指名した生徒に、自分たちの班を代表して述べさせる。意見を述べさせるためには、代表ガイドは責任を持って、代表発言者に発言内容を教えなければならない（発言できるようにしてあげることも、代表ガイドの仕事である）。

3）討論

　討論とは、「意見のつぶし合い」である。そのため、代表発言者は単に自分の班からの意見を述べるだけではなく、他の班からの意見をつぶすように発言ができなければならない。ただ、この「意見をつぶすこと（反論を出すこと）」が、簡単にはできない。他の班から出された意見をつぶすためには、代表発言者が他の班からの意見内容を理解して、その場ですぐに反論を出さなければならない。そして、その後に自分の班の意見に続けていき、その自分たちの班の意見が正しいことが言えなければならない。ところが、そのことが相手の意見をつぶすことを難しくしている。

　そのため、初期の段階では、討論とは言っても、班からの意見を述べることで終わることがほとんどである。しかし、それでははなしあいと同じで、討論とまでは言えない。そこで討論を実現していくためには、個人の意見を引き出すことが大事になってくる。挙手発言を求めて、個人的に反論をさせることを積み重ねていくようにするのである。そうして挙手発言が多く出てくるようになると、討論の実現の可能性も高まっていく（ただし、そうした時間設定ができるように授業を進めなければならない）。

　授業の初期の段階では、各班からの代表発言のみで進め、しばらくすると代表発言に対して、「今の意見に、何か（反論は）ない？」と挙手発言を求めるようにしていく。そうして反論が出てくるようになると、班からも反論を出すことを要求していく。そこで必要になるのが「討論の二重方式」である。

4）討論の二重方式

　討論の二重方式とは、班でのはなしあい → 学級全体の討論 → 班でのはなしあい → という具合に、班のはなしあいと学級での討論を交互に入れて議論を深めるやり方である。このやり方でいくと、2回目以降の班でのはなしあいの場面で反論を考えさせることができる。

　「いま各班から出された意見を聴いてみて、Aの立場の意見の班は、Bの意見をつぶすように！　Bの立場の意見の班は、Bの意見をつぶすように！　それぞれ、はなしあいなさい！」「では、2回目のはなしあい（をはじめなさい）！」と言うぐあいに、一度学級全体に出された意見を班に戻す。そして、相手の意見をつぶすよう、つまり反論を中心に考えさせるためのはなしあいをさせる。

　ただ、そのためには、はなしあいの時間が確保できなければならない。討論の二重方式では、理想と

しては、班 → 学級 → 班 → 学級 と続けていく形を取るのだが、そんなに多くのくり返しは日常の授業ではできない（授業時間が不足するからだ）。

　話し合い活動の時間を確保するためには、授業内容を削らないといけない。しかし、授業内容を削るとはなしあいをおこなうための材料（＝根拠となる事実）が少なくなる。そうすると討論の内容が薄くなってしまう。このことを解消するためには、思い切って、どこかの授業で討論の時間を設定することも必要になる。つまり、通常の授業をあえて２時間扱いの授業に変更して、話し合い活動のための授業を設定するわけである。そうした授業を実施することにより、討論の面白さを体験させることも大切になる（なお、〈中華民国の登場〉の授業は、討論を体験させるためではなく、生徒の考えを深めるために２時間扱いにしている）。

5）班内での反論

　反論は、学級全体の討論の場面だけではなく、班内でのはなしあいから出していくようにさせていく方法もある。班内でのはなしあいが早く終わっている場合には、代表発言者も決まっていることが多い。そこで、その代表発言者に対して、班内で発言の練習をさせるのである。

　班からの意見を発言する各班からの発表の前に、班内のはなしあいの時間を使って代表発言者に班の意見を発言させる。ここで班内で一度、発表の練習をさせるのである。その後、その発言に対して、班内の他の生徒があえて反論を出していく。この活動には、班内で発言の練習をさせ、その発言に対しての見通しを持たせる意味もある。生徒には、「あえて反論を出してあげて、発表後に反対意見が出た場合に備えさせなさい。」「そうした見通しがあれば、安心して発言ができるようになる。」などの説明をおこなっている。

（4）個人問答

1）指名発言

　グループでのはなしあいの後には、必ずはなしあった結果を発表させる。「はなしあいの後には、必ず発表する」ことを生徒に意識させるためである。発表する生徒は教師が指名する。その指名は、「各班のＡの１番（の人）、起立！」などとおこなう。その指示に従って、各班のＡグループの１番の生徒が全員（＝６人）、その場に立つ。そして、意見が言える生徒から挙手発言により発表して、発表したら座っていく。も

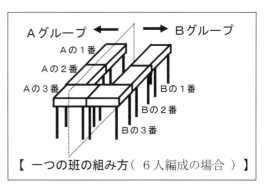

【一つの班の組み方（６人編成の場合）】

し生徒たちからの挙手発言がない場合には、教師が発言する班を指名して発言させていく。初期の段階では、むしろ教師の指名による発言になることがほとんどである。

　発言する内容は、自分自身の意見でも、あるいはグループのはなしあいで他の生徒が発言した意見でもかまわない。グループで意見を出し合うことには、他の生徒の考えをつかませる目的もある。

2）代表発言

　代表発言では、班からの意見を代表して述べる。意見を述べる代表発言者は、代表ガイドが指名して決める。代表発言者に決まった生徒は、その場に立って自分が代表発言者であることを知らせる。教師

は、班の生徒全員が座った後に、班で一人立っている生徒がいたら、そのことを指摘していく。

　たとえば、1班と2班で立っている生徒がいたら、「1班と2班は、代表発言者が決まったようだな」と声をかける。「あとは（まだ決まっていないのは）、3・4・5・6班か。」「おっ、6班は（代表発言者が）決まったようだな。」などと、具体的に代表発言者が決定した班を学級全体に知らせていく。そうすることで、まだ未決定の班に代表発言者の決定を促していく。

　代表発言者には一人（1番手）だけではなく、2番手・3番手の発言者まで代表ガイドに決めさせていくようにしていくとよい。

3）挙手発言

　話し合い活動で班から出される意見に対しての反論は、まずは個人から出させるようにしていく。それは、班の代表発言者が、必ずしも反論が出せるような生徒とは限らないからである。個人からの反論は、「今の意見に対して、個人的に反論はない？」と、挙手発言を求める形で引き出していく。

　「今の1班からの意見だと、当然、反論が出てくるよね。」「1班の意見は、反論を出せるような、いい意見だったなぁ・・・。」「誰か、反論はない？」との説明や指示をしながら、引き出していくようにする。このくり返しにより、挙手発言が増えてくることが討論を深めていくことにつながる。そしてまた、こうして反論が増えていくことが割込発言への布石にもなる。

(5) 絡み問答

　割込発言が出てくるようになると、絡み問答の実現に近づけることができる。ただ、これも真っすぐに伸びていくわけではなく、行ったり戻ったりしながら絡み問答の実現に近づいていくと言った感じである。

　絡み問答を実現していくためには、意見をからませることが必要になる。それぞれ意見を出すだけでは、単なる意見の言い合いに過ぎない。しかし、それでは討論にはならない。そのため、最近は意見プリントに意見をからませる書き方として、賛成や反対を書き込む欄（どの班の意見に賛成なのか反対なのか、誰の意見に賛成なのか反対なのかがわかるようにする）を設けるなどの工夫をしている。

　なお、話し合い活動においては、具体的な事実に基づいて発言させることが絡み問答の実現には有効になる。一般論ではなく、個別の事実に基づいた意見の方が反論も出しやすいからである。

　以上のように、問答には、いくつかの方法があり、その指導にも段階があるため、どの場面で、どの方法で発言させるのかを意識しておくことが大切になる。そうした意識が、授業で発言を引き出すこと、つまり問答を成立させることにつながり、生徒が授業に参加しやすい雰囲気をつくっていくことにもなる。

7 学習班について

1　生活班から始める

　学年のはじめは、学級でつくられているであろう生活班を使って授業をおこなう。以前は、「生活班を使うのがいいのか、学習班をつくるのか？」を、生徒に訊ねていた時期もあった。しかし、ほとんど「生活班がいい。」と言う意見にしかならず、また学級が動き始めた初期の段階では、学習班をつくる

ための条件を生徒がつかんでいないこともあり、今では最初から生活班をそのまま使うようにしている。

　ただし、最近は学級に生活班がない場合も出てきた（学級に生活班をつくらない担任の先生もいるからだ）。そんな場合には、近くの席の6人の生徒たちで、とりあえずの班をつくらせて、その中でガイド・代表ガイドを互選で決めさせて、授業をおこなっている。

2　学習班の編成

　授業が始まって1〜2か月程すると、生徒たちも（社会科以外の授業を含めて）自分たちの授業の様子を把握するようになってくる。そこで、その頃を見計らって「社会科の授業のための学習班をつくること」を呼びかけて、学習班をつくるようにしている。

　学習班は、発言力のある生徒を男女各6名ずつ選出し、その生徒たちに班員の生徒を選ばせながらつくっていく（6名ずつ選出するのは、学習班は男女混合の構成で6つの班をつくるからであり、5つの班をつくる場合には、5名ずつ選出することになる）。この学習班の編成においては、（全くの同じにはならないが）6つの班の発言力が均等になることを目標にして、男女各6名の生徒に話し合わせて決めさせていく。

3　学習班の活用

　学習班をつくったら、授業では必ず班を使うようにしなければならない。つまり、授業の中に「班を活動させる場面」を設定しなければならない。班があるのに班を使わないと、班の存在意味がなくなるからだ。学習班の活動を授業の進行順に考えていくと、次のような場面がある。

　①問題プリントの答えの確認をする、②忘れものをした生徒への質問の答えを教える、③各種プリントを取りに行く生徒を指名する、④学習プリントの文章資料を読む生徒を指名する、⑤学習プリントの文章資料での線引き部分を相互に確認する、⑥学習プリントの絵画・写真資料での丸囲み部分を確認する、⑦地図帳での地名・地形探しで生徒への教え合いをする、⑧班でのはなしあいでの代表発言者を指名する。この中の③・④・⑧については、代表ガイドが指名して班の生徒におこなわせている。

(1) 問題プリントの答えの確認

　授業始めの号令の後は、「各班で、問題プリントの答えの確認を始めなさい！」との教師の指示で、各班での問題プリントの答えの確認を始めさせる。この指示が出ると、各班の代表ガイドは、「わからなかったところは、ありませんか？」と班の生徒に訊ねる。訊ねられた生徒は、「ありません。」とか、「2番の答えがわかりません。」「5番の漢字の読み方がわかりません。」など答えていくようにさせている。

　ただし、授業に慣れてくると、この問題プリントの確認の作業はおろそかになっていく傾向がある。そうした事態を防ぐために、「各班で、問題プリントの答えの確認を始めなさい！」の指示の後に、「代表ガイドは、『わからなかったところはありませんか？』と、必ず聞くんですよ！」と指示を出して、代表ガイドが仕事をするように（代表ガイドが仕事をしているかどうかを班内の生徒に気づかせるように）訴え続けることも必要になる。

(2) 忘れものをした生徒への質問

　授業では、問題プリントの答えの確認、一斉問答、授業タイトルのノートへの記入と進んで行くが、

その間も忘れものをした生徒は、その場に立っている。そのため、授業内容に入ると、はじめに忘れものをした生徒限定での問答をおこなう。

　「では、（ 忘れものをして ）立っている人（ たち ）に質問します！」と、前時の授業のおさらいや、その日の授業内容からの発問をする。もし、忘れものをした生徒本人が答えられない場合には、「班の人で、こっそりと教えてあげるように！」との指示をしてある。そのため、忘れものした生徒が答えられないことにはならない。教師の発問に対しては挙手発言で答えさせ、正解したら座らせていく。

(3)　各種プリントを取りに行く生徒を指名

　授業の始まりや途中で、「各班からプリントを取りに来させなさい！」との指示で、各班からプリントを取りに来させる。取りに来させるプリントには、学習プリントや通信プリント、意見プリントがある。学習プリントは２枚配る場合もあるため、最も多いときで４回は班からプリントを取りに来させることになる（ 学習プリントの内容が多い場合には両面印刷をするが、一度に見せない方がいい資料の場合には、あえて片面で２枚に分けて印刷をするため、学習プリントを２回取りに来させることになる ）。

　こうした仕事は、班の誰でもができる簡単なことであり、同時に班の誰かがしなければならないことでもある。そのため、誰がプリントを取りに行くのかは、代表ガイドに指名させている。そんな仕事を代表ガイドにさせることについては、「仕事を与えるのが代表ガイドの仕事である」と説明をしている。

　代表ガイドが班の生徒に割り当てる仕事には、このこと以外には、学習プリントの文章資料を読む生徒の指名、班のはなしあいの後に班からの代表発言者の指名がある。こうした複数の仕事を割り振るため、１時間の授業の中で、同じ生徒を指名しないことを基本にさせている。

(4)　文章資料を読む生徒を指名

　「そのことは資料１の文章に書かれているので、１班と２班に読んでもらおう！」「では、読む人を代表ガイドで指名しなさい！」「指名された人は、その場に起立！」との指示で、各班から１人ずつ資料を読む生徒がプリントを持って立つことになる。

　文章資料を取り扱う場合には、できるだけ班を指名して、生徒に読ませるようにしている。ただし、学習プリントの資料の文章量が少ない場合（ 学習プリントに載せている文章資料が５〜６つに分けられず、班に割り当てができない場合 ）、または生徒に読ませるには難しいとか読ませる時間がない場合、教師が感情込めて伝えた方がよい場合などには、教師が読み上げている。

　資料を読ませる場合には班を指名するが、そのときは指名された班の中の生徒１人が代表して資料を読む（ 資料を読む生徒は代表ガイドが指名する ）。このとき何も指示がなければ、ほとんどの生徒は、読み上げられる資料を聴いているだけになる。そのため、資料を読まない生徒（ 読み上げられる資料を聴いている生徒 ）には、「では、ペンを持って！」「資料の中で一番大事な部分（ 一番主張されている部分・一番強調されている部分・一番のポイントになる部分・柱になる部分 ）に、線引きをしなさい！」と指示を出して、聴きっぱなしにならないようにさせている。

(5)　文章資料での線引き部分の確認

　「資料の中の、一番大事な部分に線引きをしなさい！」と指示を出して、文章資料が読み上げられた後には、「線引きした部分を、班内で見てもらいなさい！　見せてもらいなさい！」、そして「自分の考えと他の人の考えを比べて確認をしなさい！」との指示を出して、班内の生徒同士で線引き部分の確認

をさせている。そして、学級全体で、あるいは班毎に、「自分が線引きをした部分を、その場で読み上げなさい！」と指示を出して、一斉に声に出して読み上げさせている。こうして資料の読み取りができるようにさせている。

　ただ、なかには線引きがなかなかできない生徒もいる。そんな場合には、「まずは間違っていいから、『ここじゃないかなぁ？』というところに線引きをしてみなさい！」とか、「どうしても引けないときには、隣の人のを見せてもらってでも線引きをしなさい！」などの指示を出し、必ず線引きをさせるようにしている。とにかく、まずは間違ってもいいので線引きをさせることが大切になる。

（6）絵画・写真資料への丸囲み部分の確認

　「資料の絵（写真）の中で、注目すべき部分を丸で囲みなさい！」「丸囲みができたら、班内で見てもらいなさい！　見せてもらいなさい！」、そして「自分の考えと他の人の考えを比べて、（自分の考えが他の人と同じなのか、違うのか）確認をしなさい！」との指示を出して、各自の読み取りの結果を確認させている。

　文章資料であれ絵画や写真の資料であれ、その読み取りとして線引きや丸囲みをする場合には、はじめに「ペンを持って！」との指示を出す。「ペンを」と指示をするのは、ペンで書くと消せないからだ。そのため、シャープペンシルで線引きや丸囲みをしている生徒を見つけたら、「間違ってもいいように、ペンを使いなさい！」「自分の考えを残しておくためには必要です。」との説明をおこない、ペンを使うことの意味を教えていく。

　こうした指導は、授業の初期の段階で説明する、「授業では間違っていいんだから、そのときの間違いは間違いとして記録に残るようにしておくこと！」を基におこなっている。

（7）地図帳を使っての教え合い

　地図帳を使うときには、「『武漢』を地図帳の 45 ページの B4S で見つけなさい！」（この指示の後には、視覚的に確認できるよう「45B4S」と板書する）、「武漢を見つけた人は、丸で囲みなさい！」「そこまで終わったら地図帳を閉じて、ヘソを前に向けなさい！」などの指示を出す。そして、「まだ地図帳を開いている人がいたら、『武漢』の場所を班の人で教えてあげなさい！」との指示も出す。

　こうした指示は、個人に対して出すのだが、学習班に対しても出す。生徒の様子を見ながら、「４班と６班は、全員の地図帳が閉じてあるから、全員が探し出せたようだね。」「１班は、あと２人が見つけられないようだけど・・・？」とか、「２班は、（まだ見つけられない人が）あと１人か！」などと、どの班が見つけ終わったのかを、全員の生徒にわかるように状況を説明する。そうした説明により、生徒個人の作業を促したり、班内での教え合いを促すようにしている。

（8）代表発言者の指名

　話し合い活動では、班でのはなしあいの後には学習班から代表発言者を決めさせ、その代表発言者に班を代表して意見を述べさせる。代表発言者に指名された生徒は、その場に立って、教師からの指名発言、または生徒自らによる挙手発言で意見を述べていく。

　代表発言者を決めるのは、班の代表ガイドの仕事である。ただし、班からの代表発言者なのだから、一人である必要はない。そのため、最初の代表発言者が上手く発表ができなかった場合なども考えて、「２番手・３番手の発言者まで指名しておくように」との指示をしている。

ただし、はじめのうちは「はなしあいの後には必ず発表する」ことに慣れさせるために、代表発言者は一人にした方がよい。はじめから数人を代表発言者として指名させると、指名された生徒の中で「誰が最初に意見を言うのか」があやふやになり、互いに尻込みしてしまう傾向があるからだ。

4　ガイド
　ガイドは各班に２人いる（　Ａ・Ｂ２つのグループに、それぞれ１人のガイドがいる　）。そのうち１人を班の代表ガイドとしている。ガイドとは集団（　＝班・学級　）の「学習の案内者」と説明している（　案内者だからガイドなのである　）。そのため、ガイドの基本的な仕事は、話し合い活動において一番初めに意見を出すことである。最初に意見を出すことで、はなしあいを引っ張る役割を果たすのである。
　代表ガイドは班の代表でもあるため、問題プリントの答えの確認の進行、プリントを取りに行く生徒の指名、班から資料を読む生徒の指名、班でのはなしあい後の発言内容の決定と代表発言者の指名、意見プリントから班の代表意見を選ぶ仕事が加わり、班での学習を進めるためのお世話役的な仕事もある。

8　話し合い活動について

1　はなしあい
　はなしあいは、基本的に班内の２つのグループ毎でおこなわせる。「では、辛亥革命に対して日本としては、Ａ：革命を援助すべきなのか、Ｂ：革命を抑えるために兵を出すべきなのか、Ｃ：中国のことだから干渉すべきではないのか、班内のグループではなしあい！」との指示で、各グループでのはなしあいを始めさせる。各グループは３人構成であるため、はなしあいの時間も長くて１分という短時間でおこなわせている。それは、ダラダラとゆっくり意見を出し合わせるのではなく、緊張感を持って早く意見を出し合わせるためでもある。
　時間は置時計で計り、時間になったらやめさせる。「はい、やめ！」と大きな声で指示を出している。この指示は、生徒を少し脅かすくらいの大きな声でおこなっている。生徒はその声に驚いて、はなしあいをやめる。話し合い活動をおこなった後には、必ず学級全体への発表をおこなわせる。
　はなしあいはグループ毎におこなわせるが、発表は班毎におこなわせる。それは各グループからの発表にすると、その回数は１２にもなってしまうからだ。それでは意見の把握が難しく、また時間もかかり過ぎてしまう。しかし、班からの発表にすると６つの意見でよく、その数ならば意見の把握も時間のかかり方も問題なく授業を進めることができる。また、学習班をつくっているわけだから、グループではなく班を基本に活動させるために班毎の発表にしている。

2　討論
　討論のためのはなしあいは、班でおこなわせる。班ではなしあった意見を基にして、学級全体での討論へとつなげていくからである。とは言っても、意見を出し合うのは班の６人ではなく、グループの３人である。「日本の進むべき道は、Ａ：西洋覇道の鷹犬か、Ｂ：東洋王道の干城か、班ではなしあい！」との指示が出たら、生徒は全員その場に立って、はじめにガイドから意見（　＝結論と理由　）を出していく。班でのはなしあいは立っておこなわせている。そして、意見を言い終わった生徒から座らせていく。

そうすることにより、教師も生徒も視覚的にはなしあいの進行状況がつかめる。

　ただ実際は、意見を出し終わった生徒から一人ずつ座っていくのではなく、グループで全員一斉に座ることもある。はなしあいで意見を出したり聞いていたりする活動が一区切りしたら座る傾向があるからだ。そうした状況について、以前は一人ずつ座っていくように注意をしていた。しかし今は、一人ずつ座っていくことがなくても、そのことについてあまり細かく注意をしなくなった。大切なことは、意見の出し合いができることであるため、「あまり形にはこだわらなくてもいいのではないか」と考えるようになった。

　班の生徒全員が座ったら、「全員の意見が出終わった」ことになるため、ガイド同士でそれぞれのグループの発言内容を確認して、代表ガイドが班の代表意見（＝結論と理由）を決定し、代表発言者を指名する。代表発言者はその場に立ち、教師からの指名発言か、または自らの挙手発言により意見を述べていく。そうして話し合い活動に生徒が慣れてきたら、2番手・3番手の代表発言者まで代表ガイドに指名させていくようにするとよい。

　各班からの意見発表は、初期の段階では教師の指名で進める。その後、話し合い活動に慣れてきたら挙手発言に変えていく。このとき、反対意見が交互に出てくるように進めると討論は盛り上がる。

　発表の仕方としては、一番初めに発表する班は自由に発言していいが、2番目に発表する班からは、1つ前の意見に対して「賛成なのか、反対なのか」がわかるように発言させる。それは、意見を絡ませるように発言させるためである。「1班の結論は、Aです。それは・・・・。」となり、その意見に対して「（2班は）1班の意見に反対です。それは・・・。」と発言していく形になる。

　こうして班から発言する場合には、班でのはなしあいの結果を発表すればいいのだが、このときの意見が前の班への反論となる場合には、その反対の理由を付け加えさせることができれば討論が盛り上がる。しかし、そのことを全員の代表発言者の生徒に要求することは難しい。よほど発言力があり頭の回転が速い生徒だけが意見を述べるのであれば可能だが、そうした生徒ばかりが代表発言者になるとは限らない（また、そうした生徒だけを代表発言者として指名させるべきでもない）。

3　討論の進め方

（1）反論を出す

　討論を盛り上げるには、生徒の対抗意識を利用することもある。しかし、過度な対抗意識は逆効果になることもあるため注意は必要になる。そのため、対抗意識を利用するのは、あくまで出されている「意見」に対して反対意見を引き出すときになる。

　たとえば、「いま出ている意見は、それぞれの立場を主張しているだけなので、相手の意見のおかしな点を指摘できるようにしないといけない。」「相手の意見をつぶすように考えてみよう！」「もう一度、そのことを踏まえて、班ではなしあってみなさい！」などの指示を出し、討論の二重方式を使って班でのはなしあいに返す。または、個人の挙手発言を要求して、反論を引き出すようにしている。

　「いま出ている意見に対して、個人的に反論（意見）はない？」「いま出された意見だと、当然、反論が出てくるよね？」「Aの立場の意見は、よく聞いていると変なところがあるよね？　誰か気がついた人はいない？」などの説明をして挙手発言を要求するわけである。

　そうして反論が出てくるようになると、討論は盛り上がり面白くなる。ただし、その状況が一度実現できたとしても、次の授業でも同じように実現できるとは限らない。そのため、こうした活動は、まっすぐ伸びていくことはなく、行って戻ってのくり返しになるくらいの気持ちで構えておく方がよい。

また、発言者に対しての反対ではなく、あくまで発言者の「意見」に対する反対であることは強調しておくべきである。そのためには、「反対意見を引き出してくれる意見を出してくれたので、みんなも考えを深めることができた」ことを指摘したり、あえて教師から反対意見を述べ、その後に出された意見に深まりがあったことを指摘して、発言者ではなく「意見」を基に話し合うことを強調する必要がある。

(2) 即興で返す

討論において反論が出てくると、明らかに話し合い活動は活発になっていく。そのためそうした反論は、生徒の発言の中から出てくることが理想であり、生徒同士の言い合いになった方が討論も活発にもなる。しかし、生徒から反論が出てこない場合には、教師があえて反論を出すことが必要になる（ 特に授業初期の段階では必要性が高い ）。その場合の反論は、生徒の意見から出てくる内容に近いものにした方がよい。具体的には、授業で扱った内容や生徒の発言にあった内容に基づく反論とする。教師が持っている知識を基に反論をすると、生徒には受け止められないからだ。そうすると、授業案をつくるときの論題の設定では、「生徒からどんな意見が出てくるのか」予想できるようになっておく必要がある。

「生徒からどんな意見が出てくるのか」については、話し合い活動をさせていくことで経験的に予想できるようになる。ある程度の予想を立てて話し合い活動をおこなわせるが、ときには思わぬ意見や意見の偏りが出てくることがある。そんな場合には、その場で、即興で反論をぶつけなければならないことになる。そうしたことをくり返し経験していくことで、「たぶん生徒はこんなことを考えるのではないだろうか」と予想ができるようになってくる。討論の進み具合によっては、あえて教師から反論を出さなければならないこともあるため、教師にとっても話し合い活動の場数を踏むことは大切になる。

(3) 意見を板書する

グループでのはなしあいの後の班からの発表のときの板書は、「どの班の意見が」「どっちの立場の意見だったのか」がわかるだけの記録としている。そのため、黒板に貼った貼りもの資料のA・Bの選択肢の文章の横に班の名称を丸番号で書き残すだけにしている（ 一字一句、詳しく板書はしていない ）。こうした記録があれば、前の班の意見に賛成か反対かは黒板を見ればわかり、授業を早く進行させることができる。

それに対して、班でのはなしあいの後の班の代表発言者からの発表のときには、班の名称を丸番号で書き、その後に生徒の発言内容を簡単に板書している。このときは生徒の発言を聞きながら、できるだけ要点をおさえた短い文章で書いていく。ときには、生徒の言いたいことをわかりやすい言葉に変えて書くこともある。こうしておくと、討論の二重方式で再び班でのはなしあいに返したときに、生徒は意見を出しやすくなる。また、最後の意見プリントを書くときにも生徒は参考にすることができる。

学級での討論を受けて授業の最後に意見プリントを書くときには、「板書されている自分と同じ立場の意見に書き足すようにしなさい！」とか、「自分と違う立場の意見をつぶすように書きなさい！」との指示を出している。意見プリントを書くときも、全くの０から書くのではなく、出された意見にからませることを意識させるようにしている。　　　　　　　　　　　　　　　　（ 続く ）

※続きは続編を収める書籍あるいは地歴社のホームページで公開する予定である。

田中　龍彦（たなか　たつひこ）

　　1959年　佐賀県に生まれる

　　1983年　佐賀大学教育学部小学校教員養成課程卒業

　　1983年４月より佐賀県内公立中学校教諭

　　2020年３月定年退職

　　現　　在　鹿島市立東部中学校教諭（再任用）

　　住　　所　〒849-1411　佐賀県嬉野市塩田町大字馬場下甲1956

活動する地理の授業③── シナリオ・プリント・方法

2022年３月15日初版第１刷発行

著　者　　**田　中　龍　彦**

発行所　**地　歴　社**　　東京都文京区湯島2-32-6（〒113-0034）

Tel 03（5688）6866／Fax 03（5688）6867

ISBN978-4-88527-243-1 C0037